全國高等院校古籍整理研究工作委員會規劃項目

中國史學基本典籍叢刊

# 宋史全文

一

汪聖鐸 點校

中華書局

圖書在版編目(CIP)數據

宋史全文/汪聖鐸點校. —北京:中華書局,2016.1
(2025.9 重印)
(中國史學基本典籍叢刊)
ISBN 978-7-101-11189-7

Ⅰ.宋… Ⅱ.汪… Ⅲ.中國歷史-宋代-編年體
Ⅳ.K244.043

中國版本圖書館 CIP 數據核字(2015)第 201575 號

責任編輯:胡 珂
責任印製:管 斌

中國史學基本典籍叢刊
宋史全文
(全九册)
汪聖鐸 點校
*
中華書局出版發行
(北京市豐臺區太平橋西里 38 號 100073)
http://www.zhbc.com.cn
E-mail:zhbc@zhbc.com.cn
北京虎彩文化傳播有限公司印刷
*
850×1168 毫米 1/32 · 96⅛印張 · 18 插頁 · 2240 千字
2016 年 1 月第 1 版 2025 年 9 月第 7 次印刷
印數:6501-6800 册 定價:450.00 元

ISBN 978-7-101-11189-7

# 目録



① 四庫本原無目録，再造本、文海本有目録，但分卷與四庫本不同，主要是無上、中、下卷之分，今依四庫本分卷及整理後實際頁碼重擬目録。

## 目録

附　録



---

① 再造本、文海本目録此後還有：度宗（咸淳元年至咸淳十年）、少帝（德祐元年至德祐二年）附：益王、廣王。但實際没有正文。

# 點校説明

## 一 重新整理宋史全文的緣起

我很早就萌發了整理宋史全文的念頭，但因找不到時機，同時也因爲校勘工作用書方面的困難（此書古本全部爲難得一用的善本），遲遲未能付諸實施。當我終於下定決心要作嘗試的時候，卻發現已有人捷足先登，二〇〇五年一月，李之亮先生點校的宋史全文由黑龍江人民出版社出版。我決定放棄原先的計劃，改向全國高校古委會申請了宋史全文理宗部分箋證的項目。但當我拿到黑龍江人民出版社版宋史全文（以下簡稱李校本）後，卻又改變了想法，決定重新整理宋史全文，這是基於如下考慮：

一、李校本點校、排印均有失誤，以致出現相當數量的底本（四庫本）不誤而李校本誤的情況，甚至還存在數處遺漏較多文字的情況（總字數達八百字以上）。

二、李校本未能有效利用文海影印本與四庫本進行比校。

首先，此書中被四庫館臣改動的大量文字李校本都没有回改（只回改了很少的一部分），其中包括「夷狄」、「虜」等清統治者所反感的文字，也包括一些少數民族的人名等。例如宋史全文卷一四（标出文字爲被四庫本删改的文字）：

廣安軍草澤安堯臣上書曰：「天生北狄，限以沙塞。自適其俗，不通中國者，狄之常也。謂之犬戎，投骨於地，狺然而争者，犬之常也。今乃揺尾乞憐（今乃遣使乞憐），非畏吾也，蓋邊境之上未有可乘之釁。陛下將啓燕雲之役，異日唇亡齒寒，邊境有可乘之隙，狼子野心，安得不蓄其鋭而伺吾隙，以逞其所大欲耶。

其次，四庫本不是一個完整的本子，有幾處佚文尚存於再造本、文海本中，這些佚文總字數有數千字，李校本未能利用後者補前者，這是一個很大的疏漏。例如卷二七下丁未淳熙十四年八月至十一月内應補入一千六百七十四字，包括本年八月部分記事，九月、十月全部記事，十一月大部分記事。

最後，利用文海本可以校正四庫本的不少錯訛，李校本完全没有做這件事（當時可能中華再造善本影印本尚未出版，故李校本没有用是完全可以理解的）。

三、李校本校勘時雖利用了續資治通鑑長編、皇宋中興兩朝聖政（以下簡稱長編、中興聖政）等書，但大量四庫本的錯訛未能得到糾正。李校本校勘時很少利用長編、中興聖政、要録以外的史書（如宋會要輯稿）和各種文集。這些都嚴重影響了校勘品質。

四、李校本給本書加入了標點，有些處點得很不錯，顯示出點校者較高的水準，但所作標點仍存在不少失誤。而且人名、地名等都未能用專名綫標出，不利閲讀。

## 二 關於校勘用書

### （一）宋史全文的版本及工作底本的選定

整理此書首先遇到的困難就是古本難以利用的問題。此書包括四庫全書本在内，幾乎所有的古本（包括古抄本）都是善本，直接將這些善本作爲校勘工作用書，其困難是衆所周知的，幾乎是不具可操作性的。但是，筆者曾到國家圖書館等處考察過若干種此書的古本，驚訝地發現，除四庫本外，凡是古印本，都源自同一套印板：它們都或是同一元刻板不同時期的印刷品，或是此刻板的翻版印刷品。除個别字有挖改等情況外，其基本字形、字的大小、每頁的起始字和尾字等都是基本相同的。由於直接利用此書古本作校勘困難太大，於是就想到一種較具可操作性的變通方法，即利用古本的影印本作主要的校勘用書。

中華再造善本影印宋史全文（以下簡稱「再造本」）無疑是元刻本的最好替代者。

它的優點是底本最原始，同下面涉及的幾種版本比較，它的文字錯訛較少。它的主要缺點是殘缺較嚴重，例如卷二四缺前部大半卷，有數卷卷首卷尾殘缺，而且有不少頁因印刷不當而字迹模糊。值得注意的是再造本中的一個現象，即此本理宗部分有几十處空鉛（絶大多數是單字空鉛），這些空鉛在下面述及的二種版本中不復存在，它們分别被「寇」、「敵」等字所取代。有意思的是替换爲「寇」、「敵」等句子較通順，替换爲其他字、詞則往往不通。於是筆者有如下一種推測：元代後期統治者開始重視文化統治，印書者迫於政治壓力，倉促地對書版作挖改，這些空鉛就是此次挖改的結果。由於倉促，挖改得並不徹底。如果以上推測能被證實，則可進而推斷：空鉛處大約原來都是蒙古統治者最忌諱的「韃」字或含「韃」字的詞。現今替换原空鉛的文字都是後人根據文意臆加的，所以才有讀不通的情况。

臺灣文海出版社影印的宋史全文（以下簡稱「文海本」），無疑也可替代一種古本。然而出版者没有説明，我們也無法確切知道它的底本的出版時間。但如前所述，它並不是完全意義上的一種新的版本，它的版式、每頁起首字與末尾字都與再造本基本相同，它或是再造本底本的元代翻印本，或是明代翻印本，因其不避清諱，出版時間應在清代以前。它的字形不如再造本規整，它的錯字、不規範字明顯地比再造本多（四庫本的不少錯訛可能都源於它)。但它完整性比再造本好,闕頁比再造本少,再造本一些印刷質量較差的頁面它往往印刷質量相對較好(也有相反的情況,但總的講,文海本的情況要比再造本好),可作爲再造本的最佳補充。在完整性方面,文海本與四庫本互有短長,有些四庫本殘缺的内容在文海本中得到存留,但也有不少文海本殘缺的内容四庫本卻有保留。作爲元刻本的翻刻本,它與再造本本應是差異很少的,但事實卻不如此,二者之間文字上頗有差異。究其原因,大約有三:一是元刻本所用不規範字較多,給後人造成識認上的困難。二是元刻本中頗有印刷品質較差者,文海本底本翻刻所用的大約就是一種印刷品質不佳、又有殘損之書。三是主持翻刻者水準較低。從文海本與四庫本錯訛常常相同這一現象看,二者使用的底本關係很密切。

四庫本形成最遲。内容有幾處集中的闕失。文字最規範,錯訛相對較少。在各種四庫本文獻中,此書是避清諱相對較差的一種,「虜」、「夷狄」等辭語保留得較多,其原因大約是此書當時不受重視,改得不認真所致。它與自稱影宋本的中興聖政形成鮮明對照,只要將二書作比對,即不難看到:後者避清諱比前者避得要徹底得多。

選擇哪一種版本作工作底本的問題,史學界、文獻學界普遍存在一種認識:四庫全書本不是善本,特别是當某種文獻(書)内容涉及宋、金關係時,此種文獻(書)的四庫全書本就更加不適宜作校勘的工作底本。宋史全文内容大量涉及漢族與少數民族關係，有相當一部分更涉及宋、金關係，照理校勘此書也不應以四庫全書本作底本。我親耳聽到人們對李之亮先生點校的宋史全文的批評中，就包括他選擇四庫全書本作工作底本一項。所以，我原本也想不用四庫全書本作工作底本。但是，當我對宋史全文現存古本作了較多考察後，卻不得不放棄最初的想法，仍然逆着許多人的想法，採用本書的四庫全書本作校勘的工作底本。這是因爲，如前所述，本書的元本、明本都出於同一祖本，大抵爲同一刻版的不同時期的翻印或翻刻，而其祖本爲元代坊刻，字迹潦草，錯字、俗字、異體字、不規範字比比皆是，再造本和文海本都殘缺嚴重，而包括這兩種版本在内，現存四庫本以前的古代各種印本，有許多頁字迹模糊，成段成行地難以辨認，實在找不到一種堪作校勘底本的本子。宋史全文現有二種四庫全書影印本流行，無疑可代替四庫全書的古本。本書的四庫本訂正了再造本、文海本的不少錯訛（當然也製造出了一些新的錯訛）。相對再造本、文海本而言，本書的四庫本除因政治原因被竄改處外，其他殘缺、錯訛相對要少得多，用字也相對規範。所以，斟酌再三，還是犯忌諱地選擇了文淵閣四庫全書本（影印件，以下簡稱四庫本）作工作底本。

總之，用古籍的影印本代替古籍本身，這是本次校勘整理不得不採取的一種做法。

這裏還應説明，永樂大典卷一二一九六五宋宋寧宗引録有宋史全文。經比對，這部分文字並不是宋史全文寧宗部分的全部，而只是摘録了其中較少一部分内容。此次校勘也作了利用。

## （二）宋史全文與幾種書的特殊聯繫

### 1　宋史全文與續資治通鑑長編

如四庫館臣所指出，宋史全文北宋部分大量摘用續資治通鑑長編文字，所謂摘用，是指宋史全文不是完全照録續資治通鑑長編，而是採取摘録的方式壓縮後者的文字。宋史全文的作者儘量使用長編的原有文字，有時這種摘録做得很巧妙，顯示出編撰者運用文字的較高技巧，但編撰者卻很少採用自己重新撰寫的文字取代長編原有文字的方法。宋史全文編撰者所參考的長編不是完整的長編，而是與今存本長編接近的殘缺本，其最好的證明就是，將本書徽、欽兩帝的内容與長編紀事本末作比對，二者文字很少能找到共同處。衆所周知，長編紀事本末大抵是改編長編的文字，就具體某一紀事而言，二者間的文字差異是很小的。今本長編紀事本末紀録徽、欽二帝時的史事，儘管很不全面，但卻豐富多彩，而相比之下，宋史全文此部分文字卻顯得乾癟枯燥，而且所用文字數量之少，也顯得不合比例。所以，本書撰者很可能既没有見到完整的長編，也没有見到長編紀事本末，這一點是四庫館臣所忽略了的。李之亮先生沿用四庫館臣的意見，並説：「宋史全文的北宋部分録自長編，乃是勿庸置疑的」（前言第三頁）。這並不確切，至少記述徽、欽二帝史事的文字不是録自長編。李之亮先生還批評長編拾補没有從宋史全文中「拾補」徽、欽二帝的内容，這種批評也是不對的。

2　宋史全文與皇宋中興兩朝聖政

四庫館臣講：本書「高、孝二代則取諸留正之中興聖政草。今以永樂大典所載聖政草相與參校，其文大同小異。留正等所附案語亦援引甚多。」認爲本書高、孝兩朝紀事文字都取自中興聖政草（今存本稱皇宋中興兩朝聖政）現成文字，這是正確的。但是，四庫館臣的「取諸」容易給人造成誤解，即認爲本書此時間段文字完全照録中興聖政。而事實上，本書此時間段文字仍然是一種摘録，儘管這一部分的「摘録」明顯不同於它對長編的「摘録」。它對中興聖政文字都是整條整條地摘録，一般不對中興聖政語言作壓縮删簡。它對中興聖政的大部分正文都予以保留（它摘録的長編的文字只是長編原有文字中很少的一部分），只整條地删除了中興聖政正文中較少一部分。但它對中興聖政中大量存在的「臣留正曰」、「龜鑑曰」、「吕中曰」等議論文字則删除較多，只有少量保留。李之亮先生説：「中興聖政今殘的第三十至第四十五卷，完全可以據宋史全文補齊」（前言第三頁），這就言過其實了。因爲宋史全文只是摘録了中興聖政的部分文字，不能簡單地認爲宋史全文高、孝兩朝紀事文字是原封不動地轉録中興聖政，用宋史全文是補不齊中興聖政的。經過比對，筆者發現宋史全文撰者使用的中興聖政、永樂大典中徵引的中興聖政草與今本中興聖政存在一定差距，筆者所能見到並使用的只是宛委别藏影宋本的影印本。此本名爲「影宋」，形式上確也類似宋版，但凡涉及清代避諱的文字，都作了挖改，其徹底程度超過四庫全書中的宋代史籍（例如四庫全書本宋史全文）。所以，此次用今本中興聖政對宋史全文對應文字進行了校勘，但此書中涉及清代避諱的文字都不具校勘價值。今本中興聖政在挖改文字時，没有改動少數民族人物的名字，這是與四庫全書有異的，所以，可以利用此書回改被四庫館臣改動的人名。今本中興聖政是一部嚴重殘缺的書，即缺卷二十九至卷四十四（紹興十三年至三十二年紀事），卷四十五（原書誤標卷二十九）只存乾道二年四月至十二月紀事，即缺遺隆興元年至乾道二年三月紀事（乾道二年四月缺開頭部分）。此外本書各卷頗有闕頁。所以，本書高宗、孝宗部分的校勘，並不是每一時段都能利用中興聖政的，特别是高宗後期的紀事，往往不得不用建炎以來繫年要録代替。中興聖政據説今存有宋巾箱本殘本,筆者無緣一見(據説今存臺灣故宫博物院)。

3 宋史全文與續編兩朝綱目備要、建炎以來朝野雜記

宋史全文關於光宗、寧宗兩朝的記載的史源,不像高宗、孝宗二朝那樣單純劃一,那樣簡單。將宋史全文此二朝文字與續編兩朝綱目備要進行比對,儘管二者記載的史事大同小異,但文字差異較大,特别是記述順序明顯不同。不過,二者的史源很可能是相同的,關於一些重要史事的記述文字也出奇地一致。所以,本書光宗、寧宗兩朝文字的校勘,較多地利用了續編兩朝綱目備要。前已有學者研究指出,續編兩朝綱目備要的許多内容,是以建炎以來朝野雜記爲史源的,故而相應地光宗、寧宗兩朝部分的校勘,也就較多地利用了建炎以來朝野雜記。

## 三 宋史全文的特點及文獻價值

宋史全文是一部成書於宋末元初(大約始撰於宋末,而完成於元初)記述整個宋朝歷史(含北宋和南宋)的編年體史書(缺度宗、少帝朝紀事,原目録有,有可能是書未撰完,也有可能是此部分文稿佚失),在今存同種體裁、同一時限的成書於宋元時期的史書中,它具有唯一性。

以往學界有一種不正確的認識，即認爲本書是書坊爲牟利找人胡亂拼湊的一部質量低劣的書。筆者多年來反復閲讀此書，得出的結論是與此大相徑庭的。本書作者不詳其人，或者不是一位史學名家。本書中確有不少粗糙不盡如人意處。但是從字裏行間我們仍可看出，本書撰者的寫作態度還是嚴肅認真的，而且在材料的搜集和取捨上也頗爲用心。所以，本書實際上仍是一部值得重視的、甚至是研究宋史不可不讀的史書。

正如前人已指出，宋史全文有相當多的内容是摘鈔自長編、中興聖政兩書，這主要是北宋初至哲宗、南宋高宗至孝宗二時段，這二大時段的文字，没有提供新的史料。但是，如前所述，本書撰者所摘録的，是不完整的長編，所以，這一不完整長編所闕的時段，本書的記述源自何書，目前尚不清楚，很可能是撰者自己編寫的。而本書與不完整長編所闕時段對應的文字，特别是關於徽、欽二宗時期的記述，是有一定史料價值的。又由於今存中興聖政是一部嚴重缺殘的書，本書與其缺殘部分對應的内容就有較高的史料價值。特别是關於孝宗初年史情的某些記載，例如關於此時期楮幣的記載，就有獨特價值。又如前所述，本書關於光宗、寧宗二朝的記述，部分可能源於續編兩朝綱目備要和建炎以來朝野雜記，但與續編兩朝綱目備要不同的内容（筆者發現有些對應的文字宋史全文比續編兩朝綱目備要更詳細)、今本建炎以來朝野雜記不載的内容，其史料價值就不容低估。

宋史全文關於理宗時期歷史的記述，是本書中史料價值最大的部分。這一點，整理者曾專門撰文論述(見本書附録)，在此不作重複。

宋史全文引録的宋人議論，是體現本書重要文獻價值的又一組成部分。本書史論徵引了三十種文獻(有同一種文獻用二種名目者，也可能有不同文獻名稱相同者)，儘管這些議論不盡精彩，但卻有助於我們對當時史事認識的深化。同時，這些議論又是研究思想史、史學思想史的重要資料。這三十多種文獻中，有不少書今已佚失，其殘存文字也有相當文獻價值。關於這些史論文字的分析，詳見本書附録「宋史全文插引史論文獻研究」。

本書的作者受到理學的影響很深，如果我們將本書與李燾長編加以比較，我們就會對本書的理學色彩有突出的認識。本書總字數有限，但書中凡涉及理學家的活動，都不惜篇幅，對理學家的言論，都多加引録。當然，本書撰者又不完全是程、朱理學的正宗傳人，這突出地表現在書中對蘇軾本人及蜀學並不採取排斥的態度上。同時，作者所徵引史論中，徵引呂中的言論最多，而呂中被認爲是受浙東學派代表人物葉適等影響較大的史家，這表明作者對浙東學派也不絕對排斥。這種既尊崇理學又調和衆家的態度在南宋晚期的士大夫中可能帶有一定普遍性。宋史全文反映了當時流行的史學理念，特別是反映了理學佔統治地位後，人們對歷史的重新解讀。將全文與長編相比照，我們可以清楚地看到二者間的明顯差異，其中重要的一個方面，就是對儒學、理學在歷史發展、國家管理中的作用的評價明顯提高。因而，對與之相關的史事的記述所佔比重明顯增加，對重要儒學學者、理學家的活動的記述明顯增加。但是，宋史全文作者生活年代的理學，與純正的朱熹理學又有明顯差異，例如，書中多次徵引蘇軾的文字，與程頤、朱熹對蘇軾的貶抑態度有所差異，書中對元祐黨争的記述，也與程、朱對此的評價不盡相符。而這些認識恰好可以從南宋後期文人士大夫的著述中得到説明。與此相關，全文作者由於受理學影響，對皇帝個人言行的重視程度較前明顯提高，特别是對皇帝的治心，其關注程度尤顯加强。對理學、理學家以及皇帝個人作用的誇大，客觀上在一定程度上歪曲了歷史，同時也必然導致對一些重要史事記述上的疏漏。

宋史全文的又一特點是詳略不均衡。這當中有撰者有意爲之的成分：如有些歷史人物的奏疏撰者認爲很重要，就長篇引録，不厭其煩（如胡寅、朱熹的奏疏）。有些時間段撰者認爲非同尋常，就安排了較多的篇幅（如高宗初年）。當然，我們也必須承認，本書在均衡性方面確也略顯不足，文字在各歷史時期的分配上也存在不盡合理的問題。例如，徽宗在位二十五年，本書記述徽宗朝歷史只用了一卷篇幅，高宗在位三十六年，本書記述高宗朝歷史卻用了八卷（若上、中、下各記一卷則爲十九卷）。記述南宋高宗時期歷史的文字數量過多，而記述徽宗時期歷史的文字數量相對過少。

宋史全文最顯著的缺點是它的粗疏。首先是繫時方面的粗疏：月、日的遺漏頗多，理宗部分還存在前後時序混亂的情況。這種情況的大部分，顯然不是流傳中產生的，而是由撰者本身造成的。其次，文字上不够通順的現象也較爲多見，其中多數也是由撰者造成的。再次是同宋史本紀比較，在内容選擇上也頗有取捨不當的問題。本書選用的史論，也存在重複徵引的情況，標注出處也不規範嚴謹（例如「呂中曰」、「講義」、「大事記」並出）。最後，是文字上的錯訛較多，這當中可能有相當數量是刊刻、流傳中產生的，但也應有一定數量是撰者的失誤。

限於筆者的精力與條件，本書定有不少失當之處，敬請方家批評指正。

汪聖鐸　二〇一四年十一月

# 點校體例

一、儘量採用規範字，不用異體字、俗字，除遇人名等特殊情況外，遇異體字、不規範字、俗字，一律改用通用規範繁體字。異體字、不規範字、俗體字凡可確認者，徑改不出校記。此書元本多用當時的簡體字（有人認爲應稱之爲簡化俗體字），四庫本也多有沿襲，此次整理，一律改爲規範繁體，以求統一。干支紀時中的已己巳、戌戊戍等明顯錯誤，徑改不出校記。「簽書」宋人常常俗寫爲「僉書」，閤門官的「閤」字，常常俗寫作「閣」字，也依例徑改，以求規範，而不出校記。

二、本書採用四庫本爲校勘底本，凡四庫館臣因政治原因篡改的文字，一律回改，以符文獻原貌。四庫館臣因政治避諱將文内大量「虜」字改爲「敵」、「金」等字，考慮到需要回改四庫館臣改動處仍較多，爲減少校記數量，本書採取合併出校方式處理。

三、正文每月另段。原文中史論文字異體，另段，本書爲加區别，另作縮行處理。

四、與長編、繫年要録、宋史本紀等比較，本書現存諸古本繫時（指「是年」、「是春」

等）、繫月、繫日大量闕漏，其中可能有些是謄録、刊刻時遺落，更多的可能是編撰者不慎遺落，屬編撰者失誤的，本不應納入校勘範圍，但準確區分謄録刊刻者、編撰者錯誤實難，爲讀者使用方便，本書一律補入，外加方括號以示原無後補，且與一般校勘有别。有些紀月、紀日（干支）文字錯位，則移位後文字加方括號，原紀月、紀日文字則加圓括號表示當删未删。凡移位、改字者出校説明，其他則不出校記。

五、本書用字有避宋諱的現象，從文獻角度看，這與避清諱性質不同，前者很可能是出於編撰者之手，它們的存在反映的是文獻的原貌，而後者則是改變了文獻的原貌。所以，本書遇避清諱的文字一律回改，遇避宋諱的文字則採取保留原字，在原字後加括號説明避諱字的方式處理。如「魏證（徵）」等。這樣做主要是出於方便讀者的目的。

六、李之亮先生所作校勘記，字數不多，本書一概録入，以「李校」標出。或加肯定，或加補充（李校多爲孤證），或加糾正，以「汪按」標出。

七、爲了慎重，本書遵循多出校、少改字的原則，一般不採取孤證校改的方法。但如果不改就讀不通原文，或不改就會誤導讀者，且是非分明，則特殊處理。

八、爲了精簡文字，本書校記内徵引文獻標注出處適當簡化。凡徵引總集所收文章，只標注文章作者而總集作者從略。凡文獻有多層標題的，根據需要適當刪減。凡文題過於繁複的，採取簡化處理。如墓誌銘、行狀，一律用銘主、狀主姓名加「墓誌銘」或「行狀」作題。如朱熹晦庵集卷九五少師保信軍節度使魏國公致仕贈太保張公行狀，書中簡化爲朱熹晦庵集卷九五張浚行狀。

# 宋史全文卷一

## 宋太祖一

庚申建隆元年春正月辛丑朔，鎮、定二州言：「契丹入寇，北漢兵自土門東下與契丹合。」周帝命太祖領宿衛諸將禦之。太祖自殿前都虞候再遷都點檢，掌軍政凡六年，士卒服其恩威，數從征伐，薦立大功，人望固已歸之。於是，主少國疑，中外始有推戴之議。壬寅，殿前副都點檢慕容延釗將前軍先發。時都下讙言，將以出軍之日策點檢爲天子，士民恐怖，争爲逃匿之計，惟内庭晏然不知。癸卯，大軍出愛景門，紀律嚴甚，衆心稍安。軍校苗訓者，號知天文，見日下復有一日，黑光久相磨盪，指謂太祖親吏楚昭輔曰：「此天命也。」是夕，次陳橋驛，將士相與聚議曰：「主上幼弱，我輩出死力破賊，誰則知之。不如先立點檢爲天子，然後北征未晚也。」都押衙李處耘具以事白太祖弟匡義及掌書記趙普，因共以事理曉譬之曰：「太尉忠赤，必不汝赦。」諸將相顧，亦有稍稍引去者。已而復集，露刃大言曰：「軍中偶語則族，今已定議，太尉若不從，則我輩亦安敢退而受禍。」普察其勢不可遏，與匡義同聲叱之曰：「策立，大事也。固宜審圖。爾等何得便肆狂悖。」乃各就坐聽命。普復謂曰：「外寇壓境，將莫誰何，盍先攘卻，歸始議此。」諸將不可，曰：「方今政出多門，若俟寇退師還，則事變未可知也。但當亟入京城，策立太尉，徐引而北，破賊不難。苟不受策，六軍決亦難使向前矣。」普謂匡義曰：「事既無可奈何，政須早與約束。」因語諸將曰：「興王易姓，雖云天命，實繫人心。前軍昨已過河，節度使各據方面，京師若亂，不惟外寇愈深，四方必轉生變。若能嚴敕軍士，勿令剽劫，都城人心不搖，則四方自然寧謐，諸將亦可長保富貴矣。」皆許諾。乃共部分，夜遣衙隊軍使郭延贇馳告殿前都指揮使石守信、都虞候王審琦，二人皆素歸心太祖者也。將士環列待旦，太祖醉卧，初不省。甲辰，黎明，軍士擐甲執兵，直叩寢門，曰：「諸將無主，願策太尉爲天子。」太祖驚起披衣，未及酬應，則相與扶出聽事，或以黃袍加太祖身，且羅拜庭下稱萬歲。太祖固拒之，衆不可，遂相與扶太祖上馬，擁逼南行。匡義立於馬前，請以剽劫爲戒。太祖度不得免，乃攬轡誓諸將曰：「汝等自貪富貴，立我爲天子，能從我命則可，不然，我不能爲若主也。」衆皆下馬，曰：「唯命是聽。」太祖曰：「少帝及太后我皆北面事之，公卿大臣皆我比肩之人也，汝等無得輒加凌暴。近世帝王初入京城，皆縱兵大掠，擅劫府庫，汝等無得復然。事定當厚賞汝。不然，當族誅汝。」衆皆拜。乃整軍自仁和門入，秋毫無所犯。宰相早朝未退，聞變，范質下殿，執王溥手曰：「倉卒遣將，吾輩之罪也。」爪入溥手，幾出血。溥噤不能對。副都指揮使韓通自内庭奔歸，將率衆備禦。王彦昇逐殺之，並其妻子。諸將翼太祖登明德門，太祖令軍士解甲還營。太祖亦歸公署，釋黄袍。俄而將士擁范質等俱至，太祖嗚咽流涕曰：「吾受世宗厚恩，爲六軍所迫，一旦至此，慚負天地，將若之何。」質等未及對，散指揮都虞候羅彦瓌挺劍而前，曰：「我輩無主，今日必得天子。」質等不知所爲，溥降階先拜，質不得已從之，遂稱萬歲。太祖詣崇元殿行禪代禮〔一〕，召文武官就列，至晡班定，獨未有周帝禪位制書，翰林承旨陶穀出諸袖中，遂用之。詔書曰：「天生烝民，樹之司牧。二帝惟公而受禪，三王乘時而革命，其極一也。予末小子，遭家不造，人心已去，天命有歸。咨爾歸德軍節度使、殿前都點檢趙某，稟上聖之姿，有神武之略，佐我高祖，格於皇天，逮事世宗，功存納麓，東征西怨，厥績懋焉。天地鬼神，享於有德，謳歌獄訟，歸於至仁，應天順人，法堯禪舜，如釋重負，予其作賓。嗚呼欽哉。祗畏天命。」宣徽使引太祖就龍墀北面拜受，宰相扶太祖升殿，易服東序，還即位，群臣拜賀。奉周帝爲鄭王，太后爲周太后，遷居西京。乙巳，詔因所領節度州名，定有天下之號曰宋，改元，大赦。

呂中曰：潁濱謂孟子不嗜殺人之言，至是又驗矣。蓋自後唐以來，不五十年〔二〕，天下五易，天人之厭亂極矣。豈其使干戈糜爛不已〔三〕，而海內無一統之期哉。唐明宗有天生聖人之祝，而太祖實生於是年，則天命所歸，不待指日光相盪而後知也。自其掌軍政之時，士卒服其恩威，中外同於推戴。則人心所屬，不待次陳橋驛而後見也。漢、唐初興，亦不過是。然高祖之取天下，出於沛父老之請。太祖之得天下，亦出於軍士之擁，迫不得已而爲之，其與唐太宗陷父於不義以起兵者異矣。抑五代之亂，帝王屢易者，莫非藩鎮士卒也。矧又有如石守信、王審琦者，將豈能帖然於下哉。一號令之間，秋毫無犯，不惟救生靈塗炭之苦，亦可革叔季兵戈之禍，自非聰明神武而不殺者，孰能與於此。

眉山蘇軾曰：予觀漢高祖及光武及唐太宗及我太祖皇帝，能一天下者，四君皆以不嗜殺人者致之。其餘殺人愈多，而天下愈亂。秦、晉及隋力能合之，而好殺不已，故或合而復分，或遂以亡國焉。

龜鑑曰：戰國交爭而合於秦，民苦秦暴，秦不能一而漢一之。南北分裂而合於隋，人厭隋亂，隋不能一而唐一之。五季之餘分閏位，天下紛紛而未一也，我太祖得天下以仁而民從之，故天下一於宋。真人勃起，開創大業，是又跨唐虞、越漢唐而與帝王匹休也。亦知宋興之由乎我太祖之生，蓋天成二年丁亥歲也。祥光瑞采，流爲精英，異芳幽馥，鬱爲神氣。帝王之興，自有珍符，信不誣也。居有雲氣，出有日暈，天心之眷顧篤矣。俚語稱：趙神言誇宋。人心之向慕久矣。天與之，人與之，而太祖則不知也。方其北面周朝，奉命征討，赫聲濯靈，所向輒克。顯德之七年，太祖生三十有四年矣，采薇采薇，薇亦作止。時蓋正月之上日也。是月也，京師已有推戴之語，而内庭未之知。我出我車，於彼牧矣。時蓋是月之三日也。是日也，將士又有推戴之語，而太祖未之聞。越翼日甲辰，寢門未闢，擁逼者至，太祖未及語而黄袍已加之身矣。噫，河南之避舜猶有辭，大垌之至湯猶有待，事勢至此，聖人不得以遊乎舜、湯之天矣，奈之何哉。則亦有毋虐臣主之誓而已，有毋掠民庶之誓而已，三遜三辭黽勉而受之，能律將士以保周宗，而不能使周禪之不歸。能擇長者房州之奉，而不能遏陳橋之逼。天實爲之，吾其謂何。歐陽子紀五代史也，書梁、漢曰亡，書晉曰滅，至周則大書之曰：遜於位，宋興。烏乎，我宋之受命，其應天順人之舉乎。受命之日，市不易肆，仁之至也。卧榻之側，他睡不容，義之盡也。

汴都仰給漕運〔四〕，故河渠最爲急務。先是，歲調丁夫開浚淤淺，糗糧皆民自備。丁未，詔悉從官給。遂著爲式。又以河北仍歲豐稔，穀價彌賤，命高價以糴之。

吕中曰：汴與洛〔五〕，俱河南地也。國家不都洛而都汴者，以四方輻湊，漕運之法，遠近俱便故也。東南之粟，自汴河入，陝西之粟，自黄河入，陳、蔡之粟，自惠民河入，京師之粟，自廣濟河入。論四河之所入，則東南爲多，此太祖所以有不及百年東南民力竭之憂，而欲都西京也。

上之入也，閭巷姦民往往乘便攘奪。於是，索得數輩斬於市，被掠者官償其貲。戊申，追贈韓通中書令，以禮葬之，嘉其臨難不苟免也。以王彦昇專殺，終身不授節鉞。乙卯，遣使往諸州賑貸。

吕中曰：上以甲辰即位，而乙卯遂遣使賑貸，豈有得天下之初〔六〕，欲以是要譽於人哉。惟天惠民，惟辟奉天。當時之民苦於干戈，苦於賦斂，苦於刑役，爲人父母見子弟之饑寒，則褰裳濡足以救之，此武王下車未幾而散財發粟之心也。

以趙普爲右諫議大夫、樞密直學士。皇弟匡義加睦州防禦使，賜名光義。立宗廟，詔百官集議。尚書省兵部尚書張昭等上奏曰：「謹按堯、舜、禹皆立五廟，蓋二昭二穆與其始祖也。有商建國改立六廟，蓋昭穆之外祀契與湯也。周立七廟，蓋親廟之外祀太祖、文王、武王也。伏請追尊高曾四代號謚，崇建廟室。」制可。國朝宗廟之制：歲以四孟月及季冬凡五享，朔望薦食薦新，三年一祫以孟冬，五年一禘以孟夏。其七祀：春祠司命及户，夏祀竈，季夏别祭中霤，秋祀門及厲，冬祀行，惟臘享、禘祫遍七祀。如親行告謝及新主祔謁，即權罷時享。告日用牢饌，備祀官。

朱文公曰：臣以爲太祖受命之初，未遑他事，首尊四祖之廟。後以太祖受命立極，當爲始祖，而祫享東向，而禧祖初無功德，親盡當祧而已。臣深考其説，而以人心之所安者揆之，則禧祖者太祖之高祖考，雖歷世久遠，功德無傳，然四世之後篤生神孫，應天順人，以寧兆庶，其功德蓋不必自親爲之然後爲盛也〔七〕。

二月，尊帝母南陽郡夫人杜氏爲皇太后〔八〕，以范質自司徒、平章事、昭文館大學士、參知樞密院事加侍中，王溥自右僕射、平章事、監修國史、參知樞密院事加司空，魏仁浦自樞密使、中書侍郎、平章事、集賢院大學士加右僕射。丙戌，長春節，宰相率百官上壽，賜宴相國寺。辛卯，大宴於廣德殿。凡誕節後擇日大宴，自此始。中書舍人扈蒙權知貢舉，奏進士合格者楊礪等一十九人。

三月，宿州火，燔民廬舍萬餘區，遣中使安撫之。壬戌，追尊祖考爲皇帝，妣爲皇后。高祖幽都縣令朓謚曰文獻，廟號僖祖，陵曰欽陵，祖妣崔氏謚曰文懿。曾祖兼御史中丞珽謚曰惠元，廟號順祖，陵曰康陵，祖妣桑氏謚曰惠明。皇祖涿州刺史敬謚曰簡恭，廟號翼祖，陵曰定陵，妣劉氏謚曰簡穆。皇考周龍捷左廂都指揮使、岳州防禦使弘殷謚曰昭武，廟號宣祖，陵曰安陵。有司言：「國家受周木德，木生火，宋繼周，當以火德，王色尚赤，臘用戌。」從之。

曾鞏政要曰：博士和峴言，禮始伊耆，而三代有嘉平清祀禮祭之名，禮臘之別名也。漢承火德，以戌日爲臘。臘，接也，言新以相接，故田獵取禽以報百神、享宗廟，旁及五祀，以教孝盡虔。晉魏因之。唐以土王，正（貞）觀之祭，尚用前寅禮百神，卯日祭社官，辰日臘宗廟。至開元始定禮制，三祭皆於臘辰，以應土德，議者是之。宋興，推應火德，以戌日爲臘，而獨以前七日辛卯禮不應於禮，請如開元故事，禮百神，祀社稷，享宗廟，同用戌臘如禮便。制曰可。

兼判太常寺事竇儼上言：「三王之興，禮樂不相沿襲。聖宋建皇極，一代之樂，宜乎立名。請改周樂文舞崇德之舞爲文德之舞，武舞象成之舞爲武功之舞〔九〕，改樂章十二順爲十二安，蓋取治世之音安以樂之義。夏四月，詔行之。昭義節度使兼中書令太原李筠在鎮逾八年，恃勇專恣，招集亡命，周世宗每優容之。及上遣使諭以受禪，筠即欲拒命，左右爲陳曆數，乃僶俛下拜。既延使者陞階，置酒張樂，遽索周祖畫像置廳壁，涕泣不已，賓佐惶駭，告使臣曰：「令公被酒，失其常性，幸毋怪也。」北漢主知筠有異志，潛以蠟書誘筠。筠雖具奏，而反謀已決。筠長子守節涕泣切諫，筠不聽。遂遣守節入朝，且伺朝廷動静。上迎謂曰：「太子汝何故來。」守節矍然以頭擊地曰：「陛下何言此，必有讒人間臣父也。」上曰：「吾亦聞汝數諫，老賊不汝聽，不復顧藉，故遣汝來，欲吾殺汝耳。盍歸語而父，我未爲天子時，任汝自爲之。我既爲天子，汝獨不能小讓我耶。」守節馳歸，具以告，筠反謀愈急，於北漢納款求援。乙酉，遣使分詣京城門賜飢民粥。李筠又遣兵襲澤州，殺刺史張福，據其城。丙戌，昭義反書至。樞密吴廷祚言於上，曰：「潞州巖險，賊若固守，未可以歲月破。然李筠素驕易無謀，宜速擊之，彼必恃勇出鬭，但離巢穴即成擒矣。」上納其言。戊子，上遣石守信、高懷德帥前軍進討。上勅守信等曰：「勿縱筠下太行〔一〇〕，急引兵扼其隘，破之必矣。」上召三司使張美調兵食。是日，大宴廣德殿，張美言：「懷州刺史馬令琮度李筠必反，日夜儲偫以待王師。」上善之，亟令以團練使授令琮。宰相范質言：「大軍北伐，方藉令琮供億，不可移他郡。」遂升爲懷州團練使授之。

富弼曰：太祖賞功任人，深得其術。懷州刺史知車駕將至，日夜儲蓄以待王師，故有團練之命，用賞其勞。又以移別郡，則他官供億未必練其事，必不能繼令琮之功，故特升本州使名以授之，恩寵如是之異，其得人不盡力乎。

五月己亥朔，日有食之。上降服出次，百官各守其司。李筠復請北漢主舉軍南下。北漢主從之，傾國自將出團柏谷〔二〕。群臣餞之汾水，趙華曰：「李筠舉事輕易，事必無成。陛下掃境赴之，臣未見其可也。」北漢主拂衣上馬，行至太平驛，遣其平章事衛融、宣徽使盧贊將兵救筠。筠留其長子守節守上黨，自帥其衆南出。上以畿甸委輸京師，吏多旁緣爲姦，民或咨怨。乙巳，命殿中侍御史王伸、監察御史王祐、户部郎中沈義倫等八人分領在京諸倉。丁巳，詔親征，命吴廷祚爲東京留守，吕餘慶副之，皇弟光義爲大内都點檢，韓令坤率兵屯河陽。己未，上發大梁。壬戌，西京留守向拱勸上急濟河，踰太行，乘賊未集而擊之，稽留旬浹則其鋒益熾矣。趙普亦言：「賊意國家新造，未能出征，若倍道兼行，掩其不備，可一戰而克。」上納其言。甲子，次河陽。丙寅，次懷州。

丁卯，石守信等破賊三萬餘衆於澤州南，獲北漢節度使范守圖，殺盧贊，筠遁入澤州，嬰城自固。

六月己巳，上至澤州，督兵攻城，逾旬不下。上召指揮使馬全義，賜食命坐，問以計策，全義請併力急攻，緩之恐生變。上即命諸軍奮擊，全義率敢死士先登，飛矢貫臂，流血被體。全義拔鏃進，戰士氣益奮，上率衛兵繼之。辛巳，克其城，李筠赴火死，獲其北漢宰相衛融。乙酉，進攻潞州。丁亥，筠子守節以城降，上赦其罪，陞單州爲團練〔二〕，用守節爲使。北漢主遁歸，謂趙華曰：「卒如卿言，吾幸全師以歸，但恨失衛融、盧贊爾。」丁酉，上發潞州。

秋七月戊申，上至京師。初，衛融之被執也，上詰融曰：「汝教劉鈞助李筠反，何也？」融從容對曰：「犬各吠非其主，陛下宜速殺，臣必不爲陛下用，縱不然，終當間道走河東耳。」上怒，命左右以鐵檛擊其首，流血被面。融呼曰：「臣得死所矣。」上曰：「忠臣也。」釋之，以良藥傅其瘡，命融爲太府卿。

呂中曰：先取澤、潞，所以通兩淮之咽喉。次取淮南，所以通兩淮之門户。自此而平吴、蜀，自此而取荆、廣，混一規模，大略亦可睹矣。

初，成德節度使郭崇聞上受禪，時或涕泣。監軍陳思誨密奏崇懷怨望，上曰：「我素知崇篤於恩義，此蓋感激所發耳。」然亦遣使偵之，使者審崇無他，即歸奏之。上喜曰：「我固知崇不反也。」已而崇請入朝。澶州蝗，遣使督官吏分捕。

八月戊辰朔，御崇元殿，設仗衛，群臣入閣，置待詔候對官，賜廊下食。保義節度使河東袁彥性凶率，及聞禪代，日夜繕甲治兵。上命潘美往監其軍，遂圖之。美單騎入城，諭令朝覲。彥即治裝上道。上喜，謂左右曰：「潘美不殺袁彥，成我志矣。」丙子，徙彥爲彰信節度使。忠武節度使兼侍中陽曲張永德徙武勝節度使。上將有事於北漢，因密訪策略。永德曰：「太原兵少而悍，加以契丹爲援，未可倉卒取也。臣愚以爲每歲多設遊兵擾其田事，仍發間使諜虜絶其援，然後可圖。」上曰：「善。」初，上征澤、潞，趙普因皇弟光義請行，許之。及第推功賞，上曰：「普宜在優等。」戊子，以普爲兵部侍郎，充樞密副使。

九月丙午，御崇元殿，備禮册四親廟，宰相率百官進名以奉慰。淮南節度使兼中書令滄人李重進，周太祖之甥也。始與上俱事世宗，分掌兵權。及上受禪，命韓令坤代重進爲馬步軍都指揮使。重進請入朝，上意未欲與重進相見。上謂翰林學士饒陽李昉曰：「善爲我辭以拒之。」昉草詔云：「君爲元首，臣作股肱。雖在遠方，還同一體。保君臣之分，方契永圖；修朝覲之儀，何須此日。」重進得詔，愈不自安，乃招集亡命，陰爲背叛之計。貶中書舍人趙逢爲房州司户參軍。上之親征澤、潞也，山徑狹隘多石，上自取數石於馬上抱之，群臣六軍皆争負石。逢憚涉險，僞傷足，留懷州。及師還，將除拜，逢又稱疾請於私第草制。上怒，下御史劾其罪而黜之。己未，重進反，書以聞，上命石守信、王審琦、李處耘、宋延渥帥禁兵討之〔一三〕。

冬十月丁卯朔，賜百官諸軍校冬服。諸州長吏、屯戍將士，遣使就賜之。壬申，河決棣州厭次縣，又決滑州靈河縣。詔：「諸道所具版籍之數，陞降天下縣望，以四千户以上爲望，三千户以上爲緊，二千户以上爲上，千户以上爲中，不滿千户爲中下。仍請三年一貢户口之籍〔一四〕，別定陞降。」從之。凡望縣五十，緊縣六十七，上縣八十九，中縣一百一十五，中下縣一百一十，總九十六萬七千三百五十三户。乙酉，晉州言：「兵馬鈐轄、鄭州防禦使荆罕儒戰没。」北漢主欲生致罕儒，及聞其死，求殺罕儒者戮之。上痛悼不已。擢其子守勳爲西京武德副使。上問樞密副使趙普以揚州事宜。普曰：「李重進守薛公之下策，昧武侯之遠圖，憑恃長淮，繕修孤壘，無諸葛誕之恩信，士卒離心；有袁本初之强梁，計謀不用。外絶救援，内乏資糧，急攻亦取，緩攻亦取，兵法尚速，不如速取之。」上納其言。丁亥，下詔親征。庚寅〔一五〕，上發京師，百司六軍並乘舟東下。

十一月甲辰，次泗州，捨舟登陸，命諸將鼓行而前。丁未，至大義驛，石守信遣使馳奏揚州即破，請上亟臨視。是夕，次其城下，登時攻拔之。李重進盡室赴火死。己酉，賑給揚州城中民米，人一斛，十歲以下給其半。爲重進脅以隸軍者，賜衣屨縱之。庚戌，詔重進家屬部曲並釋罪，逃亡者聽自首，尸骼暴露者收瘞之，役夫死城下者人賜絹三匹，復其家三年。

呂中曰：上之入京也，韓通率衆備禦。上之即位也，李筠泣周祖畫像以起兵。重進以周祖之甥而起兵，雖在周爲頑民，在商爲忠臣。然三人者皆不知天命之所歸也，正易所謂「後夫凶」也。

乙卯，唐主李景遣左僕射江都嚴續來犒師。庚申，復遣其子從鎰、户部尚書新安馮延魯來置宴。上厲色謂延魯曰：「汝國主何故與吾叛臣交通？」延魯曰：「陛下徒知其交通，不知預其反謀也。」上詰其故，延魯曰：「重進使者館於臣家，國主令人語之曰：『男子不得志固有反，但時有可不可。陛下初立，人心未安，交兵上黨，當是時不反，今人心已定，方隅無事，乃欲以殘破揚州數千弊卒，抗萬乘之師，借使韓、白復生，必無成理。雖有兵食，不敢相資。』重進卒以失援而敗。」上曰：「雖然，諸將皆勸吾乘勝濟江，何如？」延魯曰：「陛下神武，御六師以臨小國，蕞爾江南，安敢抗天威。然國主侍衛數萬，皆先主親兵，誓同生死，陛下能棄數萬與之血戰則可矣。且大江風濤，苟進未克城，退乏糧道，亦大國之憂也。」上笑曰：「聊戲卿耳。豈聽卿遊説耶。」

十二月己巳，上發揚州。丁亥，至京師。上既即位，欲陰察群情鄉背，頗爲微行。或諫曰：「陛下新得天下，人心未安。今數輕出，萬一有不虞之變，其可悔乎。」上笑曰：「帝王之興，自有天命，求之亦不可得，拒之亦不能止。周世宗見諸將方面大耳者皆殺之，然我亦終日侍側，不能害我。若應爲天下主，誰能圖之。不應爲天下主，雖閉門深居何益。」既而微行愈數，曰：「有天命者任自爲之，我不汝禁也。」由是中外懾服。親軍校有獻手檛者，上曰：「此何以異於常檛而獻之？」軍校密言曰：「陛下試引檛首視之，檛首即劍柄也。有刃韜於柄中，居常可以爲杖，緩急以備不虞。」上笑投之於地曰：「使我親用此物事，將奈何？且當是時，此物固足恃乎。」一日，罷朝坐便殿，不樂者久之。左右請其故，上曰：「爾謂天子爲容易耶？屬乘快指揮一事而誤，故不樂耳。」嘗彈雀於後苑，或稱有急事請見，上亟見之。其所奏迺常事爾。上怒詰之，對曰：「臣以爲尚急於彈雀。」上愈怒，舉斧柄撞其口，墮兩齒，其人徐俯拾齒置懷中。上罵曰：「汝懷齒欲訟我乎？」對曰：「臣不能訟陛下，自當有史官書之也。」上悅，賜金帛慰勞之。

辛酉建隆二年春正月丙申朔，御崇元殿受朝賀，御廣德殿，群臣上壽。壬寅，幸造船務，觀習水戰。己酉，上御明德門觀燈。壬子，商州言群鼠食苗。詔蠲其常賦。周顯德末，分命常參官詣諸州度民田，多爲民所訴。上將循世宗之制，謂侍臣曰：「度田蓋欲勤恤下民，而民愈弊甚。今當精擇其人，以副朕意。」丁巳，分遣常參官詣諸州度民田。

吕中曰：孟子所謂經界，與後人所謂經界異。孟子以井地不均，穀禄不平，而行經界。後世以民産不均，税錢不登，而正經界也。蓋民産不均，則業歸大家，而産留下户。税錢不登，則官失其利，而必多取於民。國初經界之法未行，則度田之使不可以不遣，版籍、户鈔不可以不作也〔一六〕。然上之遣使，則曰勤恤民隱，豈若建武檢校墾田多有煩擾者哉。

詔發京師、陳、許丁夫，以陳承昭督之，道閔水自新鄭與蔡水合，貫京師，南以通淮右舟楫。監修國史王溥等上唐會要一百卷，詔藏史館。

二月丙寅，幸飛山軍營，閱砲車。命給事中范陽劉載往定陶督曹、單丁夫三萬，浚五丈渠，自都城北歷曹、濟及鄆，以通東方之漕。上因謂侍臣曰：「煩民奉己之事，朕必不爲也。開導溝洫以濟京邑，蓋不獲已耳。」癸酉，權知貢舉竇儀奏進士張去華等合格者十一人。甲戌，幸城南觀修水櫃。先是，藩鎮率遣親吏視民租入，概量增益，公取餘羨。符彦卿在天雄軍，取諸民尤悉，上聞之，即遣常參官分主其事，民始不困於重斂。於是，出公粟賜彦卿，以愧其心。舊制，竊盜贓滿絹三匹者棄市。己丑，改爲錢三千，其陌八十。令民二月至九月無得採捕蟲魚、彈射飛鳥，有司歲申明之。令文武官及致仕官、僧道、百姓自今長春節及他慶賀，不得輒有貢獻。

三月，上步自明德門幸作坊宴射。酒酣，顧前鳳翔節度使兼中書令臨清王彦超曰：「卿曩在復州，朕往依卿，卿何不納我？」彦超降階頓首曰：「當時臣一刺史耳，勺水豈可容神龍乎。使臣納陛下，陛下安有今日。」上大笑而罷。

閏三月甲子朔，彦超上表待罪於私第。上遣中使慰撫之。因謂侍臣曰：「沈湎於酒，何以爲人。朕或因宴會，至醉經宿，未嘗不悔也。」丁丑，金、商、房三州民飢，遣使賑之。詔課民種植，每縣定民籍爲五等，第一種雜木百，每等減二十爲差，桑棗半之。男女十歲以上人種韭一畦〔一七〕，闊一步，長十步，乏井者鄰伍爲鑿之。令、佐以春秋巡視其數，秩滿赴調，有司第其課而爲之殿最。又詔：「自今民有逃亡者，本州具户籍頃畝以聞，即檢視之，勿使親鄰代輸其租。」

夏四月癸巳朔，日有食之。甲午，大名館陶民郭贄詣闕訴括田不均。詔令他縣官按視，所隱頃畝皆實，上怒，本縣令程迪決杖流海島。給事中常準爲括田使，責降兩官。左贊善大夫申文緯奉詔按田，清河縣令李瑶受贓，文緯不之察，爲部民所訴。杖殺李瑶，文緯除籍爲民。漢初，犯私麴者並棄市。周祖始令至五斤死。上以周法尚峻，壬戌〔一八〕，詔民犯私麴十五斤、以私酒入城至三斗者，始處極典。其餘罪有差。私市酒麴減造者之半。上又以前朝鹽法太峻，是日，定令官鹽闌入禁地貿易至十斤、煮鹻至三斤者，乃坐死。民所受蠶鹽以入城市，三十斤以上者奏裁。

五月癸亥朔，上御崇元殿受朝，服通天冠、絳紗袍，仗衛如式。皇太后寢疾，上憂懼，乃曲赦天下。乙丑，天狗墮西南。甲戌，令殿前侍衛司及諸州長吏閱所部兵，驍勇者升其籍，老弱怯懦者去之。初置剩員，以處退兵。舊制，文武常參官各以曹務閒劇爲月限，考滿即遷。上謂宰相曰：「若是，非循名責實之道。」會魏仁滌等治市征有羡利，己卯，並詔增秩，因罷歲月序遷之制。令諸州勿復調民給傳置，悉代以軍卒。五代以來，刑典弛廢，州郡掌獄吏不明習律令，守牧多武人，率恣意用法。金州民馬從玘子漢惠無賴，嘗害其從弟，又好爲敚攘，閭里患之。從玘與妻及次子共殺漢惠，防禦使仇超、判官左扶悉按誅從玘、妻及次子。上怒超等故入死罪，令有司劾之，並除名流於海島。自是人知奉法矣。

六月甲午，皇太后杜氏崩。后聰明有智度，每與上參決大政，猶呼趙普爲書記。常撫之曰：「趙書記且爲盡心，吾兒未更事也。」寢疾，上侍藥餌，不離左右。疾革，召普入受遺命。后問上曰：「汝自知所以得天下乎？」上嗚咽不能對。后曰：「吾方語汝以大事，而但哭耶。」問之如初。上曰：「此皆祖考及太后之餘慶也。」后曰：「不然。政由柴氏使幼兒主天下，群心不附故耳。汝與光義皆我所生，汝後當傳位汝弟，四海至廣，能立長君，社稷之福也。」上頓首泣曰：「敢不如太后教。」因謂普曰：「汝同記吾言，不可違也。」普即就榻前爲誓書，於紙尾署曰：「臣普記。」上藏其書於金櫃，命謹密宮人掌之。

講義曰：以皇太后而知社稷之至計，蓋有聖母必有聖子也。高、曹、向、孟之賢始於此。

龜鑑曰：慈闈一語，金櫃預盟，十七載倦勤之後，舉神器之大挈而授之龍行虎步之天子。堯、舜授受，曾不是過。劉元城嘗曰：三代而下，漢、唐不能彷彿其萬一。蓋亦歎詠於斯云。

壬子，翰林學士單父王著言：「時雨稍愆，請令近臣按舊禮告天地、宗廟、社稷及望告海瀆嶽鎮於北郊。」詔從之。丁巳，吏部郎中閻式奪兩任官。式監納河陽夏稅倉，上得式所收一斛有五升之羨，故黜之。其後右衛率府率薛勳、著作佐郎徐雄亦坐監納民租概量失平，皆免官。

［七月］初〔一九〕，上既誅李筠及重進，一日召趙普問曰：「天下自唐季以來，數十年間，帝王凡易八姓，戰鬬不息，生民塗地，其故何也？吾欲息天下之兵，建國家久長之計，其道何如？」普曰：「陛下之言及此，天地神人之福也。此非他故，方鎮太重，君弱臣强而已。今所以治之亦無他奇巧，惟稍奪其權，制其錢穀，收其精兵，則天下自安矣。」語未畢，上曰：「卿勿復言，吾已喻矣。」時石守信、王審琦等皆上故人，各典禁衛。普數言

於上，請授以他職，上不許。普乘間即言之。上曰：「彼等必不吾叛，卿何憂？」普曰：「臣亦不憂其叛也。然熟觀數人者，皆非統御才，恐不能制伏其下，則軍伍間萬一有作孽者，彼臨時亦不得自由耳。」上悟，於是召守信等飲，酒酣，屏左右謂曰：「我非爾曹之力，不得至此。念爾曹之德，無有窮盡。然天子亦大艱難，殊不若爲節度之樂。吾終夕未嘗敢安枕而卧也。」守信等皆曰：「何故？」上曰：「是不難知矣。居此位者，誰不欲爲之。」守信等皆頓首曰：「陛下何爲出此言，今天命已定，誰敢復有異心。」上曰：「不然。汝曹雖無異心，如麾下之人欲富貴者何？一旦以黄袍加汝之身，汝雖欲不爲，其可得乎。」皆頓首涕泣曰：「臣等愚不及此，惟陛下哀矜，指示可生之途。」上曰：「人生如白駒之過隙，所以好富貴者，不過多積金錢，厚自娱樂，使子孫無貧乏耳。爾曹何不釋去兵權，出守大藩，擇便好田宅市之，爲子孫立永遠不可動之業，多置歌兒舞女，日夕飲酒相歡，以終其天年。我且與爾曹約爲婚姻，君臣之間兩無猜疑，上下相安，不亦善乎。」皆拜謝曰：「陛下念臣等至此，所謂生死而肉骨也。」〔二〇〕明日，皆稱疾請罷。上喜，所以慰撫賜賚之甚厚。庚午，以侍衛都指揮使石守信爲天平節度使，殿前副點檢、忠武節度使高懷德爲歸德節度使，殿前都指揮使、義成節度使王審琦爲忠正節度使，侍衛都虞候、鎮安節度使張令鐸爲鎮寧節度使，皆罷軍職，獨守信以侍衛都指揮使如故〔二一〕，其實兵權不在也。

呂中曰：禁衛之兵驕，方鎮之權重，五代以干戈智力取之而不足，太祖以杯酒宴笑收之而有餘，人徒見其收之易，而不知其收之者固自有本也。封建非能弱周，周自弱也。藩鎮非能亡唐，唐自亡也。使平王能復父之讎，則勤王之師諸侯畢會，天下必無春秋矣。使威烈王能正韓、魏之罪，則齊、楚諸國拱手聽命，天下必無戰國矣。使唐非有哲婦濁亂於内〔二〕，則漁陽鼙鼓必不啓方鎮之禍於其始。非有宦官根固於内，則賊温鋒刃必不成方鎮之禍於其終。太祖之所以能收其權者，正孟子所謂爲政不得罪於巨室，裴度所謂處置得宜，有以服其心。不然，無故而行削國之策〔三〕，豈不動七國之變哉。

朱文公曰：趙韓王佐太祖區處天下，收許多藩鎮之權，立國家三百年之安，豈不是仁者之功。

范質奏疏言：「宰相者，以舉賢爲本職，以掩善爲不忠，所以上佐一人，開物成務。端明殿學士呂餘慶、樞密副使趙普，富有時才，精通治道，經事霸府，歷歲滋深，自陛下委以重難，不孤注倚，每因款接，備睹公忠。伏乞授以台司，俾申才用。今宰輔未備，久難其人，以二人器能，實攀附之幸會，置之此任，孰謂不然。」上嘉納之。命内客省使王贊權知揚州軍府事。贊乘舟以往，溺於閶橋。上嗟悼，謂左右曰：「是殺吾樞密使也。」贊常爲河北諸州計度使，五代姑息藩鎮，有司不敢繩以法。贊振舉綱維，所至發擿姦伏無所忌。上知贊可付以事，因使完葺揚州，蓋將大用之，而贊遽死。贊，觀城人也。是月，陳承昭塞棣、滑決河役成，賜錢三十萬。

八月甲辰，義武節度使孫行友在鎮逾八年，上初即位，行友不自安，累乞解官歸山，上不許。行友懼，將據山寨以叛。兵馬都監藥繼能密表其事〔二四〕，上遣武懷節會鎮、趙之師直入定州，出詔示之，令舉族歸朝，行友倉皇聽命。既至，削奪官爵，禁錮私第。辛亥，女真國遣嗢突剌來貢名馬。

吕中曰：女真去京師幾千里而貢馬，中國之盛衰，夷狄未嘗不知之也。然當陽長之時，而陰穉已伏矣。宣和之遣使，亦自沙門島渡海一路。然建隆之貢馬，是夷狄求通於中國也。宣和之遣使，是中國求通於夷狄也。安得不啓中原之禍。

永濟縣主簿郭顗坐贓一百二十萬，棄市。詔緣邊諸寨有犯大辟者，送所屬州軍鞫之，無得輒斷。曹州冤句令侯陟以清幹聞，甲寅，擢左拾遺、知縣事。節度使袁彥頗爲不法，陟抗章言之，彥上表謝，自陳其無罪，上亦不窮治焉。丁巳，詔刑部，應諸道州府有犯鹽麯人合配役者，祇令本州充役。

〔九月〕甲子〔二五〕，契丹解利來降。戊子，遣鞍轡庫使梁義如江南弔祭。上召見，面賜約束，因謂左右曰：「朕每遣使四方，常諭以謹敕〔二六〕，頗聞鮮克由禮，遠人何觀焉。」左右請齊之以刑。上曰：「齊之以刑，豈若其自然邪。要當審擇其人耳。」

［十月］初[二七]，五代募民盜戎人馬，官給其直，籍數以補戰騎之闕。上欲敦信保境，戊戌，敕沿邊諸州禁民無得出塞侵盜，前所盜馬盡令還之。由是，夷狄畏慕不敢内侮。是月，命知制誥河内盧多遜看詳進策獻書人文字，升降以聞。

十一月己巳，幸國子監。

十二月壬辰，回鶻遣使來貢方物。甲午，于闐遣使來貢方物。癸未，詔以濠、楚民飢，令長吏開倉賑貸。始置藏冰務，常以孟夏祭玄冥之神[二八]，乃開冰薦於太廟。

壬戌建隆三年（南唐、吴越、荆南、湖南、漳泉奉正朔。蜀稱廣政二十五年。北漢天會七年）春正月己巳，命淮南道官吏發倉廩以賑飢民。初，户部郎中沈義倫使吴越，歸言揚、泗飢，民多死，郡中軍儲尚百餘萬可貸，至秋乃收新粟。有司沮義倫曰：「若歲薦饑，將無所取償，孰當執其咎者。」上以詰義倫，義倫曰：「國家方行仁政，自宜感召和氣，立致豐稔，寧復憂水旱耶。」上悦，故有是命。詔諸州長吏勸課農桑。自後，或因歲首，必下此詔。禁諸州鐵鑞錢及江南所鑄「唐國通寶」錢，民間有者，悉送於官。庚辰，女真國遣使只骨來修貢。癸未，幸國子監。

二月庚寅，令翰林學士、文班常參官曾任職幕州縣者，舉堪爲賓佐令録一人，如有近親，亦聽内舉。異時貪濁畏懦職務曠廢者，舉主坐之。癸巳，令諸道州府依法斷獄，毋得避事妄奏取裁，違者量罪停罰。甲午，詔自今每五日内殿起居，百官以次輪對，並須指陳時政得失、朝廷急務，或刑獄冤濫、百姓疾苦，咸采訪以聞。事關急切者，許非時詣閤上章，不得須候次對。

吕中曰：國朝之制，宰輔宣召，侍從論思，經筵留身，翰苑夜對，二史直前，群臣召對，百官轉對，監司、郡守見辭，三館封章，小臣特引，臣民投匭，太學生伏闕，外臣附驛，京局發馬遞鋪，蓋無一日而不可對，無一人而不可言也。然太祖詔指陳時政直書其事，不在廣有牽引。太宗令宰執、樞密各述送軍儲至靈武合發軍粮多少，舉兵深入合用兵幾何〔二九〕，何人監領〔三〇〕，何人監護，直書其事，言不必文〔三一〕。此皆聽言以實也。今世不患人主之不求言也，而患求之而不及用；不患天下之不敢言也，而患盡言而無所用。豈非病於議論之繁多歟。

己亥〔三二〕，詔竊盜贓滿五千足陌者乃處死。壬寅，上謂近臣曰：「今之武臣，欲盡令讀書，貴知爲治之道。」近臣皆莫對。

史臣李沆曰：昔光武中興，不責功臣以吏事。及天下已定，數引公卿郎將講論經義，夜分乃罷。蓋創業、致治，自有次第。今太祖欲令武臣讀書，可謂有意於治矣。近臣不能引爲對，論者非之。

丙辰，幸國子監。

三月戊午[朔]〔三三〕，控鶴右厢都指揮使尹勳督丁夫浚五丈河，陳留丁夫夜潰，勳擅斬其隊長十餘人，追獲亡者七十餘人，皆刵其左耳。有詣闕稱冤者，兵部尚書李濤以病卧家，力疾草奏，乞斬勳以謝百姓。濤家人曰：「公久病，宜自愛養。朝廷事姑置之。」濤憤然曰：「死者人之常，吾豈能免。但我爲兵部尚書，知軍校無辜殺人，豈得不論。」上覽其奏，嘉之，然念勳素忠勇，止薄責焉，削奪官爵，配隸許州爲教練使。壬戌，三佛齊國遣使朝貢。癸亥，命近臣於京城祠廟禱雨。甲子，詔以沂州民飢，賜種食。[丁卯]〔三四〕上謂宰臣曰：「五代諸侯跋扈，多枉法殺人，朝廷置而不問，姑息藩鎮，當如此邪。」乃令諸州決大辟訖録案聞奏〔三五〕，委刑部詳覆之。丙子，權知貢舉王著奏進士馬適等合格者十五人。丁丑，女真遣使朝貢。戊寅，詔三司春冬送戍卒衣，並官給車乘，毋得調發民丁。丁亥，徙北漢降民於邢、洺州，計口賦以粟。禁民以火葬。[是月]〔三六〕詔增官鹽闌入至三十斤、煮鹻至十斤坐死，蠶鹽入城市百斤以上奏裁〔三七〕。又修酒麯之禁。

夏四月庚子，西州回鶻阿督等來貢方物。壬寅，邢州言，北漢民四百七十人來降〔三八〕。定難節度使李彝興遣使貢馬三百匹，上方命玉工治帶，召其使問彝興腰圍幾何，遂遣使以帶賜之。彝興感服。

五月甲子，幸相國寺禱雨。河北諸州旱，遣中使視之。又命司勳郎中何幼沖等六人乘傳檢旱苗。甲申，幸太清觀，又幸相國寺禱雨。乙酉，詔撤樂，太官進蔬食。詔縣令佐檢察差役務底均平，或有不當者許民自相糾舉。

陳平甫曰：差役，古法也。國初，循舊制，衙前以主官物〔三九〕，里正、户長、鄉書手以課督賦税〔四〇〕，耆長、弓手、壯丁以逐捕盜賊，承符、人力、手力、散從官以奔走驅使。在縣曹司至押録，在州曹司至孔目官，下至雜職院虞候等人〔四一〕，各以鄉户等第差。熙寧四年，始議使民出錢，官爲雇役，謂之免役錢。六年，又行保甲法，置保正副大小保長察盜。七年，輪保丁充甲頭催税，罷募户長、壯丁。八年，罷耆長，令保正、保長管幹，別立庸直，雇承帖人隸其下。元豐八年，有言耆壯之役則歸於保甲之正長，户長之役則歸於催税甲頭，是使民出錢免役而復使執役也。紹聖元年，復雇役法。二年，以大保長催税，罷差保頭，以舊耆長錢支保正，户長錢支保長，壯丁錢支承帖人。靖國元年，拘收大保長雇錢。紹興二年，拘收耆户長雇錢。十二年，拘收壯丁雇錢。蓋自保正長、承帖人雇錢並起發而充役如故，民力於是困矣。此其大略也。而其患皆起於以保甲代役、户寬狹不均重爲民病。

六月辛卯，詔宿州發廩賑飢民。周世宗之二年，始營國子監，置學舍。上既受禪，即詔有司增葺祠宇，塑繪先聖先儒之像。上自贊孔、顏，命宰臣兩制以下分撰餘贊。車駕一再臨幸焉。崔頌判監事，始聚生徒講書，上聞而嘉之。乙未，遣中使遍賜以酒果。尋又詔用一品禮立十六戟於文宣王廟門。己亥，德音減京畿及河北諸州死罪以下囚，旱故也。壬寅，雨。

秋七月，禁中元張燈。乙丑，知舒州、左諫議大夫歷城馮瓚言：「州界有菰蒲魚鼈之利，居民每以自給。前防禦使司超增收爲市征，漁奪苛細，疲俗告病。宜蠲除之。」上即從其請。雲捷軍士有僞刻侍衛司印者，捕得斬之。上曰：「諸軍比加簡練，尚如此不逞耶。」庚辰，命搜索悉配海島。于是姦猾斂迹。己卯，北漢捉生指揮使路貴等十一人來降，並補内殿直。辛巳，遣給事中劉載等十人按行河北諸州旱田。詔朝臣出使，還日具所見民間利病以聞。右衛率府率薛勳掌常盈倉，受民租概量重。詔免勳官，配隸沂州，倉吏棄市。兖、濟、德、磁、洛五州蝗。

八月甲戌朔，敕大理卿范陽劇可久爲光禄卿致仕。可久年逾七十，無請老意，上特命之。乙未，左拾遺、知制誥虞鄉高錫上言：「近廷臣承詔各舉所知，或有因行賂獲薦者。請自今許近親、奴婢、鄰里告訴，加以重賞。」又請注授法官及職官，各宜問書法十條，以代試判。上皆施行之。詔及第舉人不得呼知舉官爲恩門、師門及自稱門生〔四二〕。

壬申，詔崔頌修武成王廟，仍委頌檢討唐末以來謀臣、名將勳庸尤著者，以名聞。癸酉，以次對章奏下集尚書省官參詳，其有裨政治可施行者以聞。丙子，占城國遣使朝貢。

九月癸未，復置書判拔萃科。武安節度使兼中書令周行逢病革，召其將吏，以其子保權屬之曰：「衡州刺史張文表常怏怏不得行軍司馬。吾死，文表必叛，當以楊師璠討之。如不能，則嬰城勿戰，自歸朝廷可也。」

冬十月乙酉朔，始賜文武常參官服。有司言：「故事，所賜止將相學士及諸軍大校。」上曰：「不及百官，甚亡謂也。」乃並賜之。丙戌，幸造船務觀習水戰。癸巳，有司上新删定循資格、長定格、編敕格各一卷。詔選人三十以下依舊不得入令録，餘皆可。己亥，幸岳臺，令諸軍習騎射。廣濟縣令李守中坐贓決杖配沙門島。辛丑，以樞密副使、兵部侍郎趙普爲檢校太保，充樞密使，樞密使不帶正官自普始也。張文表聞周保權立，怒曰：「我與行逢俱起微賤，立功名，今日安能北面事小兒乎。」會保權遣兵更戍永州，路出衡陽，文表遂驅以叛。保權即命楊師璠悉衆討文表，告以先人之言，感激涕泣，師璠亦泣，顧謂其衆曰：「汝見郎君乎，年未成人而賢若此。」軍士奮然，皆思自效。保權又遣使求援於荆南，且來告，文表亦上疏自理。

十一月辛酉，大閲於西郊。癸亥，詔：「群臣使諸道，無得私有請託，違者當議其罪。」甲子，又大閲。上謂近臣曰：「晉、漢以來，衛士不下數十萬，然可用者極寡。朕頃按籍而閲之，去其冗弱，又親校其擊刺、騎射之藝，今悉爲精鋭。故順時令而講武焉。」詔殿前、侍衛兩司將校無得冗占直兵，限其數，著於令。先是，按令文，州縣官撫育有方，户口增益者，各準見户每十分加一分，刺史、縣令各進考一等。其州户不滿五千、縣户不滿五百，各準五千、五百户法以爲分。若撫養乖方，户口減耗，各準增户法，亦減一分降考一等。主司因循，例不進考，唯按視闕失，不以輕重，便書下考。至是，有司上言，自今請以減損户口一分、科納係欠一分已上，並降考一等。如以公事曠遺，有制殿罰者，亦降一等。從之。丙子，三佛齊國王釋利耶、高麗國王昭並遣使來貢方物。壬子，初班曆於江南。

十二月，舊制，强盜贓滿十匹者絞。庚寅，詔改爲錢三千足陌者處死。癸巳，詔中書門下，每縣復置縣尉一員，自萬户至千户，各置弓手有差。庚子，有司上捕賊條。詔頒行之。令、尉與賊鬭而盡獲者，並賜緋，尉除令，仍超兩資，令別加陞擢。上以西鄙羌戎屢爲寇鈔，選姚内斌爲慶州刺史。上謂近臣曰：「安邊御衆，須是得人。若分邊寄者能稟朕意，則必優恤其家屬，厚其爵禄，多與公錢，聽其召募驍勇以爲爪牙。苟財用豐盈，必能集事。朕雖減後宫之數，極於儉約，以備邊費，亦無所惜也。」河北、陝西、京東諸州旱蝗，河北尤甚，悉蠲其租。蜀主命官磨勘四鎮十六州逋稅，自廣政十五年至二十年別行追督。龍遊令成都田淳上疏諫，蜀主不能用。淳每謂所親曰：「吾觀僭僞改廳堂爲宮殿，改紫綬爲黄服，改前驅爲警蹕，改僚佐爲卿相，改妻妾爲妃后，何如常稱成都尹乃無滅族之禍乎！」或謂淳曰：「君之才固堪重寄，宜稍低抑，便至金鑾玉堂。」淳曰：「吾安能附狗鼠哉。」蓋指樞密使王昭遠輩也。

癸亥建隆四年（是年改爲乾德元年）。是歲，荆南、湖廣平。唐國、吴越、漳泉奉正朔。蜀稱廣政二十六年。南漢天寶六年。北漢天會八年）正月庚申，以慕容延釗、李處耘討張文表。先是，盧懷忠使荆南，上謂曰：「江陵人情去就、山川向背我盡欲知之。」懷忠使還，報曰：「高繼沖甲兵雖整，而控弦不過三萬。年穀雖登，而民困於暴斂。南通長沙，東距建康，西迫巴蜀，北奉朝廷，觀其形勢，蓋日不暇給，取之易耳。」於是，上召宰相范質等謂曰：「江陵四分五裂之國，今假道出師，因而下之，蔑不濟矣。」壬戌，李處耘辭，上以成算授之。乙丑，幸造船務觀造戰船。

吕源曰：太祖、太宗創業之主，真宗守文之主，三朝皆以九重之尊，萬乘之重，臨幸官局。其造船務、茶庫、水磑、開封府綾錦院、染院、作坊、左藏、内藏庫、龍衛營、殿前班、騏驥飛龍院、天駟監，内外百司，不測而至。太祖建隆二年四月，步自明德門幸作坊。開寶八年七月，幸染院。監察御史劉蟠監典工作，衣短後衣〔四三〕、芒屩〔四四〕，持梃，頭蓬不治，迎謁車駕。太祖喜其勤，賜錢二十萬。以是觀之，天子步出內門，至於監官芒屩蓬頭迎謁，可見其簡易也。太祖皇帝建隆三年兩幸國子監〔四五〕。乾德六年三幸飛龍院，建隆二年四幸造船務。是時國家創業之始，國史所載，人君勤勞尚且如此，則爲守成者豈不愧哉。

己卯，女真國遣使來貢方物。楊師璠取潭州，執文表斬於市。

二月丙戌，天雄節度使符彥卿來朝。上欲使彥卿典兵，樞密使趙普以爲彥卿名位已盛，不可復委以兵柄，屢諫不聽。上曰：「卿苦疑彥卿，何也？朕待彥卿至厚，彥卿豈能負朕耶？」普曰：「陛下何以能負周世宗？」上默然，事遂中止。李處耘至襄州，遣丁德裕諭高繼沖以假道之意。孫光憲謂繼沖曰：「中國自周世宗時已有混一天下之志。聖宋受命，凡所措置，規模益宏遠。今伐文表，如以山壓卵爾。湖湘既平，豈有復假道而去耶。不若早以疆土歸朝廷，去斥堠、封府庫以待，則荆楚可免禍，而公亦不失富貴。」繼沖大懼，遣客將王昭濟等奉表，以三州、十七縣、十四萬二千三百户來歸。

呂中曰：善取天下者，先易而後難，先近而後遠，先瑕而後堅。故秦人欲攻諸侯，范雎以爲先韓、魏而後齊、楚；唐憲宗欲平藩鎮，張弘靖以爲先淮蔡而後魏博。周世宗欲平天下，王朴以爲先江南而後河東。太祖之規模，先澤、潞、淮南，次湖南、荆襄，而後及於江南、廣、蜀之地。諸國既平而後及於河東。蓋得後先攻進之機矣。

王師既收復荆南，益發兵，日夜趨朗州。周保權懼，召觀察判官桂人李觀象謀之。觀象曰：「凡所以請援於朝者，誅張文表耳。今文表已誅而王師不還，必將盡取湖湘之地也。莫若幅巾歸朝，幸不失富貴。」保權將從之，指揮使張從富等不可，乃相與爲拒守計。庚子，荆南表至，上復命高繼沖爲節度使。上遣使諭周保權及將校曰：「爾本請師救援，故發大軍以拯爾難。今妖孽既殄，是有大造於汝輩也，何爲反拒王師，自取塗炭，重擾生聚。」保權爲左右所制，執迷不復，遂進討之。遣使往澶、滑、魏、晉、絳、蒲、孟開倉賑貸。權知貢舉浚儀薛居正奏進士蘇德祥等合格者八人。

三月，張從富等出軍，於澧州南與王師遇。賊軍望風而潰。壬戌，王師入朗州，禽張從富於西山下，梟其首。賊將汪端劫周保權并家屬亡匿江南岸，李處耘遣田守奇往捕之，獲保權以歸。於是盡復湖南舊地，凡得州十四、監一〔四六〕、縣六十六、户九萬七千三百八十八〔四七〕。癸酉，吏部尚書張昭等詳定五刑之制：凡流刑四，徒刑五，杖刑五，笞刑五。令州縣復置義倉，官所收二税，碩別輸一斗，貯之以備凶險。

夏四月甲申，以旱，分命使臣遍禱京城祠廟。是夕，雨。丁亥，幸國子監，遂幸武成王廟。詔：「自今祠祭宿齋，並令儀鸞司供帳，務極嚴潔。」庚寅，鑿池於朱明門外，造樓船百艘，選卒號水虎捷，習戰池中。辛卯，王處訥上新定建隆應天曆，上爲曆序頒行之。庚子，以華州團練使大城張暉爲鳳州團練使。上既誅李筠，將事河東，召暉入覲，問以計策。暉曰：「澤、潞瘡痍未瘳，軍旅瘡興，恐不堪命。不若戢兵育民，俟富庶而後圖之。」上慰勞遣還。於是始謀伐蜀。乃徙暉鳳州，暉盡得其山川險易，因密疏進取之計。上覽之甚悦。命磁州分閒田以處北漢降民，仍賜耕牛及錢米。乙巳，幸玉津園，閱諸軍騎射。令諸州造輕車以給餽運。

五月，蜀宰相李昊言於蜀主曰：「臣觀宋氏啓運，不類漢、周，一統海内，其在此乎。若通職貢，亦保安三蜀之長策也。」蜀主將發使，樞密使王昭遠固止之，乃率兵屯峽路，增置水軍。

六月，初，上幸武成王廟，歷觀兩廊所畫名將，以杖指白起曰：「起殺已降，不武之甚，胡爲受享於此？」命去之。乃語吏部尚書張昭、工部尚書竇儀别加裁定，取功業始終無瑕者。癸巳，昭等共議，請升漢、晉、宋、後魏、北齊、後周、唐凡二十三人，退魏、漢、後漢、晉、北齊、隋、唐凡二十二人。詔升退如昭等議。乙未，直史館梁周翰上言：「唐室崇奬太公，蓋以天下雖大，不可去兵，覬張國威，遂進王號。事雖不經，義足垂勸。今若求其義類，别定否臧，苟欲指瑕，誰當無累。或從澄汰，盡可棄捐。」上以升降之制有所懲勸，不報。丙申，令有司三歲一舉先代帝王祀典，各以功臣配享。己亥〔四八〕，潭、濮、曹、絳等州言有飛蝗在野，各命其長吏祭以牢醴。後皆言蝗不爲災。庚子，群臣三上表，請舉樂。從之。丙午，分命中使謝嶽瀆，雨足故也。以久雨，賜諸軍薪蒸有差。太常博士和峴上言：「䄍者，臘之別名。聖朝以戌日爲臘，而前日辛卯行䄍禮，非是。按唐貞觀中，以前寅䄍百神，卯日祭社稷，辰日臘享宗廟。開元定禮，三祭皆於臘辰，以應土德。或從貞觀，或從開元，惟上所擇。」有司請依開元禮，三祭同用戌臘日。從之。唐主雖通職貢，然亦增修戰備。己酉，命鎮國節度使宋延渥帥禁旅數千，習戰於新池。上數臨觀焉。命大理正奚嶼知館陶縣，監察御史王祐知魏縣，楊應夢知永濟縣，屯田員外郎于繼徽知臨清縣。常參官知縣自嶼等始也。時符彥卿久鎮大名，專恣不法，屬邑頗不治，故特選强幹者往莅之。其後，右贊善大夫周渭亦知永濟。彥卿郊迎，渭揖於馬上，就館始與彥卿相見，略不降屈。縣有盜傷人而逸，渭捕獲，暴其罪斬之，不以送府。渭先是爲白馬主簿，縣大吏犯法，渭即斬之。上奇其才，故擢爲贊善大夫。

秋七月，監修國史王溥又上新修梁、後唐、晉、漢、周五代會要三十卷。戊午，頒量衡於澧、朗諸州，懲割據厚斂之弊也。丁卯，幸武成王廟，遂幸新池，觀習水戰。己卯，判大理寺事竇儀等上重定刑統三十卷，編敕四卷。詔刊板摹印頒天下。儀等參酌輕重，時稱詳允。

呂中曰：任人而不任法，以處他事則可，以治刑獄則不可，此刑統之不可無也。夫律令之明、條章之具，使罪應其法，法應其情，奸吏猶自爲之輕重，況無法乎。宋朝格、式、律、令皆有常書，張官置吏所以行其書爾。

八月庚辰朔〔四九〕，詔以冬至有事於南郊。既而有司言，冬至乃十一月晦前一日，皇帝始郊，不應近晦，請改用十六日甲子。詔可。郊天之禮，唐制，每歲冬至圜丘，正月上辛祈穀，孟夏雩祀，季秋大享，凡四祭昊天上帝。親祀則並設皇地祇位。國朝因之，作壇於國城之南南薰門外，每歲令有司奉事於南郊。其祭皇地祇及神州地祇，亦因唐制，皇地祇祭以夏至，作方澤宮城北十四里。神州地祇祭以孟冬，別爲壇於北郊云。壬午，殿前都虞候張瓊自殺。時軍校史珪、石漢卿等方得幸，瓊輕侮之。珪、漢卿譖瓊養部曲百餘人，擅作威福。上召瓊面訊之，瓊不伏，下御史府按鞫，瓊自殺。上旋聞其家無餘財，只有奴三人，甚悔之，責漢卿曰：「汝言瓊部曲百人，今安在？」漢卿曰：「瓊所養一直百耳。」亟命優恤瓊家，然亦不罪漢卿。范質爲南郊大禮使，陶穀爲禮儀使，張昭爲鹵簿使，劉温叟爲儀仗使，皇弟開封尹光義爲橋道頓遞使。丁亥，王全斌言，復與郭進、曹彬等攻北漢，遂下樂平。辛卯，以北漢樂平降兵爲效順軍，賜錢帛有差。壬辰，詔禮部貢院所試九經舉人落第，宜依諸科舉人例，許令再試。女真國遣使來貢名馬。丙申，北漢靜陽等十八寨首領相帥來降。己亥，幸造船務。幽州岐溝關使柴庭翰等來降。

九月甲寅，群臣三上表，請加尊號曰：應天廣運仁聖文武。從之。登州言，高麗國王昭遣使時贊等入貢。詔開封府選樂工八百三十人，權隸太常寺習樂，將行郊祀之禮也。丙寅，大宴廣政殿，始作樂。女真國又遣使貢名馬。丙子，詔：「禮部貢舉人，自今朝臣不得更發公薦，違者重置其罪。」故事，每歲知舉官將赴貢院，臺閣近臣得薦抱至藝者，號曰公薦。然去取不能無所私。至是禁止。北漢主誘契丹兵攻平晉軍，命郭進等領步騎救之。未至一舍，北漢引兵去。郭進御軍嚴而好殺，部下整肅。每入北漢境，無不克捷。上時遣戍卒，必諭之曰：「汝輩當謹奉法，我猶赦汝，郭進殺汝矣。」嘗選御馬直三十人隸進麾下押陣，屬與北漢人戰，往往退怯，進斬十餘人。奏至，上方閱武便殿，厲聲曰：「御馬直千百人中始得一二人，小違節度，郭進遽殺之，誠如此，壟種健兒亦不足供矣。」乃潛遣中使諭進曰：「恃其宿衛親近，驕倨不稟令，戮之是也。」進感泣。嘗有軍校詣闕訴進不法事，上謂近臣曰：「所訴事多非實，蓋進御下嚴甚，此人有過，畏懼而誣罔之耳。」即命執以與進，令自誅之。進方奉表謝，會北漢入寇，進謂其人曰：「汝敢論我，信有膽氣。今捨汝罪，汝能掩殺此寇，則薦汝於朝，如敗，便可往降，勿復來也。」

軍校踴躍聽命，果立功而還。進即奏乞還其職。上悦而從之。

冬十月庚辰，詔諸州造版簿、户帖、户抄。吏部尚書張昭上新撰名臣事迹五卷。詔藏史館。

十一月癸亥，享太廟。上初詣太廟，乘玉輅。左諫議大夫崔頌攝太僕，上問儀仗名物甚悉，頌應對詳敏，上大悦。甲子，合祭天地於南郊，以宣祖配。先是，上謂大禮使范質曰：「中原多故，百有餘年，禮樂儀制不絶如綫。今幸時和歲豐，克舉禋祀，報神資乎備物。卿與五使宜講求遺逸，遵行典故，無或廢墮，副朕寅恭之意焉。」於是，質等相與討尋故事，得天成中南郊鹵簿字圖，遂詳定新制曰南郊行禮圖。又令司天監定從祀星辰圖上之，遂升壇。有司具黄褥爲道。上曰：「朕潔誠事天，不必如此。」命撤之。初有司議配享，請以禧祖升配。張昭獻議曰：「宣祖積累勳伐，肇基王業。伏請奉以配饗。」從之。丙寅，唐主遣使來助祭。壬申，以南郊禮成，大宴廣德殿，號曰飲福宴。自是爲例。上謂宰相曰：「北門深嚴，當擇審重士處之。」范質曰：「竇儀清介謹厚，今又爲兵部尚書，難於復召。」上曰：「禁中非此人不可。卿當諭朕意，勉再赴職。」癸酉，復命儀爲翰林學士。

富弼曰：故事，尚書班在學士之上。竇儀清德舊老，再真禁林〔五〇〕，蓋天子所自擇人，故榮於受命也。議者曰：選重官不專於有司，則群才知勸。

十二月己亥，以鄭起爲西河令。起顯德末見上握禁兵有人望，乃貽書范質，極言其事。於是，起出掌泗州市征，刺史張延範密奏起嗜酒廢職，起坐左遷。楊徽之亦嘗言於世宗，以爲上有人望，不宜典禁兵。上即位，將因事誅之。皇弟光義曰：「此皆周室忠臣也，不宜深罪。」於是，亦出爲天興令。

閏十二月乙亥，詔乘輿所服冠冕，去珠玉之飾。永安節度使折德扆言，敗北漢軍於府州城下，獲其衛州刺史楊璘。國朝因唐制，每歲四郊迎氣，及土王日祀五方上帝，以五人帝配，五官三辰七宿從祀。國子博士聶崇義上言：「皇家以火德，上承正統，伏請奉赤帝爲感生帝，每歲正月別尊而祭之。」尚書省集議如崇義奏，感生帝爲壇於南郊，奉宣祖升配，常以正月上辛奉祀。

甲子乾德二年（唐國、吴越、漳泉奉正朔，蜀稱廣政二十七年，南漢天寶七年，北漢天會九年）春正月，以選人食貧者衆，詔吏部流内銓聽四時參選，仍命翰林學士承旨陶穀等，與本司官重詳定循資格及四時參選條。宰相范質、王溥、魏仁浦等再表求退。戊子，皆罷政事。先是，宰相見天子必命坐，有大政事則面議之，常從容賜茶而退。自餘號令、除拜、刑賞、廢置，但入熟狀畫可降出即行之〔五二〕。猶有坐而論道之遺意焉。質等自以前朝舊臣，稍存形迹，且憚上英武，每事輒具劄子進呈，退即批所得聖旨，而同列署字以志之。嘗言於上曰：「如此則正稟承之方，免妄誤之失矣。」上從之，後遂爲定式。蓋自質等始也。然質在相位，所下制敕未嘗破律，命刺史、縣令必以户口版籍爲急，使者按民田及獄訟皆召見，爲述天子憂勤之意乃遣之。時號賢相。庚寅，以樞密使趙普爲門下侍郎、平章事、集賢院大學士，宣徽北院使、判三司上黨李崇矩爲檢校太尉，充樞密使。上既除普及崇矩，無宰相署敕，使問陶穀。穀以爲自古輔相未嘗虚位，唯唐大和中甘露事後數日無宰相，時左僕射令狐楚等奉行制書。今尚書亦南省長官，可以署敕。竇儀曰：「穀所陳非承平令典。今皇弟開封尹、同平章事，即宰相之任也。」上從儀言。壬辰，詔曰：「先所置賢良方正能直言極諫、經學優深可爲師法、詳閑吏理達於教化等三科，並委州府解送吏部，而自曩及今未有應者，得非抱倜儻者恥肩於常調，懷讜直者難效於有司，必欲興自朕躬乎。繼今不限内外職官、前資見任、布衣黄衣，並許詣閤門投牒自薦，朕當親試焉。」壬寅，敕趙普監修國史。先是，宰相兼職皆内降制處分，今止用敕，非舊典也。國朝沿唐及五代之制，命相分領三館，首相爲昭文館大學士，其次爲監修國史，其次爲集賢院大學士。

二月戊申朔，翰林學士竇儀等上新定四時參選條件。命陳承昭帥丁夫鑿渠，自長社引瀷水而下合閔河，渠成，民無水患，閔河之漕益通流焉。

三月，權知貢舉陶穀奏進士李景陽等合格者八人。

夏四月，上欲爲趙普置副而難其名稱，陶穀對曰：「唐有參知機務、參知政事。」乙丑，以樞密直學士兵部侍郎薛居正、吕餘慶並本官參知政事，不宣制，不押班，不知印，不升政事堂，止令就宣徽使廳上事，殿廷別設塼位於宰相後，敕尾署銜降宰相數字，月俸雜給皆半之。蓋上意未欲令居正等與普齊也。

史臣李沆等曰：按唐故事，知政事、參議朝政、參豫朝政、參議政事、參知政事、參知機務並宰相之任也。又高宗嘗欲用郭待舉等參知政事，既而謂崔知温曰：「待舉等歷任尚淺。」遂令於中書門下同承受進止平章事。以此言之，平章事亞於參知政事矣。今穀不能遠引漢御史大夫亞相故事爲對，以參知政事爲丞相下一等，穀失之矣。議者惜之。

秋七月庚寅，中書門下上重詳定翰林學士承旨陶穀所議少尹幕職官參選條件。從之。自是銓選漸有倫矣。辛卯，詔翰林學士承旨陶穀及殿中侍御史内黄師頌等四十三人，各舉才任藩鎮通判者一人。甲午，詔吏部南曹，自今常調赴集選人取歷任多課績而無闕失，其人才可副升擢者，具名送中書門下，引驗以聞，當與量材甄奬。上慮銓衡止憑資歷，英俊或沈於下僚故也。

九月，太子太傅、魯國公范質寢疾，上數幸其第臨視，質家迎奉，器皿不具。上謂曰：「卿爲宰相，何自苦如此。」質對曰：「臣曩在中書，門無私謁，所與飲酌，皆貧賤時親戚，安用器皿。因循不置，非力不及也。」質性卞急，以廉介自將，好面折人，不能容人之短，嘗謂同列曰：「人能鼻吸三斗醋，斯可爲宰相矣。」五代以來，宰相多取給於方鎮，質始絶之，所得禄賜遍及孤遺，食未嘗有異品。疾革，戒其子旻以毋請謚，毋刻墓碑。辛丑，卒。上甚悼惜之，贈中書令。後因講求輔弼，謂左右曰：「朕聞范質居第之外不植資産，真宰相也。」太宗亦素重質，嘗對近臣稱累朝宰相，以爲「循規矩、重名器、持廉節，無出質之右者，其所不足，但欠世宗一死耳」。

講義曰：太祖入京之時，王溥先拜，質不得已從之。故名臣言行録所以紀質而黜溥也。我太宗猶以爲前朝宰相循規矩、重名器、持廉節，無出質之右者，但欠世宗一死耳。則士君子之進退，其可輕哉。

冬十一月，先是，蜀山南節度判官張廷偉説知樞密院事王昭遠，勸蜀主遣大程官孫遇、軍校趙彦韜及楊蠲等，以蠟彈帛書間行，遺北漢主，約北漢濟河同舉。遇等至都下，彦韜潛取其書以獻。上得所獻書，覽之笑曰：「吾西討有名矣。」甲戌，命王全斌、崔彦進、王仁贍、劉光義、曹彬合步騎六萬，分路進討。上以西州將校多北人〔五二〕，賜詔諭令轉禍爲福，行營所至，毋得焚蕩廬舍，毆略吏民〔五三〕，開發丘墳，剪伐桑柘，違者以軍法從事。臨汴水爲蜀主治第，凡五百餘間，供帳什物皆具，以待其至。乙亥，全斌等辭，上出畫圖授全斌等，謂曰：「凡克城寨，止籍其器甲、芻粮，悉以財帛分給戰士。吾所欲得者，其土地耳。」丁酉，太常禮院言：「周文王廟舊以師鬻熊、太公望配享，今太公別封武成王，春秋行釋奠之禮，但請以師鬻熊配。」從之。

十二月，劉光義等入峽路，連破松木、三會、巫山等寨。壬申晦，全斌等入利州，獲軍粮八十萬斛。是月，京師大雪，上設氈帷於講武殿，衣紫貂裘帽以視事。忽謂左右曰：「我被服如此，體尚覺寒，念西征將帥，衝犯霜霰，何以堪處。」即解裘帽，遣中黄門馳驛齎賜全斌，且諭旨諸將，不能遍及也。全斌拜賜感泣。

乙丑乾德三年（是歲蜀平，唐國、吴越、漳泉奉正朔，南漢天寶八年，北漢天會十年）春正月，全斌等取劍州。蜀主知劍州已破，李昊勸蜀主封府庫以請降，蜀主從之，因命昊草表。初前蜀之亡也，降表亦昊所爲。蜀人夜書其門曰：「世修降表李家。」當時傳以爲笑。乙酉，降表至，全斌等受之，遣田欽祚乘驛入奏。初，劉光義等發夔州，諸將所過咸欲屠戮以逞，獨曹彬禁之，乃止。故峽路兵始終秋毫不犯。上聞之，喜曰：「吾任得其人矣。」賜彬詔褒之。孟昶降表以其先人墳廟及老母爲請，上優詔答之，赦蜀管内，蠲乾德二年逋租，賜今年夏税之半。自全斌等發京師，至昶降，纔六十六日，凡得州四十六、縣二百四十、户五十三萬四千二百九。全斌及崔彦進、王仁贍等日夜飲宴，不恤軍務，縱部下掠子女奪財物，蜀人苦之。曹彬屢請旋師，全斌等不聽。

二月壬寅朔，司天監言，日當食，驗天不食。癸卯，命參知政事吕餘慶權知成都府，樞密直學士馮瓚權知梓州。餘慶至成都，時盜四起，將士猶恃功驕恣，王全斌等不能禁。一日藥市始集，街吏馳報有軍校被酒持刃奪賈人財，餘慶立命擒捕，斬之以徇，軍中畏服，民乃寧居。瓚至梓州視事纔數日，會僞蜀軍校上官進嘯聚亡命三千餘衆，劫村民數萬，夜攻州城。瓚曰：「賊乘夜奄至，此烏合之衆，以箠梃相擊，必無固志，正可持重以鎮之，待旦自潰矣。」城中止有雲騎兵三百人，分使守諸門，瓚坐城樓，密令促其更籌，未夜分，擊五鼓，賊驚遁去。因縱兵追之，擒上官進斬於市，招降千餘人，並釋其罪，令復業，州境遂安。丙午，詔以西師所過，民有調發供億之勞，賜今年夏租之半，居坊郭者勿輸半年屋税。又詔僞蜀文武官並遣赴闕，賜裝錢有差，治行清白爲衆所知者，所在州府以名聞。丁巳，權知貢舉盧多遜奏進士劉察等合格者七人。

三月，孟昶與其官屬皆挈族歸朝，由峽江而下。自唐天寶以來，方鎮屯重兵，多以賦入自贍，名曰留使、留州，其上供殊鮮。五代方鎮益强，率令部曲主場院，厚斂以自利。其屬三司者，補大吏臨之，輸額之外輒入己。私納貨賂，名曰貢奉，用冀恩賞。上始即位，猶循前制，牧守來朝，皆有貢奉。及趙普爲相，勸上革去其弊。是月，申命諸州，度支給費外，凡金帛以助軍實，悉送都下，無得佔留。時方鎮闕帥，稍命文臣權知，所在場院，間遣京朝官廷臣監臨。又置轉運使、通判，條禁文簿漸爲精密，由是利歸公上而外權削矣。

呂中曰：方鎮，猶周之封建也。知州，即秦之郡縣也。今不因方鎮爲封建，而乃立郡縣之法，何耶？蓋古人有處天下之定制，而後能享天下之長利。後世雖有封建之虛名，而反受天下之實禍〔五四〕。以周制考之，賦輸於太宰，則諸侯不得有私財；士貢於京師，則諸侯不得有私人。非牙璋則不得起兵，非賜鉞則不得專征。名山大澤不以封。其餘閒田使吏治之，則歸地受地，柄常在官。有功則加地、進律，無功則削地、貶爵，則一予一奪，柄亦在官。豈如唐人不敢誰何，而一切行姑息之政哉。至於五代其弊極矣。天下之所以四分五裂者，方鎮之專地也；干戈之所以交爭互戰者，方鎮之專兵也；民之所以苦於賦繁役重者，方鎮之專利也；民之所以苦於刑苛法峻者，方鎮之專殺也。朝廷命令不得行於天下者，方鎮之繼襲也。太祖與趙普長慮卻顧，知天下之弊源在乎此。於是以文臣知州，以朝官知縣，以京朝官監臨財賦。又置運使，置通判，置縣尉，皆所以漸收其權。朝廷以一紙下郡縣，如身使臂，如臂使指，叱咤變化，無有留難，而天下之勢一矣。

國初，貢賦悉入左藏庫〔五五〕。及取荊湖，下西蜀，儲積充羡，上顧左右曰：「軍旅、飢饉，當豫爲之備，不可臨事厚斂於民。」乃於講武殿後別爲内庫，以貯金帛，號曰封樁庫。凡歲終用度贏餘之數，皆入焉。

六月，孟昶卒。昶母李氏不哭，舉酒酹地曰：「汝不能死社稷，貪生至今日，吾所以忍死者，爲汝在耳。今汝既死，吾安用生。」因不食，數日亦卒。

秋七月，始令諸州録參與司法掾同斷獄。上聞西川行營有大校割民妻乳而殺之者，亟召至闕，斬於都市。初，近臣營救頗切，上因流涕曰：「興師弔伐，婦人何罪，而殘忍至此。當速置法，以償其冤。」

八月戊戌朔，令天下長吏擇本道兵驍勇者，籍其名送都下，以補禁旅之闕。

陳平甫曰：按祥符、天聖編敕，諸郡自騎射至牢城，凡名額二百二十三，總爲本城。所謂禁兵者，皆三司之卒，分屯而更戍，今之屯駐、駐泊之名，而鈐轄、都監、監押官所部領者也。三邊之兵間因事宜，升爲禁軍，則所謂四十四處禁軍。如咸平中，升陝西選中保捷，慶曆中，升河北教閱本城爲禁軍之類是已。此爲就糧。自元昊叛而西北有保毅，王倫叛而東南有宣毅。於是列郡稍置禁軍。嘉祐中，詔東南各置威果，凡二十五指揮，亦無過九大郡。熙寧按廂軍之籍五十萬人，而不足以戰。於是教閱之法起。其後以廂軍團併爲額，則今兩浙崇節、福建保節之類是也。教閱之兵，因別爲額，而隸之將下，則今兩浙雄節、福建廣節之類是也。五年，始排立就糧禁軍之下。

元豐兵令悉以雄節之類升同禁軍，由是禁軍遍天下矣。

辛酉，以左散騎常侍歐陽炯爲翰林學士。炯性坦率，無檢束，雅喜長笛。上間召至便殿奏曲。御史中丞劉温叟聞之，叩殿門求見，諫曰：「禁署之職，典司詔命，不可作伶人事。」上曰：「朕頃聞孟昶君臣溺於聲樂，炯至宰相，尚習此伎，故爲我擒，所以召炯欲驗言者之不誣耳。」温叟謝曰：「臣愚不識陛下鑒戒之微旨。」自是亦不復召炯矣。温叟一日晚歸，過明德門西闕前，上方與中黄門數人登樓，騶者潛知之以白温叟。温叟令傳呼依常而過。翌日，請對，且言：「人主非時登樓，則近制咸望恩宥，輦下諸軍亦希賞給，臣所以呵導而過者，欲示衆以陛下非時不登樓也。」上善之。

九月己巳，上御講武殿，閱諸道兵，得萬餘人，以馬軍爲驍雄，步軍爲雄武，並屬侍衛司。

冬十一月，判大理寺尹拙等言：「後唐劉岳書儀稱，婦爲舅姑服三年，與禮律不同。」詔百官集議。尚書省左僕射魏仁浦等奏議曰：「謹按禮内則云，婦事舅姑如事父母。即舅姑與父母一也。古禮有期年之説，雖於義可稽，書儀著三年之文，實在禮爲當。」

十二月丁酉，始令婦爲舅姑三年齊斬，一從其夫。

丙寅乾德四年(唐國、漳泉奉正朔,南漢天寶九年,北漢天會十一年)春二月,權知貢舉王祐言:「進士合格者六人,諸科合格者九人。」上恐有遺才,復令於不中選人内取其優長者,策而升之。

夏四月,詔曰:出納之吝,謂之有司。儻規致於羡餘,必深務於掊克。知光化軍張全操上言:「三司令諸處場院主吏有羡餘粟及萬石、芻五萬束以上者,上其名,請行賞典。此苟非倍納民租,私減軍食,亦何以致之。宜追寢其事,勿復頒行。」

[五月]上遣右拾遺孫逢吉至成都,收僞蜀圖書法物,皆不中度,悉命焚毁,圖書付史館。孟昶服用奢僭,至於溺器亦裝以七寶,上遽命碎之,曰:「自奉如此,欲無亡得乎?」上躬履儉約,嘗衣澣濯之衣,乘輿服用皆尚質素,寢殿設青布緣葦簾,宫闈帟幕無文采之飾。嘗出麻屨布裳賜左右曰:「此我舊所服用也。」開封尹光義因侍宴禁中,從容言:「陛下服用大草草。」上正色曰:「爾不記居甲馬營中時耶。」

(五月),上初命宰相撰前世所無年號,以改元曰乾德。既平蜀,蜀宫人有入掖庭者,上因閱其奩具,得舊鑑,鑑背有「乾德四年鑄」,上大驚,出鑑以示宰相曰:「安得已有四年所鑄乎?」皆不能答。乃召學士陶穀、竇儀問之。儀曰:「此必蜀物。昔僞蜀王衍有此號,當是其歲所鑄也。」上乃寤,因歎曰:「宰相須用讀書人。」由是益重儒臣矣。

趙普初以吏道聞，寡學術。上每勸以讀書，普遂手不釋卷。上性嚴重寡言，獨喜觀書，雖在軍中，手不釋卷。聞人間有奇書，不吝千金購之。顯德中，從世宗平淮甸，或譖上於世宗曰：「趙某下壽州，私所載凡數車，皆重貨也。」世宗遣使驗之，盡發籠篋，唯書數千卷，無他物。世宗亟召上諭曰：「卿方爲朕作將帥，闢封疆，當務堅甲利兵，何用書爲？」上頓首曰：「臣無奇謀上贊聖德，濫膺寄任，常恐不迨，所以聚書欲廣聞見、增智慮也。」世宗曰：「善。」庚寅，上親試制科舉人姜涉等於紫雲樓下，從容謂陶穀等曰：「則天，一女主耳。雖刑罰枉濫，而終不殺狄仁傑。所以能享國者，良由此也。」因論前代帝王得失，日晡乃罷。

秋七月甲戌，以安守忠爲漢州刺史。上每遣使，必戒之曰：「安守忠在蜀能自律己，汝見，當效其爲人。」是月，以孔子四十四代孫宜爲曲阜縣主簿。

八月，上召竇儀、王祐等宴紫雲樓下，因論民間事。上謂宰相趙普等曰：「下愚之民雖不分菽麥，如藩侯不爲撫養，務行苛虐，朕斷不容之。」普對曰：「陛下愛民如此，乃堯、舜之用心也。」壬寅，詔以憲府繩姦，天官選吏，秋曹讞獄，俱謂難才，理宜優異。應御史臺、吏部銓、南曹、刑部、大理寺，自知雜侍御史、郎中、少卿以下，本司莅事滿三歲者，遷其秩。御史中丞、尚書侍郎、大理卿别議旌賞。其奏補歸司勒留官、令史、府史各減一選。

閏月，詔求亡書，凡吏民有以書籍來獻者，令史館視其篇目，館中所無則收之，獻書人送學士院試問吏理，堪任職官者，具以名聞。是歲三禮涉弼、三傳彭幹、學究朱載皆應詔獻書，總千二百二十八卷，命分置書府，賜弼等科名。

九月，初，西川戍卒或亡命在賊黨中，有請按誅其妻子。上曰：「朕慮其間有被賊驅脅，非本心者。」乃盡釋弗誅。丁巳，以龍捷左右廂都指揮使党進權侍衛步軍司事。先是，禁軍校自都虞候以上，悉以所掌卒伍之數細書於所執之梃，謂之杖記，如笏記焉。進本出戎虜，不識文字，上一日問進兵籍幾何，進不能對，舉梃曰：「盡在是矣。」上笑謂其忠實，益厚之。進每擐甲冑，則髭鬚皆磔豎，目光如電，視之若神人。

冬十月辛酉朔，詔太常寺自今大朝會復用二舞。先是，晉天福末，戎虜亂華，中原多故，禮樂之器寖以淪廢。上始命判太常寺和峴講求修復之。先是，上以雅樂聲高近於哀思，命判太常寺和峴討論其理。峴上疏謂：「西京銅望臬可校古法，即今司天臺影表上石尺是也。取王朴所定尺校之，短於石尺四分，樂聲之高蓋由於此。」上乃令依古法，別造新尺並黃鍾九寸之管，使工人校其聲，果下於朴所定管一律。又內出上黨羊頭山秬黍，累尺校律，亦相契合，重造十二律管以取聲，由是雅樂音始和暢。

呂中曰：以漢興至百年，猶未遑禮樂之事。太祖當天下未一之時，首明禮樂，其知所急矣。

然禮樂廢缺已久，禮猶可以書傳，聲亡則樂亡，故其傳猶難於禮也。以尺較律則尺有長短，以黍較律則黍有小大，以聲與氣較律，則聲氣猶有可求。和峴所定，以尺與黍而已，安得不啓後日紛紛之議哉。

十一月癸巳，日南至。群臣上壽，初用雅樂登歌，及文德武功二舞，酒五行而罷。自平湖南，諸州皆置通判，既非副貳，又非屬官，故多與長吏忿争，常曰：「我監州也，朝廷使我來監汝。」長吏舉動必爲所制，或者言其太甚，宜稍抑損之。乙未，詔：「諸州通判無得怙權徇私，須與長吏連署文移，方許行下。」翰林學士竇儀卒。上嘗召儀草制，儀至苑門，見上岸幘跣足而坐，因卻立不肯進。上遽索冠帶而後召入。儀亟言曰：「陛下創業垂統，宜以禮示天下，恐豪傑聞而解體也。」上斂容謝之。自是對近臣，未嘗不冠帶。

丁卯乾德五年（唐國、吴越、漳泉奉正朔，南漢天寶十年，北漢天會十二年）春正月，詔以時平年豐，增上元張燈爲五夜。僞蜀臣民往往詣闕，訟全斌及王仁贍、崔彦進等破蜀時諸不法事。於是，與諸將同時召還。仁贍先入見，上詰之，仁贍歷詆諸將過失，冀自解免。上曰：「納李庭珪妓女，開豐德庫取金貝〔五六〕，此豈諸將所爲耶？」仁贍惶恐不能對。上以全斌等新有功，不欲付之獄吏，令中書門下追仁贍及全斌、彦進與訟者質證，皆具伏。法當死，上特赦之。甲寅，以王全斌爲崇義留後，崔彦進爲昭化留後，王仁贍罷爲右衛大將軍。丁巳，以曹彬爲宣徽南院使，領義成節度。李進卿爲步軍都虞候，領保順節度。王仁贍之歷詆諸將，獨曰：「清廉畏謹，不負陛下任使者，惟曹彬一人耳。」上固已知彬善於其職，於是賞彬特優。彬入辭曰：「諸將俱獲罪，臣獨受賞，何以自安，不敢奉詔。」上曰：「卿有功無過，又不自矜伐，苟負纖芥之累，仁贍豈爲卿隱耶。懲勸，國之常典，可毋辭也。」

論曰〔五七〕：天下無難事，亦無易事。權柄下移，則難於登天。威令既振，則易於反掌。偉哉，我太祖之興，其用兵行師，伐叛弔民，尤切留意於賞罰之際。在乾德中，王全斌、曹彬皆平蜀將帥也，彬有功無過則擢用而不疑，全斌貪恣以致亂則貶降而不恤。賞罰如此，宜其平定天下、取五强國如摧枯拉朽之易也。

呂中曰：人言創業之初，貪可使也，愚可使也，詐可使也，苟可以辦吾事而已。是不知師之上六「開國承家，小人勿用」之義也。漢高祖雖得韓、彭之力，然終受韓、彭之禍。我太祖平蜀之功，賞曹彬而責全斌，任義倫而責仁贍，蓋以曹彬用兵秋毫無犯、義倫東歸圖書數卷。而全斌、仁贍之功，不足以贖其貪酷之罪，愛民之仁，御將之術，兩得之矣。

上嘗幸講武池，臨流觀習水戰。因謂左右曰：「人皆言忘身爲國，然死者人所難，言之易耳。」李進卿前對曰：「如臣者令死即死耳。」遂躍入池中，上急令水工數十人救之得免，幾至委殞。上能得諸將死力類此。

二月乙丑，以西川轉運使、給事中沈義倫爲户部侍郎，充樞密副使。初，義倫隨軍入成都，獨居佛寺蔬食。僞蜀群臣有以珍異奇巧之物爲獻者，皆卻之。東歸，篋中所有，纔圖書數卷而已。上嘗從容問曹彬以官吏善否。彬曰：「臣止監軍旅，至於采察官吏，非所職也。」固問之，唯薦義倫可任。上亦聞義倫清節過人，因擢用之。

臣富弼等釋曰：義倫霸府從事，有攀龍鱗、附鳳翼之勞者也。然必久試才效，以其清節過人，始大用，此皆先朝用人之意。

壬申，權知貢舉盧多遜奏進士李肅等合格者十人，復詔參知政事薛居正於中書覆試，皆合格，乃賜及第。殿前都指揮使、義成節度使韓重贇罷軍職，出爲彰德節度使。先是，有譖重贇私取親兵爲腹心者，上怒，欲誅之，謀於趙普，普曰：「陛下必不自將親兵，須擇人付之，若重贇以讒誅，即人人懼罪，誰敢爲陛下將者。」上怒猶未解，普開陳愈切。上納其言，止用重贇出鎮。重贇聞普救己，他日，詣普稱謝。普拒弗見。

三月，五星如連珠，在降婁之次。初，竇儼與盧多遜、楊徽之周顯德中同爲諫官，儼善推步星曆，嘗謂徽之等曰：「丁卯歲五星聚奎，自此天下始太平，二拾遺見之，儼不與也。」

呂中曰：以五代雲霧昏曀之久，所以啓我宋天日開明之候。天降時雨，山川出雲，國家將興，必有休祥。然奎星固太平之象，而實重啓斯文之兆也。當是時，歐、蘇之文未盛，師魯、明復之經未出，安定湖學之説未行於西北，伊洛、關中之學未盛於天下，而文治精華已露於立國之初矣。

夏四月，給事中開封馬士元謁樞密副使沈義倫，適有吏白事，義倫與語，忘顧士元。士元遽辭出，歸語家人曰：「我爲臺省近臣，不爲執政所禮，可以去矣。」己卯，遂致仕。

秋九月，李彝興卒，子光叡嗣。

先是，平蜀得錦工數百人。冬十月丙辰朔，置綾錦院以處之。癸酉，度支判官侯陟言：「三司凡二十四案，鹽鐵主其六，户部主其四，餘皆度支主之。自荆湖、西蜀之平，事務益衆，欲令三司均主其八。」詔三司推官張純分判度支案事。

## 校證

〔一〕崇元　李校：續資治通鑑長編（以下簡稱長編）卷一作「崇光」。汪按：今中華書局點校本長編卷一已將「崇光」校改爲「崇元」。崇元殿在五代、宋初頻見記載，可參新舊五代史及長編上下文、宋史、王稱東都事略等。「崇元」是，「崇光」誤。

〔二〕不五十年　再造本、文海本同，吕中宋大事記講義卷二作「五十三年」。

〔三〕豈其使　再造本、文海本同，宋大事記講義卷二作「豈真使」。

〔四〕汴都　李校：原作「沛都」，據長編卷一改。汪按：再造本作「汴都」。文海本作「沛都」。再造本應作校改依據。

〔五〕汴與洛　此「汴」與下文「都汴」、「汴河」三「汴」字原均爲「沛」，文海本同，據再造本、宋大事記講義卷三校改。

〔六〕豈有得天下之初　再造本、文海本同，皇朝類編大事記講義卷三無「有」字。

〔七〕其功德蓋不必自親爲之　再造本、文海本同，朱熹晦庵集卷一五經筵講義作「其爲功德蓋不必身親爲之」。

〔八〕南陽郡　李校：原脱「陽」字，據長編卷一、宋史太祖紀一補。汪按：再造本、文海本亦無「陽」字。李校是，今從之。

〔九〕象成　李校：原作「衆成」，據長編卷一、宋史樂志一改。汪按：王應麟玉海卷一〇五音樂，文獻通考卷一三〇、一四五樂考亦作「象成」，再造本、文海本均作「衆成」。又四庫本長編卷一作「衆成」，陳均皇朝編年綱目備要卷一作「衆咸」。似「象成」是，今從李校。

〔一〇〕太行　原作「太原」，李校：太原，長編卷一作「太行」。汪按：再造本、文海本均作「太原」，然李攸宋朝事實卷一七削平僭僞、彭百川太平治迹統類卷一太祖平澤潞、宋史卷四八四李筠傳均作「太行」，且李埴不應下太原，作「太行」是，據校改。

〔一一〕團栢谷　李校：原作「栢林谷」，據長編卷一改。再造本、文海本均作「栢谷林」，然「栢谷林」他處不載，「團栢谷」則作爲軍事要地屢見記載。李校是，今從之。

〔一二〕單州　李校：「單州」，原作「單州」，據長編卷一改。汪按：李校誤。今中華書局點校本長編卷一已將「單州」校改爲「單州」，係根據宋史卷八五地理志、卷四八四李筠傳、長編紀事本末卷一、宋會要輯稿兵七之一。另太平治迹統類卷一、東都事略卷二二李筠傳亦可爲證。再造本、文海本亦作「單州」。作「單州」是。

〔一三〕宋延渥　李校：原作「宋延握」，據長編卷一、宋史卷二五五宋偓傳改。汪按：再造本、文海本均作「宋延握」。李校是，今從之。

〔一四〕貢户口　李校改「貢」爲「責」，謂：「據長編卷一改。」汪按：李校似證據不足。再造本、文海本均作「貢」。群書會元截江網卷二六户口引此詔亦作「貢」。故不從李校。

〔一五〕庚寅　原作「庚戌」，李校：長編卷一作「庚寅」。汪按：再造本、文海本均作「庚戌」。然依干支時序，作「庚寅」是，宋史卷一太祖紀亦作「庚寅」，今據校改。

〔一六〕版籍　宋大事記講義卷三在「版籍」之後、「户鈔」之前有「户帖」二字。

〔一七〕十歲以上　再造本、文海本均同，長編卷二作「十七以上」，出校稱：「十七，閣本、活字本同，宋本及宋史全文卷一、宋史卷一七三食貨志、續通鑑卷二均作『十歲』，太平治迹統類卷二則作『十五』。」

〔一八〕壬戌　原作「壬申」，李校：長編卷二作「壬戌」。汪按：再造本、文海本均作「壬申」，然依干支時序，當作「壬戌」，宋史卷一太祖紀作「庚申」，比壬戌前二日。今依長編校改。

〔一九〕七月　李校：「初」字以下，長編卷二在本年七月。此處疑脱「七月」二字。汪按：李校是，今從之。

〔二〇〕肉骨　李校：原作「骨肉」，據長編卷二乙正。汪按：再造本作「肉骨」，文海本作「骨肉」，再造本可作校改依據。

〔二一〕以侍衛都指揮使如故　「以」，再造本、文海本同，長編卷二、皇朝編年綱目備要卷一均作「兼」，作「兼」似是。

〔二二〕哲婦　再造本、文海本均同，宋大事記講義卷二作「艷婦」。

〔二三〕行削國之策　再造本、文海本同，類編皇朝大事記講義卷二作「行削權之策」，義較佳。

〔二四〕藥繼能　原作「樂繼能」，再造本、文海本同，據長編卷二、宋史卷二五三孫行友傳、國家圖書館藏繼能姪永圖撰前磁州刺史藥公墓誌銘校改。

〔二五〕李校：「甲子」以下，長編卷二在本年九月。此處疑脱「九月」二字。汪按：李校是，今從之。

〔二六〕謹敕　長編卷二、太平治迹統類卷一太祖平江南作「謹飭」，「謹敕」、「謹飭」義近，古人常互用。

〔二七〕李校：「初」字以下，長編卷二在本年十月。此處疑脱「十月」二字。汪按：李校是，今從之。

〔二八〕玄冥　原「玄」因避諱而缺筆，「冥」字作「寘」，再造本、文海本均作「玄寘」，今據長編卷二、宋史卷一〇三禮志校正。

〔二九〕合用兵幾何　再造本、文海本同，宋大事記講義卷二作「合用兵機」。

〔三〇〕監領　再造本、文海本同，宋大事記講義卷二作「將領」。

〔三一〕言不必文　再造本、文海本同，類編皇朝大事記講義卷二作「信不必文」。

〔三二〕己亥　原作「己丑」，李校：長編卷三、宋史太祖紀一均作「己亥」。汪按：再造本、文海本均作「己丑」，然「己丑」應在「庚寅」之前，現反在其後，顯誤，作「己亥」是。今據校改。

〔三三〕戊午朔　「朔」字原脱，再造本、文海本同，據長編卷三補。

〔三四〕丁卯　二字原脱，再造本、文海本同，據長編卷三補。

〔三五〕録案聞奏　原作「録俱聞奏」，文海本作「録聞奏」，據再造本、長編卷三、李攸宋朝事實卷一六兵刑、曹彦約經幄管見卷三校改。

〔三六〕是月　原脱，再造本、文海本同，據長編卷三補。

〔三七〕蠶鹽　「蠶」原作「蠺」，據再造本、文海本、長編卷三校改。

〔三八〕北漢　李校：原脱「北」字，據長編卷三補。汪按：再造本、文海本均無「北」。似有「北」較佳，今從李校。

〔三九〕官物　原作「宮物」，再造本、文海本同，據宋大事記講義卷三、皇朝編年綱目備要卷一、文獻通考卷一二職役考引陳平甫曰校改。

〔四〇〕鄉書手　原作「鄉手」，再造本、文海本同，不文，據同上引書校改。鄉書手爲宋代職役的一種。

〔四一〕雜職　宋大事記講義卷三引此文「雜職」下有「揀掐」二字。

〔四二〕李校：「詔及第」句以下，長編卷三在本年九月。汪按：李校是。

〔四三〕短後衣　再造本、文海本均作「短便衣」，然「短後衣」乃宋代役夫所服，多見記載，作「短後衣」是，「短便衣」似誤。

〔四四〕芒屩　再造本作「芒履」，文海本作「芒屬」。

〔四五〕太祖皇帝建隆三年　「太祖」原作「太宗」，文海本同。按「建隆」爲宋太祖年號，據再造本校改。

〔四六〕監一　原脱「一」字，文海本同，據再造本、長編卷四、太平治迹統類卷一太祖平湖南、玉海卷一九三兵捷補。

〔四七〕九萬七千……：原作「九萬零七千……」，文海本「九萬」與「七千」之間有「〇」，據再造本、長編卷四、太平治迹統類卷一太祖平湖南删「零」。

〔四八〕己亥　原作「乙亥」，再造本、文海本同，長編卷四、宋史卷一太祖紀作「己亥」。依干支順序，作「己亥」是，據校改。

〔四九〕庚辰　原作「庚子」，再造本、文海本同，長編卷四、玉海卷九三乾德南郊行禮圖作「庚辰」，依干支順序，作「庚辰」是，據校改。

〔五〇〕再真禁林　再造本、文海本同。「真」，疑爲「直」之訛。長編卷四七二元祐七年夏四月丙辰，監察御史董敦逸言「……竇儀再直禁林……」。又，「再真禁林」，他處不見，而「再直禁林」則較多見。

〔五一〕熟狀　原作「執狀」，李校：執狀，長編卷五作「熟狀」。汪按：「執狀」不文，「熟狀」爲宋代公文用語。沈括夢溪筆談卷一故事一：「本朝要事，對稟常事，擬進入畫可，然後施行，謂之熟狀。」作「熟狀」是，文海本、再造本、太平治迹統類卷二九官制沿革、徐自明宋宰輔編年録卷一亦作「熟狀」，據校改。

〔五二〕西州　再造本、文海本同，長編卷五作「西川」，因前後文多言伐蜀事，似作「西川」是。

〔五三〕毆略吏民　「毆」原作「區」，再造本、文海本同，據長編卷五、宋朝事實卷一七削平僭僞校改。

〔五四〕反受天下之實禍　再造本、文海本同，類編皇朝大事記講義作「反受方鎮之實禍」，義似較佳。

〔五五〕左藏庫　原作「内藏庫」。再造本、文海本同，據長編卷六、皇朝編年綱目備要卷一、群書會元截江網卷一〇府庫皇朝事實、章如愚群書考索後集卷四三兵制門等校改。

〔五六〕金貝　「貝」原作「具」，據再造本、文海本、長編卷八、東都事略卷二〇王仁贍傳、宋宰輔編年録卷一校改。

〔五七〕論曰　按此段文字見於宋大事記講義卷三，有删簡。

# 宋史全文卷二

## 宋太祖二

戊辰乾德六年（十一月，改開寶元年。唐國、吴越、漳泉奉正朔，南漢天寶十一年，北漢主劉繼元立，改天會十三年爲廣運元年）春正月乙巳，大内營繕皆畢，賜諸門名。上坐寢殿，令洞開諸門，皆端直軒豁，無有壅蔽。因謂左右曰：「此如我心，少有邪曲，人皆見之矣。」

吕中曰：天下之事千條萬緒，而皆經綸於人主之一心。人主之心正，則天下之事無一不出於正。人主之心不正，則天下之事無一得由於正。是以人主以眇然之身，居深宫之中，其心之邪正，若不可窺，而其著見於外者，常若手指目視而不可揜也。此堯、舜相授，所以有「惟精惟一」之戒。以我太祖立國之初，規模廣大如漢高帝，謀深慮遠如漢光武，而正心符印，密契三聖之傳於數千載之上。朱文公曰：「太祖不爲言語文字之學，而方寸之地正大光明，直與堯、舜之心合。」信哉斯言。

［三月］〔一〕權知貢舉王祐擢進士合格者十人，陶穀子邴名在第六。翌日，穀入致

謝。上謂左右曰：「聞穀不能訓子，邴安得登第。」遽命中書覆試，而邴復登第。因下詔曰：「造士之選，匪樹私恩，世禄之家，宜敦素業。如聞黨與，頗容竊吹，文衡公器，豈宜斯濫。自今舉人凡關食禄之家，委禮部具析以聞，當令覆試。」

夏六月辛巳，以辛仲甫權知彭州。上謂之曰：「蜀土始平，輕侈之俗未革。爾有文武才幹，是用命爾。」仲甫既至，州兵燕環誘屯戍軍，謀以長春節宴集日爲亂。時民出郭拜墓，仲甫率官屬巡邏，於近郊見壕中草深，恐其藏伏姦慝，悉命燒薙之，環黨懼謀泄，遂有告者，凡百餘人，悉禽斬於市。

秋七月乙未，中元張燈。上御東華門，賜從官飲。殿前散員都虞候董遵誨爲通遠軍使。遵誨父宗本，仕漢，上微時，嘗往依焉。遵誨憑藉父勢，多所陵忽，嘗謂上曰：「每見城上有紫雲如蓋，又夢登高臺，遇黑蛇約長百餘尺，俄化爲龍，飛騰東西去，雷電隨之，是何祥也？」上皆不對。他日論兵戰事，遵誨理屈，拂衣而起，上乃辭宗本去。自是遵誨亦不復見紫雲矣。及上即位，一日便殿召見，遵誨伏地請死。上諭之曰：「卿尚記往日紫雲及龍化之夢乎？」俄而部下有擊登聞鼓，訴其不法十餘事，遵誨惶恐待罪。上諭之曰：「朕方赦過責功，豈念舊惡耶！汝可勿復憂，吾將録用汝。」遵誨再拜感泣。上以通遠軍西戎近邊，命遵誨守焉。遵誨既至，召諸族酋長諭以朝廷威德，封羊釃酒，厚加宴犒，衆皆悦服。後數月，復入寇，遵誨率兵深入擊走之，夷落以定。上喜其功，就拜羅州刺史，使如故。遵誨嘗遣其外弟虞鄉劉綜來貢馬，及還，上解所服真珠盤龍衣使賚賜之。綜曰：「遵誨人臣，豈敢當此賜。」上曰：「吾委遵誨方面，不以此爲嫌也。」

呂源曰：謹按國史，環州刺史董遵誨遣表弟劉綜貢馬，太祖延見，既還，解真珠盤龍衣令賚賜遵誨。綜辭以人臣不敢當。太祖曰：「吾委遵誨方面，不以此爲疑也。」至於郭進宅用甋瓦，皆所以激勵功臣，不以疑似爲嫌也。真宗咸平三年正月，駐蹕天雄軍，幸樞密副使宋湜所居視疾，許其先歸，賜衾褥一副，且曰：「此朕常所御者，雖故暗，亦足禦道途之風寒。」景德元年冬，親征澶淵，簽書樞密院事馮拯爲寒氣所侵，不赴晚朝，遣中使使太醫診視。明日車駕將發，又遣使賜以帽絮，且諭之曰：「此朕常服，以禦風冷。」嗚呼。祖宗於群臣眷遇之意如此之厚，宜其報以如何耶。解衣衣我，推食食我，臣謂是矣。

上自即位，數出微行，或過功臣之家，不可測。趙普每退朝，不敢脱衣冠。一夕大雪，普謂上不復出矣。久之，聞叩門聲，甚異，亟出，則上立雪中。普惶恐迎拜，上曰：「已約吾弟矣。」已而開封尹光義至，即普堂設重裀，地坐，熾炭燒肉。普妻行酒，上以嫂呼之。普從容問曰：「夜久寒甚，陛下何以出？」上曰：「吾睡不能着，一榻之外皆他人家也。故來見卿。」普曰：「陛下小天下邪。南征北伐，今其時也。願聞成算所向。」上曰：「吾欲收太原。」普默然良久，曰：「非臣所知也。」上問其故。普曰：「太原當西北二邊，使一舉而下，則邊患我獨當之。何不姑留，以俟削平諸國，彼彈丸黑子之地，將何所逃。」上笑曰：「吾意政爾，姑試卿耳。」於是用師荆湖，繼取西川。是月，令諸州察民有饑者，令發廩貸之。

八月，命客省使盧懷忠等二十二人，領兵屯潞州，將有事於北漢也。

［九月］北漢主劉繼恩怨郭無爲初與其父言不助己，欲逐之而未果。繼恩置酒燕諸大臣，供奉官侯霸榮率十餘人挺刃入閤，殺之。無爲遣兵殺霸榮，迎立繼恩弟太原尹繼元。繼元始立，王師已入境，遂奪汾河橋，傳太原城下。

十月甲戌，屯田員外郎雷德驤責授商州司户參軍。德驤判大理寺，其官屬與堂吏附會宰相，擅增減刑名，德驤憤惋求見，欲面白其事。未及引對，即直詣講武殿奏之。辭氣俱厲，並言趙普强市人第宅，聚斂財賄。上怒叱之曰：「鼎鐺猶有耳，汝不聞趙普吾之社稷臣乎！」引柱斧擊折其上齶二齒，命左右曳出。詔宰相處以極刑，既而怒解，止用闌入之罪黜焉。

十一月癸巳，詔：「天下縣令、佐，自今檢苗定税，部役差夫，鈐轄徵科，區分刑獄，凡關事務，貴在公平，如有違踰，並宜論訴。或令、佐不相糾舉，許吏民訴，得實者賞之有差。」上享太廟，見其所陳籩豆簠簋，問曰：「此何等物也？」左右以禮器對。上曰：「吾祖宗寧識此。」亟命撤去，進常膳如平生。既而曰：「古禮亦不可廢也。」命復設之。於是判太常寺和峴言：「按唐天寶中，享太廟，禮料外每室加常食一牙盤。五代以來，遂廢其禮。今請如唐故事。」詔從之。癸卯，合祭天地於南郊，大赦，改元。契丹以兵來援北漢，李繼勳等皆引歸，北漢因入寇。

己巳開寶二年（唐國、吳越、漳泉奉正朔，南漢天寶十二年，北漢廣運二年）春二月乙卯，命曹彬、党進等各領兵先赴太原。戊午，詔親征。甲子，車駕發京師。權知貢舉趙逢奏進士安德裕等合格者七人。

三月戊戌，次太原。

夏五月，上以暑氣方盛，詔西京諸州令長吏督掌獄掾五日一檢視，洒掃獄户，洗滌杻械，貧困不能自存者給飯食，病者給藥，小罪即時決遣。自是每歲仲夏必申明是詔，以戒官吏焉。

閏月己酉，右僕射魏仁浦卒。仁浦嘗侍春宴，上密謂曰：「朕欲親征太原，如何？」仁浦曰：「欲速則不達。惟陛下審思。」上嘉其對。太原城久不下，殿前指揮使都虞候趙廷翰率諸班衛士叩頭願先登急擊，以盡死力。上曰：「汝曹皆我所訓練，無不一當百，所以備肘腋，同休戚也。我寧不得太原，豈忍驅汝曹冒鋒刃、蹈必死之地乎。」衆皆感泣再拜，呼萬歲。時大軍頓甘草地中，會暑雨，多破腹病。而契丹亦復遣兵來援。壬子，太常博士李光贊上言曰：「蕞爾晉陽，豈須親討，重勞飛輓，取怨黔黎。豈若回鑾復都，屯兵上黨，使夏取其麥，秋取其禾，既寬力役之征，便是蕩平之策。」上覽奏甚喜，宰相趙普亦以爲然。始議班師。壬戌，車駕發太原。戊辰，次鎮州。真定蘇澄善養生，爲道士，上召見之，謂曰：「師年逾八十而容貌甚少，盍以養生之術教朕。」對曰：「臣養生，不過精思練氣耳。帝王養生則異於是。老子曰：『我無爲而民自化，我無欲而民自正』，無爲無欲，凝神太和。昔黃帝、唐堯享國永年，用此道也。」上悅，厚賜之。

六月癸巳，車駕至自太原。

呂中曰：太祖之未能取河東〔二〕，猶太宗之未能取幽薊。而太祖之不盡鋭於偏方，亦猶太宗之不窮其力於北伐也。時之未至，聖人不能先時而强爲。時之既至，聖人不能後時而不爲。此平河東，必在於太平興國之四年，而太祖之規模宏遠〔三〕，遲之數年，其終亦必能取幽、薊也。

唐主遣其弟吉王從謙來貢。唐查元方掌從謙牋奏，上命盧多遜宴從謙於館。多遜奕棋次，謂元方曰：「江南竟如何？」元方斂衽對曰：「江南事大朝十餘年，極盡藩臣之禮，不知其他。」多遜愧謝曰：「孰謂江南無人。」

八月，靈武節度使馮繼業請舉族內徙，以繼業爲静難節度使。

九月乙巳朔，幸武成王廟。朝廷擇可使代馮繼業者，時考功郎中段思恭知泗州，上以思恭嘗有功眉州，乃召赴闕，命知靈州，厚賜遣之。思恭既視事，矯繼業之失，悉心綏撫，夷落安靖，周訪利病，多所條奏，甚得吏民之情。

十月己亥，上燕藩臣於後苑。酒酣，從容謂之曰：「卿等皆國家宿舊，久臨劇鎮，王事鞅掌，非朕所以優賢之意也。」前鳳翔節度使兼中書令王彦超喻上旨，即前奏曰：「臣本無勳勞，久冒榮寵，今已衰朽，乞骸骨歸丘園，臣之願也。」前安遠節度使武行德、郭從義、白重贊、楊廷璋等自陳攻戰伐閱及履歷艱苦〔四〕。上曰：「此異代事，何足論也。」庚子，以行德爲太子太傅，從義爲左金吾衛上將軍，彦超爲右金吾衛上將軍，重贊爲左千牛衛上將軍，廷璋爲右千牛衛上將軍。

富弼曰：藝祖臨軒之初，一歲之內，下澤、潞，平楊州，威令之行，如破竹之勢，則其餘藩鎮，自是束手而聽命矣。又於樽酒之間，酬對之際，折其氣，伏其心，罷節旄，授環衛，謦欬之易，其故何哉？御得其道故也。周世宗號爲英武之君，而藩臣來朝，喜見於色。推此則知五代綱紀之不立也。太祖、太宗，聖聖相承，修明憲度，肅清寰宇。太宗一言，謂稍聞愆負，無矜恕之理，人人皆務檢身，御臣之術如此，所以致天下幾二百年無鷄鳴犬吠之警。

太子太傅王溥遷太子太師，入謝，上顧曰：「溥十年作相，三遷一品，福履之盛，近世所未有也。」

十一月庚申，回鶻、于闐皆遣使來貢方物。

庚午開寶三年（唐國、吴越、漳泉奉正朔，南漢天寶十三年，北漢廣運三年）春正月辛酉，詔：「諸州察民有孝弟彰聞、德業純茂者，滿五千户聽舉一人，或有奇才異行，不限此數。所舉得實，等級加賞，不如詔者罪之。」

三月，權知貢舉扈蒙擢進士張拱等合格者八人。以忠武節度使王審琦鎮壽春凡八年[五]，歲得租税，量入爲出，未嘗有所誅求，民頗安之。所部邑令以罪停其録事史，幕僚白令不先諮府，請按之。審琦曰：「五代以來，諸侯强横，令宰不得專縣事。今天下治平，我忝守藩，而部内宰能斥去黠吏，誠可賞也，何按之有。」聞者歎服。辛亥，以處士王昭素爲國子博士致仕。昭素少篤學，有志行，時方治所居室，積木牆間，有穿窬者爲木所礙不得入，昭素覺之，盡室所有擲於外，謂盜曰：「汝速去，恐捕者至。」盜慚，委物而遁，由是邑中無盜。著易論三十三篇，學者多從之遊。上聞其名，召見便殿，時年已七十餘。上問曰：「何以不仕，致相見之晚。」昭素謝不能。上令講乾卦至「九五飛龍在天」，則斂容曰：「此爻正當陛下今日之事。」引援證據，因示風諫微旨。上甚悦，即訪以民事。昭素所言誠實無隱，上益嘉之。又問治世養身之術，昭素曰：「治世莫若愛民，養身莫若寡欲。」上愛其語，常書屏几間。

呂中曰：處士非講官也，而得以召見便殿，非經筵也，而得以講易，太祖之好學也如此。古今言易者失之拘，在陛下則爲飛龍在天，在臣下則爲利見大人。善言易者莫如昭素。古今言陰陽者失之泥，公事未判時屬陽〔六〕，已判時屬陰，善言陰陽者莫如張詠，可以暗合伊洛之説矣。

夏四月辛未朔〔七〕，日有食之。詔：「諸州兩税折科物非土地所宜者〔八〕，勿得抑配。凡絲綿、紬絹、麻布、香藥、毛翎、箭笴、皮革、筋角等，所在約支二年之用，勿得廣有科市，以致煩民。」

秋七月，詔民訴水旱災傷者，夏不得過四月，秋不得過七月。壬子，詔曰：「吏員猥多，難以求其治。俸禄鮮薄，未可責以廉。與其冗員而重費，未若省官而益奉。西川管内州縣官宜以口數爲率，差減其員，舊俸月增給五千〔九〕。天下州縣官，宜依西川例省減員數。」

呂源曰：官有定員，禄無虚授。漢光武中興，減損吏職。太祖肇建皇基，以新造之宋，不顧人情悦否，併省吏員，與光武中興減損之意亦同也。仁宗時已患三人共一員缺，職事不理，富弼等論宜革其弊。因循至今，又幾百年矣，今豈止三人共一缺哉。官冗弊甚，剗革之方不可緩也。

八月庚寅，李謙溥爲濟州團練使。謙溥在隰州，十年虜人不敢犯其境。有招收將劉進者，勇力絶人，謙溥撫之甚厚，常往來境上，以少擊衆。北漢人患之，爲蠟彈封書以間進，遺其書道中，趙贇得之以聞。上令械進送闕下。謙溥召詰其事，進伏於廷請死。謙溥曰：「我以舉宗四十口保汝矣。」即上言進爲北漢人所惡，此乃反間也。奏至，上悟，遽令釋之。上嘗命有司爲洺州防禦使郭進治第，凡廳堂悉用甋瓦。有司言，惟親王、公主始得用此。上怒曰：「郭進控扼西山逾十年，使我無北顧憂。我視進豈減兒女耶！亟往督役，無妄言。」上寵異將帥多類此，故能得其死力云。

富弼曰：將帥國之重任，宜乎天子寵之也。然寵不可常，惟在得其機耳。得其機則使之盡心死節以報。將帥盡心死節而功不成，未之有也。太祖之寵將帥，深得其道。

唐主作書諭南漢主以歸款於中國。南漢主得書大怒，答唐主甚不遜。唐主以其書來上，上始決意伐之。

九月己亥朔，以潘美、尹崇珂、王繼勳發諸州兵赴賀州城下。甲辰，詔周文王、成王、康王、秦始皇、漢高祖、文帝、景帝、武帝、元帝、成帝、哀帝、魏孝文、西魏文帝、後周太祖、唐高祖、太宗、中宗、肅宗、代宗、德宗、順宗、文宗、武宗、宣宗、懿宗、僖宗、昭宗二十七陵嘗被發，令有司備法服、常服各一襲，具棺重葬，所在長吏致祭。癸丑，王師遂圍賀州，城中人開門以納王師。

冬十月癸酉，詔前代功臣烈士孫臏、元稹等三十一人，各置守冢户，禁樵採。王師破南漢開建寨，遂取昭州、桂州。

［十一月］初，契丹六萬騎寇定州，命判四方館事田欽祚領兵三千禦之。上謂欽祚曰：「彼衆我寡，但背城列陣以待之。虜至即戰〔一〇〕，勿與追逐。」欽祚與虜戰滿城〔一一〕，虜騎小卻，乘勝至遂城。欽祚馬中流矢而踣，騎士王超以馬授欽祚，軍復振，自旦至晡，殺傷甚衆。北邊傳言三千打六萬。癸亥，捷奏至，上喜謂左右曰：「虜數犯邊，我以二十匹絹購一胡人首〔一二〕。其精兵不過十萬人，止費我二百萬匹絹則虜盡矣〔一三〕。」自是益修邊備。

富弼曰：太祖置内藏庫，欲積絹以募胡人之首，偉哉。是謀若後世内積貨財、外嚴守備，來則謹封疆而禦之，去則譬蚊虻而驅之，戎狄之勢〔一四〕，外無所得，而内自困矣。

先是，詔諸道舉有德行者。兹命學士院試問吏理，而曹州所舉人孔蟾所對稍優，以蟾爲章丘縣主簿。是月，王師克連州。

十二月庚午，翰林學士承旨、户部尚書陶穀卒。穀文翰冠一時，自以久次，意希大用，上素薄之，選置近輔未嘗及穀，穀不能平。一日，使其黨因事風上，言穀在詞禁宣力甚多。上笑曰：「我聞學士草制，皆檢前人舊本稍改易之，此乃諺所謂依樣畫胡蘆爾，何宣力之有乎！」穀因作詩題翰林壁，頗怨望，上益薄之，遂決意不用。王師長驅至韶州，南漢人教象爲陣，每象載數十人，皆執牙仗，凡戰必置陣前以壯軍威，王師集勁弩射之，象奔踶，乘者皆墜，軍遂大敗，遂取韶州。

辛未開寶四年（南漢平，唐國、吴越、漳泉奉正朔，北漢廣運四年）春正月，王師克英、雄二州。丙午，詔諸道州縣自今並不得更差攝官。乙丑，王師至馬逕。南漢主懼，乃遣蕭漼、卓惟休奉表詣軍門乞降。

［二月］丁卯朔〔一五〕，又遣其弟禎王保興率國内兵來拒。辛未，王師至白田，南漢主素服出降。潘美承制釋之，遂入廣州。保興初匿民間，後乃獲之。有閹工百餘輩，盛服請見，美曰：「是椓人多矣。吾奉詔伐罪，正爲此等。」命悉斬之。美以露布告捷。己丑，至京師，凡得州六十、縣二百十四、户十七萬二百六十三。

吕中曰：以汴梁之地，視江南爲近，視嶺南爲遠，何先遠而後近耶？蓋聞劉鋹奢侈，則曰：吾當救此一方之民。則先取南漢，所以争民命〔一六〕。江南亦有何罪，但卧榻之側，豈容鼾睡，則後收江南，所以一天下。

三月，詔：「前代帝王當給民奉陵者，各增二户。」

［夏四月］前右監門衛將軍趙玭既勒歸私第，不勝忿恚，一日伺趙普入朝，馬前斥普短。上聞之，召玭及普於便殿，面質其事。玭大言詆普販木規利。先是，官禁私販秦、隴大木，普嘗遣親吏往市屋材，聯巨筏至京師治第。吏因之竊於都下貿易，故玭以爲言。上怒，詔問王溥等普當得何罪。溥附閤門使奏云：「玭誣罔大臣。」上意頓解，反詰責玭，命武士撾之，御史鞫於殿廷，普力營救，上乃特寬其罰，扶出之，責玭爲汝州牙校。

夏五月乙未，有司以帛係鋹及其官屬，先獻太廟、太社。上御明德門，遣盧多遜宣詔詰責鋹。鋹伏地待罪。上釋鋹罪，並其官屬禎王保興等。初議獻俘之禮，朝臣莫能知，乃遣使就問吏部尚書致仕張昭。昭臥病，口占以授使者，咸服其該博，遂用之。

六月，初置市舶司於廣州。詔御史中丞劉温叟、中書舍人李昉等重定開元禮，以國朝沿革制度附屬之。初，上征晉陽，命密州防禦使馬仁瑀率衆巡邊，至上谷、漁陽，虜素聞其名，不敢出。明年，群盜起兖州，賊首周弼尤凶悍，自號「長脚龍」。詔仁瑀掩擊。仁瑀領帳下十數人，入泰山擒弼，盡獲其黨，魯郊以寧。庚辰，徙仁瑀爲瀛州防禦使。仁瑀兄子因醉誤殺平民，繫獄當死。民家自言：「非有憾也，但過誤耳，願以過失傷論。」仁瑀曰：「我爲長吏而兄子殺人，此乃恃勢過横，非過失也。豈敢以己之親而亂國法哉。」遂論如律。成都布衣羅居通喪親，廬墓，日誦佛書，有芝草生，甘露降，守臣表其事。於是，以居逋爲延長縣主簿。劉鋹在國時，多置酖以毒臣下。一日，上幸講武池，鋹先至，詔賜巵酒，鋹疑之，捧杯泣曰：「臣承祖父基業，拒違朝廷，勞王師致討，罪固當死。陛下不殺臣，今見太平，爲大梁布衣矣，願延旦夕之命，以全陛下生成之恩〔一〕。」上笑曰：「朕推心置人腹，安有此事。」令取鋹酒自飲之，别酌以賜鋹。鋹大慚，頓首謝。

上既平廣南，欲行報謝之禮。秋七月甲午朔，詔以冬至有事於南郊。乙未，御史中丞劉温叟卒。温叟爲中丞十二年，屢求解職，上難其代。及被病，上知其貧，遣中使就賜器幣。温叟性重厚方正，事繼母以孝聞。五代以來言好古執禮者，推温叟焉。皇弟開封尹光義聞温叟清介，嘗遣府吏齎錢五百千遺之。温叟不敢卻，貯廳事西舍，令府吏封識乃去。明年重午，復送角黍、紈扇，所遣吏即前送錢者，視西舍封識宛然。吏還以告，光義曰：「我送猶不受，況他人乎。」乃命輦歸府中。他日光義因侍宴，論當世名節士，具道温叟辭錢事，上歎賞久之。温叟既卒，上難其繼，曰：「必得純厚如温叟者乃可命。」太子賓客邊光範兼判御史臺事，居半歲，始真爲中丞。

呂中曰：一中丞任之十二年，及其且卒也〔一七〕，則曰：「必純厚如温叟乃可」，國初之不輕用人如此。蓋其始也擇之精，其終也任之久。擇之精則小人不得以濫其選，任之久則君子舉得以盡其職。趙中令之相凡十一年，郭進之守西山凡二十年，李漢超之守關南凡十七年。作坊至卑賤也，而魏丕典之至十餘年，皆久任而成功也。

冬十月甲申，詔：「兩京諸道自十月後犯彊竊盜，不得預郊祀赦。所在長吏當告諭下民，無令冒法。」右補闕梁周翰上疏，其略曰：「西蜀、淮南、荆、潭、桂、廣之地，皆已爲王土，陛下誠能以三方所得之利，減諸道租賦之入，則庶乎德澤均而民力寬矣。」上嘉納其言。

十一月癸巳，江南國主煜遣其弟從善來朝貢。先是，國主以銀五萬兩遺宰相趙普。普告於上，上曰：「此不可不受，但以書答謝，少賂其使者可也。」普叩頭辭讓。上曰：「大國之體不可自爲削弱，當使之勿測。」及從善入覲，常賜外密賚白金如遺普之數，江南君臣聞之，皆震駭，服上偉度。他日，上因出，忽幸普第。時吴越王俶方遣使遺普書，及海物十瓶，列廡下，會車駕卒至，普亟出迎，弗及屏也。上顧見，問何物，普以實對。上曰：「此海物必佳。」即命啓之，皆滿貯瓜子金也。普惶恐頓首謝曰：「臣未發書，實不知此。若知此，當奏聞而卻之。」上笑曰：「但受之無害。彼謂國家事皆由汝書生耳。」因命普謝而受之。河决澶州，東匯於鄆、濮，壞民田。戊午，親享太廟，始用繡衣鹵簿。己未，合祭天地於南郊，大赦，蠲開寶元年以來逋租。初，上擇僞蜀親兵習弓馬者百餘輩，爲川班内殿直，廪賜優給，與御馬直等。於是，郊禮畢行賞，上以御馬直扈從，特命增給錢人五千，而川班内殿直不得如例。乃相率擊登聞鼓陳乞。上怒，遣中使謂之曰：「朕之所與即爲恩澤，又安有例哉。」命斬其妄訴者四十餘人，餘悉配隸許州驍捷軍。其都校皆決杖降職，遂廢其班。時内臣有左飛龍使李承進者，逮事後唐。上問曰：「莊宗以英武定中原，享國不久，何也？」承進曰：「莊宗好畋獵，務姑息將士。每出次近郊，禁兵衛卒必控馬首告兒郎輩寒冷，望與救接。莊宗即隨其所欲給之。蓋威令不行，賞賚無節也。」上撫髀歎曰：「二十年夾河戰爭，取得天下，不能用軍法約束此輩，縱其無厭之求，以兹臨御，誠爲兒戲。朕今撫養士卒固不吝惜爵賞，苟犯吾法，惟有劍耳。」

壬申開寶五年（江南、吴越、漳泉奉正朔，北漢廣運五年）春正月丁酉，禁民鑄鐵爲佛像、浮屠及人物之無用者。上慮愚民多毁農器以邀福，故禁之。

［二月］上既平廣南〔一八〕，即欲經理江南。鄭王從善入貢，遂留之，國主大懼。是月，始損制度，下令稱教，宫殿悉除去鴟吻。

閏二月壬辰，權知貢舉扈蒙奏合格進士京兆安守亮等十一人，諸科十七人。上召對於講武殿下，詔放榜，新制也。癸巳，以江南進奉使李從善爲泰寧節度使，賜第京師。國主雖外示畏服，修藩臣之禮，而内實繕甲募兵，陰爲戰守計。上使從善致書，風國主入朝，國主不從，但增歲貢。

夏四月，上按嶺南圖籍，州縣多而户口少，命潘美、王明度地并省以便民。甲午，初廢白州及常樂州。

五月丙寅，詔廢嶺南道媚川都。先是，劉鋹募兵能採珠者二千人，號媚川都。於是潘美等言採珠危苦之狀，上亟命降詔罷之。辛未，河大決澶州濮陽縣。壬申，命曹翰往塞之，上謂曰：「霖雨不止，又聞河決，朕信宿以來，焚香上禱於天。若天災流行，願在朕躬，勿施於民。」翰頓首拜曰：「宋景公一發善言，災星爲之退舍。今陛下憂民如是，必不能爲災也。」上又謂宰相曰：「霖雨不止，朕日夜焦勞，罔知所措。得非時政有闕使之然耶？」〔一九〕趙普對曰：「陛下臨御以來，憂勤庶務，有弊必去，聞善必行，至於苦雨爲災，乃是臣等失職。」上曰：「朕又思之，恐掖庭幽閉者衆，昨令遍籍後宫，凡三百八十餘人，因告諭願歸其家者具以情言，得百名，悉厚賜遣之。」普等皆稱萬歲。河又決大名府朝城縣，河南北諸州皆大水。陜州言：「民范義超周顯德中以私怨殺同里常古真家十二人，古真年少脱走得免。至是長大，擒義超訴於官，有司引赦當原。」上曰：「豈有殺一家十二人而可以赦論乎？」命斬之。

六月庚寅，河決陽武縣，汴水決鄭州、宋州。戊申，發諸州兵士及丁夫凡五萬人塞決河，命曹翰護其役。未幾，河所決皆塞。是月，下詔曰：「近者澶、濮數州霖雨荐降，洪河爲患。朕以屢經決溢，重困黎民，凡搢紳多士、草澤之倫，有素習河渠之書，深知疏道之策，若爲經久，可免重勞，並許詣闕上書，附驛條奏，朕當親覽，用其所長。」時東魯逸人田告者，著纂禹元經十二篇，上聞之，召見詢以治水之道，善其對，將授以官。告固辭父年老，求歸奉養。詔從之。

秋七月，永慶公主嘗衣貼繡鋪翠襦入宮中，上謂曰：「汝當以此與我，自今勿復爲此飾。」主笑曰：「此所用翠羽幾何？」上曰：「不然。主家服此，宮闈戚里必相效。京城翠羽價高，小民逐利，展轉販易，傷生寖廣，實汝之由。汝生長富貴，當念惜福，豈可造此惡業之端。」主慚謝。主因侍坐，與皇后同言曰：「官家作天子日久，豈不能用黃金裝肩輿乘以出入。」上笑曰：「我以四海之富，宮殿悉以金銀爲飾，力亦可辦。但念我爲天下守財耳，豈可妄用。古稱以一人治天下，不以天下奉一人。苟以自奉養爲意，使天下之人何仰哉。當勿復言。」

呂中曰：創業之君，後世所奉以爲軌範也。宮闈之地，四方所視以爲儀刑也。一人之奢儉者雖微，而關於千萬世者爲甚大。致謹於服色者雖小，而關於千萬里者爲甚遠。可不謹哉。

先是，大理正內黃李符知歸州，轉運司制置有不合理者，符即上言。上嘉之。秩滿歸闕，上以京西諸州錢幣不登，八月癸巳，命符知京西南面轉運事，書「李符到處如朕親行」八字賜之，令揭於大旗，常以自隨。符前後條奏便宜凡百餘條，其四十八事皆施行，著於令。

［九月］禁玄象器物、天文圖讖、七曜曆、太乙雷公、六壬遁甲等不得藏於私家，有者並送官。

冬十月癸卯，詔功德使與左街道籙劉若拙集京師道士，試驗其學，業未至而不修飾者皆斥之。若拙，蜀人，自號華蓋先生，善服氣，年九十餘，不衰，步履輕疾。每水旱必召於禁中，設壇場致禱，其法精密，上甚重之。

十一月癸亥，禁釋道私習天文地理。

是歲，大饑。初，上問宰相趙普曰：「儒臣有武幹者何人？」普以知彭州、左補闕辛仲甫對，乃徙仲甫爲四川兵馬都監。於是召見，面試射。上曰：「汝見王明乎，朕已用爲刺史。汝頗忠淳，若公勤不懈，不日亦當爲牧伯也。」仲甫頓首謝。上因謂普曰：「五代方鎮殘虐，民受其禍。朕今選儒臣幹事者百餘，分治大藩，縱皆貪濁，亦未及武臣一人也。」既而有司命仲甫檢視民田，上曰：「此縣令職耳。」即令吏部銓擇官代之。

呂中曰：以酷吏主財則取民必峻，以武夫主刑則用法必嚴，此太祖所以命儒臣主財、士人典獄也。知所以培國脉而重民命歟。

癸酉開寶六年（江南、吴越、漳泉奉正朔，北漢廣運六年）春二月丙申，運京師米二萬石賑曹州饑民。辛丑，以著作佐郎陸光範爲在京糧料使，太僕寺丞趙巨川爲西京糧料使〔二〇〕。國初，承舊制，用三司大將領糧料之職，於是改任京官。

三月辛酉，新及第進士雍丘宋準等十人、諸科二十八人詣講武殿謝。上以進士武濟川、三傳劉睿材質最陋〔二一〕，應對失次，絀去之。濟川，翰林學士李昉鄉人也。昉時權知貢舉，上頗不悦，會進士徐士廉等擊登聞鼓，訴昉用私情取捨非當，上乃令貢院籍終場下第者並準以下及士廉等，各賜紙札別試詩賦，命李瑩、侯陟等爲考官。乙亥，上御講武殿親閲之，得進士二十六人，士廉與焉。又五經、開元禮、三禮、三傳、三史、學究、明法諸科九十九人皆賜及第，又賜準錢二十萬以張宴會。責昉爲太常少卿。禁銅錢不得入蕃界及越江海至化外。

夏四月乙酉，詔：諸州考試官，令長吏精選僚屬有才學公正者充。知貢舉與考試官同看詳義卷，定其通否，即駁放不得優假，虚至終場。申禁私薦屬舉人。募告者，其賞有差。舉人勒還本貫重役，永不得入科場。辛丑，翰林學士盧多遜等上所修開寶通禮二百卷，義纂一百卷，並付有司施行。是日，遣盧多遜爲江南生辰國信使。多遜至江南，得其臣主懽心，及還，艤舟宣化口，使人白國主曰：「朝廷重修天下圖經，史館獨闕江南諸州，願各求一本以歸。」國主亟令繕寫送與之，於是，江南十九州之形勢、屯戍遠近、户口多寡多遜盡得之矣。歸即言江南衰弱可取狀，上嘉其謀，始有意大用。戊申，詔參知政事薛居正監修梁、後唐、晉、漢、周五代史。知制誥王祐等上重定神農本草二十卷，上制序摹印以頒天下。

五月，上知堂吏擅中書權，多爲姦贓，欲更用士人，而有司所選終不及數，遂召舊任者劉仲華等四人面加戒勵，令復故，歲滿無過，與上縣令，稍有愆咎，重寘其罰。

呂中曰：創業之世多責實，守成之世多虚文。覆試之法，欲無一士之不實；勸農之詔，欲無一民之不實；籍記人才，欲無一官之不實；揀汰驕脆，欲無一兵之不實也。以慶曆、元祐之盛，而杜衍之任怨，呂大防之盡忠，且欲汰吏而不可得，況若士、若民、若兵、若官乎，是虚文之習難革故也。

甲戌，以殿中侍御史鉅野馮炳爲侍御史知雜、判御史臺事。上留意聽斷，專事欽恤，御史、大理官屬尤加選擇。嘗召炳謂曰：「朕每讀漢書見張釋之、于定國治獄，天下無冤民，此所望於汝也。」賜金紫以勉之。

六月辛卯，召京百司吏七百餘人見於便殿，上親閲試，勒歸農者四百人。初，雷德驤責商州司户參軍，刺史頗賓禮之，及奚嶼知州，希宰相意，至則倨受庭參，德驤不能堪，出怨言，嶼聞之怒。有言德驤嘗爲文訕朝廷，嶼因召德驤與語，潛遣吏給德驤家人取得之，即械繫德驤，具事以聞。上貸其罪，削籍徙靈武。德驤子有鄰，意趙普實擠排之，日夜求所以報普者。上始有疑普意矣。壬寅，詔參知政事吕餘慶、薛居正陞都堂與宰相同議政事。趙普之爲政也專，廷臣多疾之。上初聽趙玭之訴，欲逐普，既止。盧多遜在翰林〔二〕，因召對，數毁短普，且言普嘗以隙地私易尚食蔬圃廣第宅，營邸店奪民利。自李崇矩罷，上於普稍有間。庚戌，復詔薛居正、吕餘慶與普更知印押班奏事，以分其權。易州言，刺史賀惟忠卒。惟忠，性剛，頗知書，洞曉兵法，有方略，在易州葺治亭障，撫士卒，能得其心，每乘塞用兵，所向無敵，名震北虜，十餘年間不敢寇邊，民皆賴之。

八月，草澤黄德芳上修河利害〔三〕。辛卯，賜德芳同學究出身。甲辰，左僕射兼門下侍郎平章事趙普罷爲河陽三城節度使、同平章事。普獨相凡十年，沈毅果斷，以天下事爲己任，上倚信之，故普得成其功。嘗欲除某人爲某官，不用，明日復奏之，又不用，明日又奏之，上怒，裂其奏投於地，普顔色自若，徐拾奏歸補綴，明日復進之。上悟，乃可其奏。後果以稱職聞。又有立功當遷官，上素嫌其人，不與。普力請與之，上怒曰：

「朕故不與遷官，將奈何？」普曰：「刑以懲惡，賞以酬功，古今之通道也。且刑賞者，天下之刑賞，非陛下之刑賞也，豈得以喜怒專之。」上弗聽，起，普隨之，上入宮，普立於宮門良久不去。上卒從其請。一日大宴，雨驟至，上不悅。雨良久不止，上怒形於辭色，左右皆震恐，普因奏言：「外間百姓政望雨，時雨難得，百姓各歡喜。乞令樂官就雨中奏技。」上大悦終宴。普臨機制變能回上意類此。嘗設大瓦壺於視事閤中，中外表疏普意不欲行者必投之壺中，束緼焚之，其多得謗咎殆由此也。

呂中曰：趙中令相太祖之功，在於收藩鎮之權，遲幽薊之伐。其再相太宗之功，在於上彗星之疏，諫北伐之書，而金匱一書，尤宗廟社稷之大計也。然自唐以來，宰相入見必命坐，大政事則面議之，自餘號令、除拜、賞刑、廢置，但入熟狀畫可〔一四〕，降出即行之。國初三相，自以前朝舊臣，稍存形迹，每事具劄子進呈。至普，獨以天下爲己任，故爲政專，所以啓雷德驤父子之謗也。自是以後，居正、義倫不過方重靖介，自守之相爾。

九月，吏部侍郎、參知政事呂餘慶以疾求解職。丁卯，罷爲尚書左丞。薛居正爲門下侍郎，樞密副使沈義倫爲中書侍郎，並平章事。天平節度使石守信兼侍中，歸德節度使高懷德、忠武節度使王審琦並加同平章事。盧多遜爲中書舍人、參知政事，楚昭輔爲樞密副使。辛未，殿前都虞候楊義爲殿前都指揮使。自韓重贇罷殿前都指揮使，凡六年不除授，於是以命義。

（冬十一月）少府監致仕盧億有高識，惡其子多遜所爲，嘗曰：「趙普，元勳也，而小子毁之，禍必及我，我得早死，不及見其敗，幸也。」

十二月庚子，億以憂卒。女真遣使來貢馬。

是歲，盧多遜知制誥，扈蒙、張澹以見行長定循資格及泛降制書，考正違異，削去重複，補其闕漏，參詳議取悠久可用之文，爲長定格三卷、循資格一卷、制敕一卷、起請條一卷，書成上之，頒爲永式。自是銓綜益有倫矣。

吕中曰：既罷歲月序遷法而復頒循資格，既命陶穀定選法，而又命吏部取選人堪升擢者上之，誠以資格固不可拘，亦不可廢也。以資格用人者有司之法，以不次用人者人主之權。嘗考國初，有爲小官而其望已足爲卿相，至其久也，亦卒爲之。自銓法一嚴，無有流品，無有賢否，資深者序進，格到者次遷。然王安石、章子厚之徒破資格用小人，又不若李公沆、王公旦謹守資格之爲有得也。

甲戌開寶七年（吴越、漳泉奉正朔，江南只稱甲戌，北漢廣運七年）春二月壬辰，慶州言刺史姚内斌卒。内斌在慶州踰十年，邊人畏伏，目爲「姚大蟲」，言其虓勇如虎也。

四月丙午，命賈黄中檢視廣南民田。黄中廉直平恕，遠人便之。

［五月］監察御史劉蟠受詔於廬、舒等州巡茶。蟠乘羸馬，僞稱商人，抵民家求市，民家不疑，出茶與之，即擒置於法。

秋七月，江南國主知上有南伐意，遣使願受封策。上不許，復遣梁迥使焉。迥從容問國主曰：「朝廷今冬有柴燎之禮，國主盍來助祭。」國主唯唯不答。迥歸，上始決意伐之。初，江南人樊若冰舉進士不中第〔二五〕，遂謀北歸，先釣魚采石江上，以小舫載絲繩其中，維南岸而疾棹抵北岸，以度江之廣狹，凡數十往反，而得其丈尺之數。遂詣闕自言，有策可取江南。戊辰，召若冰爲贊善大夫，且遣使詣荆湖，如若冰之策造大艦及黃黑龍船數千艘，將浮江以濟師也。

九月癸亥，命曹翰領兵先赴荆南。丙寅，復命曹彬、李漢瓊、田欽祚同領兵繼之。又命潘美、劉遇、梁迥等同領兵赴荆南。

冬十月，江南國主遣其弟從鎰入貢，上留之不報。曹彬與諸將入辭，上謂彬曰：「南方之事，一以委卿，切勿暴掠生民，務廣威信，使自歸順，不須急擊也。」且以匣劍授彬曰：「副將而下，不用命者斬之。」潘美等皆失色。自王全斌平蜀，多殺人，上每恨之。彬性仁厚，故專任焉。

閏十月己酉，曹彬等入池州。先是，上遣郝守濬自荆南以大艦載巨竹絙，並下朗州所造黄黑龍船，於采石磯跨江爲浮梁。或謂江闊水深，古未有浮梁而濟者，乃先試於石牌口。丁巳，曹彬等及江南兵戰於銅陵，敗之。庚申，知制誥、史館修撰扈蒙上言：「昔唐文宗每開延英，召大臣論事，必命起居舍人執筆螭坳以紀時政。後唐明宗亦命端明殿學士及樞密直學士輪修日曆，送史館。近朝以來，此事都廢。帝王言動，莫得而書。緣宰相以漏泄爲虞，無因肯説。史官以疏遠是隔，何由得聞。望自今凡有裁制之事、優恤之言，發自宸衷，可書簡册者，並委宰臣及參知政事，每月輪知抄録，以備史官撰集。」〔二六〕詔從之。甲子，監修國史薛居正等上所修五代史百五十卷。明日，上謂宰相曰：「昨觀新史，見梁太祖暴亂醜穢之迹乃至如此，宜其旋被賊虐也。」

十一月，詔移石牌鎮浮梁於采石磯，繫纜三日而成，不差尺寸，王師過之如履平地。

契丹邊臣貽知雄州孫全興書請和，全興以聞，上命全興答書許之。

吕中曰：和非中國得已之計也。然和出於彼則和可堅，和出於我則和易敗。太祖當南征北伐之始，而契丹復與太原相援。以漢高帝處此，必有平城之憂。唐太宗處此，必有借助之舉。惟太祖專任邊將，來則拒之，去則禦之，且未嘗遣一騎以出境，亦未嘗命一使以通和，必待其邊臣貽書，而後命邊臣以答之，必待其來聘有禮，而後遣通和之使以報之，其得中國之體矣。景德之和所以久，而宣和之和所以敗者，以景德之和在彼，而宣和之和在我也。

乙亥開寶八年（是歲江南平，吴越、漳泉奉正朔，北漢廣運八年）春正月乙酉，上謂宰相曰：「古之爲君，鮮能正身，自致無過之地。朕常夙夜畏懼，防非窒欲，庶幾以德化人之義。如唐太宗，受人諫疏，直抵其失，曾不愧恥，豈若不爲之而使下無間言哉。爲臣者或不終其名節，而陷於不義，蓋忠信之薄而獲福亦鮮，斯可戒矣。」庚寅，曹彬等進攻金陵，初次秦淮，舟楫未具。潘美下令曰：「美提驍勇數萬人，戰必勝，攻必取，豈限此一衣帶水而不徑渡乎。」遂率所部先濟，王師隨之，江南兵大敗。

二月甲子，上謂宰臣曰：「年穀豐登，人物繁盛，若非上天垂祐，何以及此。所宜共思濟給，振舉闕政，庶成開泰之基也。」丁卯，命王祐、扈蒙、梁周翰、雷德驤並權同知貢舉。戊辰，上御講武殿，覆試王祐等所奏合格舉人王式等，因語之曰：「向者，登科名級多爲勢家所取，致塞孤貧之路，甚無謂也。今朕躬親臨試，以可否進退，盡革疇昔之弊矣。」式等皆頓首謝。於是内出詩賦題，試得進士王嗣宗以下三十人，諸科三十四人。

三月，上性寬仁多恕，尚食供膳有蝨緣食器旁，謂左右曰：「勿令掌膳者知。」嘗讀堯典，歎曰：「堯、舜之世，四凶之罪止從投竄，何近代憲網之密耶！」蓋有意於措刑也。故自開寶以來，犯大辟非情理深害者，多貸其死。

夏四月，教坊使衛德仁以老求外官，且援同光故事求領郡。上曰：「用伶人爲刺史，此莊宗失政，豈可效之耶。」宰相擬上州司馬。上曰：「上佐乃士人所處，資望甚優，亦不可輕授。此輩但當於樂部遷轉耳。」乃命爲太常寺太樂署令。

富弼曰：古之執伎於上者，出鄉不得與士齒。太祖不以伶官處士人之列，止以太樂令授之，在流外之品，所謂塞僭濫之原。

吕夷簡曰：帝王尊異后族，恩寵戚里，優厚親倖，以金帛富之可也，賞賜厚之可也，惟不使求官爵、親政事、撓刑法。我太祖不許衛德仁領郡，則曰「用伶人爲刺史，此亂世之事」；不與王繼恩樞密使，則曰「内官不可使居權要職」。太宗不許戚里於秦隴市木，則曰「恐壞天下法制」。真宗不許趙自化領遥郡刺史，則曰「非朝廷舊典」。抑秦國之請，則曰「州縣之任，係國家之公議」。違保吉之奏，則曰「有司自有常典」。斯可謂存天下之公，抑親倖之私，非聰明聖智之主，孰能行之。三聖之德，於是超禹、湯而齊堯、舜也。

五月，江南國主自出巡，見王師列栅城外，旌旗滿野，始驚懼。

六月甲子，彗出柳，長四丈，晨見東方，西南指歷輿鬼，距東凡十一舍。八十三日乃滅。

秋七月，江南捷書累至，群臣稱賀。從鎰即奉表請罪，上嘉其得禮，命李穆送從鎰還其國，手詔促國主來降，且令諸將緩攻以待之。

九月，謀遣使入貢求緩兵。

道士周惟簡者，國主召之爲給事中，與徐鉉同使京師。冬十月己亥朔，鉉及惟簡赴闕。鉉居江南，以名臣自負，欲以口舌馳説存其國。大臣亦先白上言：「鉉博學有才辯，宜有以待之。」上笑曰：「第去，非爾所知也。」既而鉉朝於廷，仰而言曰：「李煜無罪，陛下兵出無名。煜以小事大如子事父，未有過失，奈何見伐？」上曰：「爾謂父子者，爲兩家可乎？」鉉不能對。遣王仁珪、焦繼勳同修洛陽宫室。上始謀西幸也。

十一月，徐鉉及周惟簡還江南。未幾，國主復遣入奏。辛未，對於便殿，乞緩兵以全一邦之命。其言甚切，至上與反覆數四，鉉聲氣愈厲，上怒因按劍謂鉉曰：「不須多言，江南亦有何罪，但天下一家，卧榻之側豈容他人鼾睡乎。」鉉惶恐而退，仍各厚賜遣還。上數因使者諭彬以勿傷城中人，若猶困鬬，李煜一門切無加害。於是彬忽稱疾不視事，諸將皆來問疾，彬曰：「余之疾非藥石所愈，須諸公共爲信誓，破城日不妄殺一人，則彬之病愈矣。」諸將許諾，乃相與焚香，約言既畢，彬即稱愈。乙未，城陷，彬整軍成列，至其宫城，國主乃奉表納降。彬既入金陵，申嚴禁暴之令，士大夫賴彬保全，各得其所。倉廩府庫，委轉運使許仲宣按籍檢視，彬一不問。師旋，舟中惟圖籍、衣衾而已。

十二月己亥朔，江南捷書至，凡得州十九、軍三、縣一百有八、户六十五萬五千六十有五。群臣皆稱賀。上泣謂左右曰：「宇縣分割，民受其禍。思布聲教，以撫養之。攻城之際，必有横罹鋒刃者，此實可哀也。」即詔出米十萬石賑城中饑民。

富弼曰：太祖之愛民深矣。王師平一方而不爲喜，蓋念民無定主，當亂世則爲强者所脅。及中國之盛，反以兵取之，致有横遭鋒刃者。遂至於感泣也。推是仁心而臨天下，宜乎致太平之速。

先是，上嘗召吴越進奏使任知果，令諭旨於其王俶曰：「元帥克毗陵有大功，俟平江南，可暫來與朕相見，即當復還，不久留也。」丁卯，俶請赴長春節朝覲，詔許之。

丙子開寶九年（吴越、漳泉奉正朔，北漢廣運九年）春正月辛未，曹彬遣郭守文奉露布，以江南國主李煜及其子弟官屬等來獻。徐鉉從煜至京師，上召見鉉，責以不早勸煜歸朝。鉉對曰：「臣爲江南大臣，而國滅亡，罪固當死，不當問其他。」上曰：「忠臣也，事我如事李氏。」又責張洎曰：「汝教李煜不降，使至今日。」因出帛書示之，乃王師圍城洎所草召江上救兵蠟彈内書也。洎頓首請死，曰：「書實臣所爲也。今得死，臣之分也。」辭色不變。上奇之，謂曰：「卿大有膽，朕不罪卿。今事我無替昔之忠也。」乙亥，以李煜爲右千牛衛上將軍，封違命侯。庚辰，詔幸西京，將以四月有事於南郊。

二月己亥，群臣奉表，請加尊號曰「一統太平」。上曰：「燕、晉未復，遽可謂一統太平乎？」不許。庚戌，以宣徽南院使曹彬爲樞密使〔二七〕，領忠武節度使。樞密領節度，自彬始。山南東道節度使潘美爲宣徽北院使。節度領宣徽，自美始。賞江南之功也。彬歸自江南，詣閤門進榜子云：「奉敕差往江南勾當公事回。」時人嘉其不伐。始彬之行，上許彬以使相爲賞，及還，語彬曰：「今方隅尚有未服者，汝爲使相，品位極矣，肯復力戰耶？且徐之，更爲我取太原。」因密賜錢五十萬。彬怏怏而退，至家見布錢滿室，乃歎曰：「好官亦不過多得錢爾，何必使相也。」上愛惜爵位，不妄與人類此。凡以檢校官兼中書令、侍中、同平章事，並謂之使相。

呂中曰：人言漢高帝善將將者，以不吝爵賞故也。然當天下未定，而信、越諸人爵已王矣。一旦固陵之會不至，則不免裂數千里以封之，此高帝有殺諸將之心矣。國初平江南之功至大，然寧賜以數十萬錢，而靳一使相，蓋品位已極，則他日有功何以處之，此終太祖之世而無叛將也。

林德頌曰〔二八〕：曹彬之平江南，吝一使相而不授，非食言也，慮其品位之極而不吾用也。狄青之平嶺南，欲予以樞密而終輟，非忘功也〔二九〕，慮其名位之極無以爲他日賞也。

己未，吳越王俶及其子惟濬等入見崇德殿，宴長春殿。先是，車駕幸禮賢宅，案視供帳之具，及至，即詔俶居之，寵賚甚厚。

上初即位，召供備庫副使魏丕謂曰：「作坊久積弊，爾爲我修整之。」即授作坊副使。丕在職甚盡力，上討澤、潞、維揚，下荆、廣，收川、峽〔三〇〕，征河東，平江南，皆先期諭旨，令治兵器，無不精辦。三月己巳，以丕領代州刺史，仍典作坊，所造兵器，每旬一進，上親閱之，列五庫以貯之。尋又分作坊爲南北，別置弓弩院。上將西幸，留惟濬侍祠，遣俶歸國。先是，群臣皆有章疏乞留俶而取其地，上不從。於是命取一黄複以賜俶，封識甚固，戒俶曰：「途中宜密觀。」及啓之，則皆群臣乞留俶章疏也。俶益感懼。既歸，每視事功臣堂，一日命徙坐於東偏，謂左右曰：「西北者，神京在焉，天威不違顔咫尺，俶豈敢寧居乎。」益以乘輿服玩爲獻，製作精巧，每修貢必列於庭，焚香而後遣之。丙子，車駕發京師。辛未，上至西京。

［夏四月］庚子〔三〕，合祭天地於南郊。初，雨彌月不止，及期始晴霽，以訖成禮。都民垂白者相謂曰：「我輩少經亂離，不圖今日復觀太平天子儀衛。」有泣下者。上生於洛陽，樂其土風，嘗有遷都之意。始議西幸，起居郎李符上書陳八難，左右廂都指揮使李懷忠乘間言：「大梁根本，安固已久，不可動摇。」上亦弗從。晉王言遷都非便。上曰：「遷河南未已久，當遷長安。」王叩頭切諫。上曰：「吾將西遷者無他，欲據山河之勝而去冗兵，循周、漢故事，以安天下也。」王又言：「在德不在險。」上不答。王出，上顧左右曰：「晉王之言固善，今姑從之，不出百年，天下民力殫矣。」丙午，車駕發洛陽宫。辛亥，至東京。

呂中曰：國初所以不都關中而都汴者，以靈武、燕薊之地未復也〔三二〕。然洛與汴皆河南之土，洛之險猶可恃，而汴則無險可畏也。欲爲四方有事之備，則當都洛陽，高城深池，堅甲重兵，以杜諸夏不虞之備，伐北夷深入之謀。若已都汴，則不得不以守四夷爲説，此我太祖所以有都西京之議也。然都汴固不得已，都西京亦不得已也。使太祖收靈夏，復燕薊，則必都長安矣。

初，李煜既降，諸城守皆相繼歸順，獨江州不降，詔曹翰率兵討焉。自冬訖夏，死者甚衆，丁丑，始拔之。翰發怒屠城，死者數萬人。翰因請載廬山東林寺五百鐵羅漢像歸，至潁川，新造佛舍，遂調發巨艦十餘艘，盡載金帛，置鐵像於其上，時號爲「押綱羅漢」。

六月己亥，以潁州團練使曹翰爲桂州觀察使，仍判潁州。賞平江南之功也。晉王光義性仁孝，上雅鍾愛，間謂近臣曰：「晉王龍行虎步，且生時有異，必爲太平天子，福德非吾所及也。」

秋八月丁未，命伐北漢。武寧節度使兼中書令王全斌卒。全斌輕財重士，不求顯赫之譽，寬而容衆，軍旅樂爲之用。其黜居外郡幾十年，怡然自得，識者多之。

富弼曰：王全斌有大功，可掩其罪也。太祖以諸國未平，恐將帥恃功爲過，故抑全斌等，以立國法。及事寧之後，追賞前勳。此真得駕馭英雄之術也。

冬十月癸丑，上崩於萬歲殿。先是，上不豫。壬子夜，大雪。上召晉王光義延入大寢，屬以後事。宦官、宫妾悉屏之，左右皆不得聞，但遥見燭影下晉王時或離席，若有所遜避之狀。既而上引柱斧戳地大聲謂晉王曰：「好爲之。」俄而上崩，時漏下四鼓矣。宋后見晉王，愕然遽呼曰：「吾子母之命皆託於官家。」晉王泣曰：「共保富貴，勿憂也。」甲寅，太宗即位，改名炅。乙卯，大赦天下。「令緣邊禁戢戍卒毋得侵撓外境。群臣有所論列，並許實封表疏以聞，必須面奏者，閤門使即時引對。風化之本，孝弟爲先，或不順父兄、異居别籍者，御史臺及所在糾察之。先皇帝創業垂二十年，事爲之防，曲爲之制，紀律已定，物有其常，謹當遵承，不敢踰越。咨爾臣庶，宜體朕心。」

龜鑑曰：孟子曰：「以天下與人易，爲天下得人難。」我太祖金戈鐵馬，間關以有天下，不付之璿源衍慶之諸王，而乃授之太平福德之天子，是不以天下自私，而欲爲天下得人之仁也。元城先生曰：太祖用心，堯舜之心也。舜之協堯，禹之承舜，我太宗獨無是心乎。竊觀即政之初年，嘗語大臣曰：「先帝以勤勞定天下，凡軍國機務、邊防制置咸得之矣。但遵守舊規，不得輒易。」噫！善繼人之志，善述人之事，愚於斯言見之。

宰相薛居正加左僕射，沈義倫加右僕射，參知政事盧多遜爲中書侍郎平章事，樞密使曹彬加同平章事，樞密副使楚昭輔爲樞密使。宰臣薛居正上大行皇帝陵名曰永昌。詔恭依。以齊州防禦使李漢超爲雲州觀察使、判齊州，仍護關南屯兵。洺州防禦使郭進領應州觀察使、判邢州兼西山巡檢。國初，并、益、廣南各僭大號，荆湖、江表止通貢奉，西戎、北狄皆未賓服，太祖垂意將帥，分命漢超及進等控禦西北，其家族在京師者撫之甚厚，所部州縣筦榷之利悉與之，恣其回圖貿易，免所過征稅，許令召募驍勇以爲爪牙，凡軍中事悉聽便宜處置。每來朝，必召對命坐，賜以飲食，錫賚殊異遣還。由是邊臣皆富於財，得以養士用間，洞見番夷情狀。時有寇鈔，亦能先知預備，設伏掩擊，多致克捷。故終太祖世，無西北之憂，諸叛以次削平，武功蓋世，斯乃得壯士以守四方、推赤心置人腹中之所致也。時瀛州防禦使馬仁瑀監霸州軍，仁瑀雖兄事漢超，而多自肆，由是二將交惡。上恐生邊釁，即遣使齎金帛賜漢超及仁瑀，令置酒講解。尋徙仁瑀知遼州。漢超在齊州凡十七年，爲政簡易，吏民信愛，嘗詣闕請立碑頌德。詔太子率更令徐鉉爲之文。與士卒絕甘分少，及其死，軍中皆流涕。進守西山凡二十年，在洺州日，城四面悉令種柳，濠中雜植荷芰蒲葦，後益繁茂，州人見之，有泣者曰：「此郭公所種也。」詔諸道轉運使各察舉部内知州、通判、監臨物務京朝官等，以三科第其能否，政績尤異者爲上，恪居官次職務粗治者爲中，臨事弛慢所莅無狀者爲下，歲終以聞，將大行誅賞焉。

呂中曰：轉運置於乾德，本以總利權耳，而兼糾察官吏自此始。厥後有判官，有副使，又有提點刑獄，皆所以糾察官吏，此漢部刺史職也。本朝之監司，以臺省寺監爲之，雖宰臣、侍從爲帥，亦許彈劾，此我宋三百餘年無藩鎮之患者，蓋以此也。

又曰：信矣，監司之職。其一道守令之觀望歟。故監司志於舉廉〔三〕，則留犢還珠，郡有賢太守矣。馴雉鳴琴，邑有賢令尹矣。監司志於律貪，則望風解印，自甘遁迹者矣，故人私恩，難庇二天者矣。此我太宗特重轉運以察官吏者，所以不輕於用人也。

十一月己巳，翰林學士李昉上大行皇帝謚曰英武聖文神德，廟號太祖。

十二月甲寅，太宗御乾元殿受朝，大赦，改元太平興國元年。丁巳，以樞密直學士賈琰爲三司副使。三司置副使自琰始。

是歲，高麗國人金行成始入學於國子監。

## 校證

〔一〕李校：「權知貢舉」句，長編卷九在本年三月。汪按：今從李校，加「三月」。

〔二〕取河東　再造本、文海本同，呂中宋大事記講義卷二作「收河東」。

〔三〕太祖　再造本、文海本同，宋大事記講義卷二作「太宗」。

〔四〕楊廷璋　原作「楊庭璋」，再造本同，據文海本、宋史卷二五五楊廷璋傳、曾鞏隆平集卷一六武臣傳楊廷璋、王稱東都事略卷一九楊廷璋傳及舊五代史卷一一四、一一九等校改。按中華書局點校本長編卷一作「楊庭璋」，而卷一〇作「楊廷璋」。或應從前引本傳等校改。

〔五〕以忠武節度使王審琦鎮壽春凡八年　李校：句意未確，長編卷一一作「以忠（天）〔正〕節度使王審琦爲忠武節度使。審琦鎮壽春凡八年。」按：忠正爲壽春節度名，忠武爲許州節度名，此處不當删節。汪按：李校是，可參。

〔六〕公事　再造本、文海本同，宋大事記講義卷二作「時事」。

〔七〕辛未　李校：原作「辛卯」，據長編卷一一、宋史太祖紀二改。汪按：李校是，今從之。

〔八〕折科　原作「折料」，據再造本、長編卷一一、彭百川太平治迹統類卷二太祖聖政校改。

〔九〕舊俸月增給五千　「俸」再造本作「奉」，宋代「俸」、「奉」常互用。東都事略卷二本紀二、王應麟玉海卷一二七開寶省官作「舊俸外增給五千」。

〔一〇〕虜　此「虜」與此下三「虜」字，原均作「敵」，據再造本、文海本回改。

〔一一〕滿城　原作「浦城」，再造本、文海本作「蒲城」。長編卷二校改爲「滿城」，謂「宋本、宋撮要本均作『滿城』……遂城宋初隸河北易州，西南即滿城」。今從長編校改。

〔一二〕胡人　與下引「富弼曰」中的「胡人」，原均作「敵人」，據再造本、文海本回改。

〔一三〕虜　原作「敵」，據再造本、文海本回改。

〔一四〕戎狄　原作「敵人」，據再造本、文海本回改。

〔一五〕丁卯　據長編卷一二、太平治迹統類卷一、新五代史卷六五南漢世家下文所述事均在本年二月，又據長編卷三及陳垣二十史朔閏表，二月丁卯朔，據加「朔」字。

〔一六〕争民命　再造本、文海本同，宋大事記講義卷二作「甦救民命」。

〔一七〕卒　原作「辛」，據再造本、宋大事記講義卷二校改。

〔一八〕李校：「上既平廣南」，長編卷一三在本年二月。汪按：今從之。

〔一九〕時政有闕　原作「時政所闕」，再造本、文海本同，據長編卷一三、陳均皇朝編年綱目備要卷二、太平治迹統類卷二太祖聖政校改。

〔二〇〕太僕　李校：原作「太濮」，據長編卷一四改。汪按：再造本、文海本均作「太僕」不誤，應作校改依據。

〔二一〕劉睿　李校：長編卷一四作「劉濬」。汪按：徐松宋會要輯稿選舉七之一亦作「劉濬」。然再造本、文海本、宋史卷一五五選舉志、皇朝編年綱目備要卷二、文獻通考卷三〇選舉考均作「劉睿」，難定孰是，待考。

〔二二〕翰林　李校：原作「翰廷」，據長編卷一四改。汪按：再造本、文海本均作「翰林」，應作校改依據。

〔二三〕黄德芳　李校：長編卷一四作「王德方」，宋史太祖紀三作「王澤方」。汪按：再造本、文海本均作「王德芳」。「黄」當爲「王」之訛。

〔一四〕但入熟狀畫可　再造本、文海本、長編卷五、皇朝編年綱目備要卷一均同，宋大事記講義卷二作「但入中書奏可」。

〔一五〕樊若冰　原作「樊若水」，再造本、文海本及長編卷一五均作「樊若冰」，且隆平集卷三雜録載：「樊若冰……上書言江南可伐之狀。太祖用其計下荆湖……計既行，遂領池州事，積官至給事中。太祖常問其名出何典記，對曰：『臣慕唐右丞倪若冰，故名焉。』上笑曰：『可改名知古。』蓋上惡其聲近弱兵也。唐右丞相乃倪若水，謂之若冰，謬矣。」據改。

〔一六〕撰集　原作「撰習」，據再造本、文海本及長編卷一五、宋史卷二六九扈蒙傳校改。

〔一七〕宣徽南院使　李校：原脱「南」字，據長編卷一七補。汪按：再造本無「南」字。

〔一八〕林德頌　「頌」原作「慎」，文海本字殘，據再造本、宋大事記講義卷二校改。因林德頌語實爲宋大事記講義一部分，故本無須另段，但原書如此，姑仍其舊。

〔一九〕忘功　再造本、文海本同，宋大事記講義卷二作「忌功」。

〔二〇〕川峽　原作「川陜」，據文義應是「川峽」，據再造本、文海本、長編卷一七、宋史卷二七〇魏丕傳校改。

〔二一〕夏四月　原脱，再造本、文海本同，據長編卷一七補。

〔二二〕燕薊　再造本、文海本同，宋大事記講義卷二作「燕冀」。

〔二三〕舉廉　原作「守廉」，再造本、文海本同，據宋大事記講義卷四校改。

# 宋史全文卷三

## 宋太宗一

丁丑太平興國二年春正月丙寅，命禮部員外郎賈黄中、左補闕程能、左贊善大夫馮瓚分掌左藏三庫。先是，貨泉與金帛通掌，歲久儲蓄盈羨，始命分之。黄中尋出知昇州，嘗案行府廨，見一室扃鐍甚固，命發鑰視之，得金寶數十匱，計其價直數萬萬，乃李氏宮閣中遺物，即表上之。上曰：「非黄中廉恪，則亡國之寶將污法而害人矣。」賜錢二十萬。上初即位，以疆宇至遠，吏員益衆，思廣振淹滯，以資其間闕〔一〕，顧侍臣曰：「朕欲博求俊乂，於科場中非敢望拔十得五，止得一二，亦可爲致治之具矣。」於是禮部上所試合格人名。戊辰，上御講武殿，内出詩賦題覆試進士，賦韻平仄相間依次用。命翰林學士李昉、扈蒙定其優劣爲三等，得河南吕蒙正以下一百九人。庚午，覆試諸科，得二百七人，並賜及第。又詔禮部閱貢籍，得十五舉以上進士及諸科一百八十四人，並賜出身。九經七人不中格，上憐其老，特賜同三傳出身，凡五百人，皆先賜緑袍韡笏，錫宴開寶寺。上自爲詩二章賜之。唐時禮部放榜之後醵飲於曲江，號曰聞喜宴。上命中使典領，供帳甚盛，第一、第二等進士並九經授將作監丞、大理評事通判諸州，同出身進士及諸科並送吏部，免選優等注擬初資職事判司簿尉，寵章殊異，歷代所未有也。薛居正等言取人太多，用人太驟。上意方欲興文教，抑武事，弗聽。及蒙正等辭，召令陞殿，諭之曰：「到治所，事有不便於民者，疾置以聞。」或曰：「太祖之幸洛陽也，洛陽人張齊賢獻下并汾、富民、封建、敦孝、舉賢、太學、籍田、選良吏、懲奸、謹刑十策，太祖召見便坐問之，齊賢以手畫地條陳。太祖善其四策，齊賢堅執其餘策皆善，太祖怒，令衛士曳出。及還，語上曰：『我幸西京，惟得一張齊賢耳。我不欲遂官爵之，汝異時可收以自輔也。』於是齊賢舉進士，上決欲置之高等，而有司第其名適在數十人後。上不悅，乃詔進士盡第二等及九經凡一百三十人，悉與超除，蓋爲齊賢故也。庚辰，詔以美名易禁軍舊號：鐵騎曰日騎，控鶴曰天武，龍騎曰龍衛，虎捷曰神衛。

二月，江南置監鑄銅錢，廢李煜舊用鐵錢。初，右監門衛率府副率王繼勳分司西京，殘暴愈甚，强市民家子女以備給使，小不如意即殺而食之，以槥櫝貯骨出棄野外。女儈及鬻棺者出入其門不絶，民甚苦之而不敢告。上在藩邸，頗聞其事，及即位，會有訴者，亟命户部員外郎知雜事雷德驤往鞫之。繼勳具伏，所殺婢百餘人。乙卯，斬繼勳並女僧八人於洛陽市。長壽寺僧惠廣嘗同食人肉，上令先折其脛，然後斬之，民皆稱快。

三月，香藥庫使高唐、張遜建議請置榷易局。庚寅，知江州周述言：「廬山白鹿洞學徒常數千百人〔三〕，乞賜九經，使之肄習。」詔國子監給本，仍傳送之。

夏四月甲寅，契丹遣耶律敞等來助葬太祖晏駕。詔翰林學士、户部侍郎李昉兼判太常寺。昉歸語其子宗諤等曰：「堂吏不知典故，豈有爲丞郎而判寺乎。近者竇儀判大理寺，崔頌判國子監，此蓋失之久矣。」宗諤因問：「凡制敕所出，必自宰相。今言堂吏不知典故何也？」昉曰：「命官判寺，宰相必不經心，惟堂吏舉近例使押字爾。」昉又言：「自太祖臨御以來，百司吏艱於選補，後進者多不習故事，由是臺省舊規漸成廢墜云。」

五月庚午，命起居舍人辛仲甫使於契丹。契丹主問曰：「聞中朝有党進者，真驍將，如進之比凡幾人？」仲甫對曰：「名將甚多，如進鷹犬之材，何可勝數。」契丹主頗欲留之。仲甫曰：「信以成義，義不可留，有死而已。」契丹主知其秉節不可奪，厚禮遣還。上曰：「仲甫遠使絶域，練達機宜，可謂不辱君命。若更得如仲甫數人，朕何患也。」己卯，祔太祖神主於太廟。廟樂曰大定之舞，以孝明皇后王氏配。

閏七月，有司上諸州所貢閏年圖。

八月，上初即位，以高保寅知懷州。懷州故隸河陽，時趙普爲節度使，保寅素與普有隙，手疏乞罷節鎮領支郡之制。乃詔懷州直隸京，長吏得自奏事。於是，虢州刺史訴保平軍節度使杜審進闕失事，詔右拾遺李瀚往察。瀚因言節鎮領支郡，多俾親吏掌其關市，頗不便於商賈，滯天下之貨，望不令有所統攝，以分方面之權，尊獎王室，亦强幹弱枝之術也。始唐及五代節鎮皆有支郡，太祖平湖南，始令潭、朗等州直屬京，長吏得自奏事。其後，大縣屯兵亦有直屬京者，興元之三泉是也。上納瀚言，天下節鎮無復領支郡者矣。

九月，上屬意戎事，每朝罷，親閱禁卒，命築講武臺於城西之楊村。辛亥，大閱。上與群臣等登臺而觀，命天武左厢都指揮使崔翰分布士伍，南北綿亘二十里，建五色旗以號令。將卒望其所舉，爲進退之節。每按旗指縱，則千乘萬騎周旋如一，甲兵之盛，近代無比。上甚悦，賜翰金帶。國子監主簿郭恕先決杖配隸登州。恕先即忠恕也，初責乾州司户參軍，秩滿去官，遂不復仕。縱放岐、雍、陝、洛之間。或踰月不食，盛夏暴日中無汗，大寒鑿冰而浴，人皆異之。尤善畫，得其畫者藏以爲寶。上雅聞恕先名，召爲國子監主簿，賜賚甚厚，令於太學判定歷代字書。内侍押班竇神興嘗館之，恕先美鬚鬠，一日忽盡拔去，神興驚問其故，恕先曰：「聊以效顰耳。」神興大怒，白上以恕先無檢局放縱敗度。恕先益縱酒謗讟。上怒，故及於禍。恕先行至臨邑，謂部送吏曰：「我逝矣。」因掊地爲穴，度可容面，俯窺焉而卒，藁葬道左。後將改葬，但得其衣衾，蓋尸解云。

十一月，鎮安節度使、馬軍都指揮使党進出爲忠武節度使。進掌禁衛凡十一年，嘗徼巡京師閭巷間，有蓄奇禽異獸者，進或見，必命左右取而放之，罵曰：「買肉不供父母，反飼禽獸乎。」嘗爲杜重威家奴。重威子孫貧賤，進月分俸錢給之，人亦以此稱焉。

戊寅，太平興國三年春正月己酉，命翰林學士李昉等修太祖實録，直學士院湯悦等修江表事迹。

建隆初，三館所藏書庫，及平諸國，盡收其圖籍，凡八萬餘卷〔三〕，詔置三館。二月朔，賜名崇文院。詔鑿池引金水河注之，遂名池曰金明。

夏四月乙卯，召華山道士真源丁少微至闕。少微善服氣引年，與陳摶齊名。然少微志尚清潔，摶嗜酒放曠，雖居室密邇，未嘗往來。少微以金丹、巨勝、南芝、靈芝等獻上，留數月遣還。己卯，平海節度使陳洪進上表，獻所管漳、泉二州，得縣十四、户十五萬一千九百七十八、兵一萬八千七百二十七。

五月，吴越王俶上表，獻所管十三州一軍，凡得縣八十六、户五十五萬九百八、兵十萬五千三十六，命范旻權知兩浙諸州事。錢氏地狹民衆，賦斂苛暴。旻至，悉條奏請蠲除之。詔從之。李光叡卒，子繼筠嗣。

六月，上注意治本，深懲贓吏。己巳，詔自太平興國元年十月乙卯以後，京官幕職州縣官犯贓除名配諸州者，縱逢恩赦，所在不得放還。已放還者，有司不得叙用。

九月甲申朔，上御講武殿，覆試禮部合格人進士，加論一首，自是常以三題爲準，得渤海胡旦以下七十四人。乙酉，得諸科七十人。並賜及第。始賜宴於迎春苑，授官如二年之制。故事，禮部惟春放榜。至是，秋試，非常例也。詔自今廣文館及諸州府、禮部試進士律賦，並以平仄依次用韻。

冬十月，司農寺丞孔宜知星子縣回，獻所爲文。上召見，問以孔子世嗣，擢右贊善大夫，襲封文宣公。辛酉，詔免襲封文宣公家租税。上初即位，幸左藏庫，視其儲積，語宰相曰：「此金帛如山，用何能盡。先帝每焦心勞慮，以經費爲念，何其過也。」於是分左藏北庫爲内藏庫，並以講武殿後封樁庫屬焉，改封樁庫爲景福内庫。初，太祖制置封樁庫欲贖幽薊，會晏駕不果。

十一月乙未，親享太廟。丙申，合祭天地於南郊，御丹鳳樓，大赦，受册尊號於乾元殿。國初以來，南郊四祭及感生帝、皇地祇、神州，凡七祭，並以四祖迭配。上即位，但以宣祖、太祖更配。於是合祭天地，始奉太祖升侑焉。

十二月乙丑，幸講武臺，觀飛山軍人發機石射連弩〔四〕。上將伐北漢，先習武事也。庚午，臘。有司請備冬狩之禮，上從之，因謂左右曰：「老子云馳騁畋獵，令人心發狂。夏書曰：『外作禽荒。』爲人上者不得不戒。歷觀前代多惑於此，而致喪敗。朕今順時蒐狩，爲民除害，非敢以爲樂也。」是冬，諸州貢舉人並集，會將親征河東，罷之。自是每間一年或二年乃置貢舉。

是歲，初置文思院。

己卯太平興國四年春正月，上初即位，謂齊王廷美曰：「太原我必取之。」及議致討，召樞密使曹彬問曰：「我今舉兵，卿以爲何如？」彬曰：「國家兵甲精鋭，人心忻戴，若行弔伐，如摧枯拉朽耳，何有不可哉。」上意遂決。乙未，宴潘美等於長春殿，上親授方略以遣之。時劉鋹及淮海王俶、武寧節度使陳洪進等皆與，鋹因言：「朝廷威靈及遠，四方僭竊之主今日盡在座中，旦夕平太原，劉繼元又至，臣率先來朝，願得執梃爲諸國降王長。」上大笑，賞賜甚厚。鋹詼諧類此。癸卯，新渾儀成，司天監學生張思訓所創也。置文明殿東南之鐘鼓樓，以思訓爲渾儀丞。舊制，日月晝夜行度皆人所運轉，新創成於自然，尤爲精妙。

二月甲子，車駕發京師。

三月庚辰朔，駐蹕於鎮州。

夏四月，車駕發鎮州，幸太原。乙亥，幸連城，視攻城諸洞。時李漢瓊率衆先登，矢集其腦，又中指，傷甚，猶力疾。上促召至幄殿，視其創，傅以良藥。上欲親幸洞屋中勞士卒，漢瓊泣曰：「晉陽孤壘，危若累卵，諸將用命，戰士賈勇，矢石注洞屋如雨，陛下奈何以萬乘之尊，親往臨之，若不聽臣，請先死。」上乃止。

五月壬午，幸城南。上謂諸將曰：「翌日重午，當食於城中。」癸未，督諸將急攻。左僕射致仕馬峰以病卧家，舁入見北漢主，流涕以興亡諭之。北漢主上表納款。甲申，遲明，劉繼元率其官屬，素服紗帽待罪臺下，詔釋之，顧謂淮海國王錢俶曰：「卿能保一方以歸於我，不致血刃，深可嘉也。」北漢平，凡得州十、軍一、縣四十一、户三萬五千二百二十、兵三萬。命劉保勳知太原府，以繼元爲右衛上將軍、彭城郡公。

龜鑑曰：太原違命，前有劉鈞，後有繼元，反側變詐，太祖嘗赫斯怒而整其旅矣。念漢祀之血食，開劉鈞之生路，何恕耶。寧不得太原，毋失吾將士，何寬耶。至太宗則不可以寬恕屢縱之也，於是令邊郡治攻具焉。於是，幸講武臺習武事焉。東南底定之時，北伐之意決矣。曹彬曰：可，吾從之。薛居正曰：不可，吾不之從。曰：「曹翰，爾智勇無雙，其當城北面。」曰：「郝守濬，爾技巧精嚴，其理城西面。」天子又親駕六師以從之，鼓行而前，士氣百倍。身被八創，變甚亟矣，而許均爭雄。足貫兩矢，勢若殆也，而荆嗣賈勇。蠢爾范超，當城之坤，一駕而授首。孱爾郭萬超，當城之乾，再駕而請命。自是汾晉之民有生意矣。詩曰：「廣文之聲，卒其伐功。」吾於平太原見之。

會繼元降，人人有希賞意。上將遂伐契丹，取幽薊，諸將皆不願行，然無敢言者。殿前都虞候崔翰獨奏曰：「此一事不容再舉。乘此破竹之勢，取之甚易，時不可失也。」上悦，即命樞密使曹彬議調發屯兵。

六月庚申，車駕北征。丁卯，上躬擐甲冑率兵次岐溝。契丹東易州刺史劉禹以州降。戊辰，上次涿州，判官劉元德以城降〔五〕。庚午，遲明，次幽州城南。

秋七月甲申，上以幽州城踰旬不下，士卒疲頓，轉輸回遠，復恐契丹來救，遂詔班師。乙巳，車駕至自范陽。初，劉繼業爲繼元扞太原城東南面，頗殺傷王師。及繼元降，繼業猶據城苦戰，上素知其勇，欲生致之，令中使諭繼元，俾招繼業。繼元遣親信往，繼業乃北面再拜，大慟，釋甲來見。上喜，慰撫之甚厚，復姓楊氏，止名業，尋授左領軍衛大將軍。

八月丁巳，以業爲鄭州防禦使。李繼筠卒〔六〕，弟繼捧立。初，武功郡王德昭從征幽州，軍中嘗夜驚，不知上所在，或有謀立王者，會知上處乃止。上聞不悦，及歸，以北征不利，久不行太原之賞，議者皆謂不可。於是，德昭乘間入言，上大怒曰：「待汝自爲之，賞未晚也。」德昭惶恐，還宫自刎。上聞之驚悔，往抱其尸，大哭曰：「癡兒，何至是耶。」追封魏王，謚曰懿。

九月丁亥，初置皇子侍讀〔七〕，以左贊善大夫楊可法爲之。庚寅，户部郎中侯陟爲諫議大夫、權御史中丞。權中丞始此。契丹大入，寇鎮州。都鈐轄、雲州觀察使劉廷翰率衆禦之〔八〕。崔彦進潛師躡虜後〔九〕，李漢瓊及崔翰亦領兵繼至。先是，上以陣圖授諸將，俾分爲八陣，趙延進謂翰等曰：「主上委吾等邊事，蓋期於克敵耳。今虜騎若此而我星布，其勢懸絶，彼若乘我，將何以濟。不如合而擊之，可以决勝。違令而獲利，不猶愈於辱國乎。」翰等以擅改詔旨爲疑，李繼隆曰：「兵貴適變，安可以預料爲定，違詔之罪，繼隆請獨當之。」於是分爲二陣，前後相副，士衆皆喜，三戰大破之。

冬十月庚午，捷聞，手詔褒之。

十一月辛卯，以建州邵武縣爲邵武軍。辛丑，初，西南夷不供朝貢，寇鈔邊境，刑部郎中許仲宣爲西川轉運使，親至大渡河諭其逆順，示以威福，夷人皆率服。爲嶺南轉運使，江表用兵，軍中須索百端。仲宣皆豫儲蓄無缺。曹彬怪之，及攻城〔一〇〕，須用陶器數萬事〔一一〕，分給攻城卒然燈自照，仲宣已預料，置如其數付之。他物類此。

十二月，詔改司寇參軍爲司理參軍，以司寇院爲司理院，令於選部中選歷任清白、能折獄辨訟者爲之。

庚辰太平興國五年春正月，上既平太原，遂觀兵范陽，得汾燕薊之馬凡四萬二千餘匹。國馬增多，乃詔於景陽門外新作四廄，名曰天駟監，左右各二，以左右飛龍使爲左右天廄使，閑廄使爲崇儀使。内廄馬既充牣，始分置諸州牧養。庚寅，以程羽爲文明殿學士。

二月，京西轉運使程能上言：「諸道州府民，事徭役者未嘗分等，慮有不均。欲望下諸路轉運司，差官定爲九等。上四等户令充役，下五等户並與免役。」令轉運使躬親詳定，勿復差官。

閏三月甲寅，上御講武殿覆試。權知貢舉程羽等所奏合格進士，得銅山蘇易簡以下百一十九人，又得諸科五百三十三人〔一二〕，並分第甲乙賜宴。始有直史館陪坐之制。唐有敕賜及第以表特恩，開寶以來，御試中第一者皆稱之。其文臣有不由科第者，或因獻文别試〔一三〕，以敕賜進士及第〔一四〕，或賜御前進士及第，又有同進士及第、進士出身之目〔一五〕。其後復賜樂史進士及第〔一六〕，仍附是年第一等進士之下。

夏四月，有趙國昌者求應百篇舉。癸未，上親試之。出雜題二十字，令各賦五篇，篇八句。逮至日旰，僅成數十首，率無可觀。上以此科久廢，特賜及第。戊子，襄州言，襄陽縣民張巨源五世同居，内無異爨。詔旌表門閭。巨源嘗習刑名書，特賜明經及第〔一七〕。

六月己亥，以江州白鹿洞主明起爲蔡州褒信縣主簿。白鹿洞在廬山之陽，常聚生徒數百人，李煜割善田數十頃廩給之，選太學之通經者日爲諸生講誦。於是，起建議以其田入官，故爵命之。白鹿洞由是漸廢矣。

知邕州侯仁寶上疏言：「交州主帥被害，其國亂，可以偏師取之。」上大喜。秋七月丁未，以仁寶爲交州路水陸轉運使，孫全興、郝士濬〔一八〕、陳欽祚、崔亮爲邕州路兵馬都部署，劉澄、賈湜、王僎爲廉州路兵馬部署，水陸並進討。

冬十一月，詔巡北邊。壬子，發京師。戊午，駐蹕於大名府。雄州言，契丹皆遁去。開寶末，右補闕竇偁爲開封府判官，與推官賈琰同事上。琰便佞，能先意希旨，偁嘗疾之。上與諸王宴射，琰侍上側，頗稱贊德美，詞多矯誕。偁叱之曰：「賈氏子巧言令色，豈不愧於心哉。」坐皆失色，上亦爲之不樂。至是，上思見偁，促召至行在。癸亥，以偁爲比部郎中〔一九〕。時方議北征，偁因抗疏請還都牧養士馬，徐爲後圖。上悦其言，及至自大名，以偁爲樞密直學士。偁，儀之弟也。

十二月甲戌，畋近郊，因以閲武，賜禁軍校及衛士襦袴。時禁盜獵，有戰士獲麞，違令當死，上曰：「我若殺之，後世必謂我重獸而輕人。」釋其罪。丁丑，以鄭州防禦使楊業領雲州觀察使，仍判鄭州、知代州事。業自鴈門之役，契丹畏之，每望見業旗，即引去。主將屯邊者多疾之，或潛上謗書斥言其短，上皆不問，封其書付業。

富弼曰：昔魏將樂羊征中山，平之，及還見其君，所收謗書三篋。方知將帥立功不難，但人君信任爲難爾。將帥專閫外權，擅行威福，人豈無嫉之者。嫉之則謗自生，既有謗言聞之於君，惑之則疑其將，將被疑未有立功者。此樂羊所以感歎其事。自後帝王非聰明睿智之主，少有不惑謗言者。其明不能及魏國之君也。楊業本河東降將，太宗得之，信任不疑，每納謗書，一一付業，使邊將安心以立事，其過魏國之君矣。

上因契丹遁去，遂欲進取幽州，命宰相問李昉、扈蒙等以事之可否。昉等上奏：「請申戒羽衛，旋旆京師，善養驍雄，精加訓練。嚴敕邊郡，廣積軍儲，講習武經，繕修攻具。俟府藏之充溢，洎閭里之富完，期歲之間，用師未晚。」上深納其說，即下詔南歸。上既還京師，議者皆言宜速取幽薊。左拾遺、直史館張齊賢上疏，其略曰：「聖人舉事，動在萬全，百戰百勝，不若不戰而勝，若重之謹之，戎虜不足吞，燕薊不足取。自古疆場之難〔二〇〕，非盡由戎狄，亦多邊吏擾而致之。若緣邊諸寨撫御得人，但使峻壘深溝，畜力養鋭，以逸自處，寧我致人，李牧所以稱良將於趙，用此術也。所謂擇卒未如擇將，任力不及任人，如是則邊鄙寧，邊鄙寧則輦運減，輦運減則河北之民獲休息矣。臣又聞家六合者，以天下爲心，豈止爭尺寸之土、角戎狄之勢而已。是故聖人先本而後末，安内以養外。人民，本也。夷狄，末也。中夏内也，夷狄外也。是知五帝三王未有不先根本者也。堯舜之道無他，廣推恩於天下之民爾。推恩者，何在乎安而利之。民既安利，則戎狄斂衽而至矣。伏望審擇通儒，分路採訪，有僞命日賦斂苛重者，改而正之，因而利之，使賦税可經久而行。天下諸州有不便於民事，委長吏聞奏，使天下耳目皆知陛下之仁，戴陛下之惠。此以德懷遠，以惠利民，則幽燕竊地之醜、沙漠偷生之虜〔二一〕，禽之與屈總在術内爾。」〔二二〕

講義曰：一王恢而啓三十年窮兵之禍，一王韶而貽數千里流血之毒。自古疆場之難，非盡由夷狄，齊賢之論，其知本矣。然齊賢徒知契丹未可伐，而不知燕薊在所當取，豈惟齊賢不之知，雖趙普、田錫、王禹偁亦不之知也。蓋燕趙之所當取者有二：一則中國之民陷於左衽，二則中國之險移於夷狄。燕薊不收則河北之地不固，河北不固則河南不可高枕而卧也。特太宗之時未有其機耳。

辛巳太平興國六年春正月乙巳，詔曰：「百里之長，字民之要官也。今縣邑廣而闕員多，選曹拘以常調，歷年未補〔三〕，非所以振淹恤惠吾民也。適變通方，宜從新制。其令諸路轉運使下所屬州，令長吏擇見任判司簿尉之清廉明幹者，具以名聞，當驛召引對，授以知縣之任焉。」

呂源曰：出宰百里，最近於民。祖宗勤恤民隱，故詳擇宰令，必引對親視才否而授之。雖一命初仕，亦臨軒顧問，臣已釋於前矣，況乎百里之重乎。

詔諸道轉運使察訪部内官吏，有履行著聞、政術尤最及文學茂異者，各舉一二人。

三月，岐王德芳薨（太祖之次子）。

夏五月，旱。大赦。

六月，薛居正薨，贈太尉、中書令，謚文惠。居正風度瓌偉，操行方正，爲相任寬簡，不苛察，士君子以此多之。其妻悍妬不生育，惟吉，養子也，行檢不正。上臨其喪，問：「不肖子安在？」惟吉伏喪側，驚愧不敢起，盡革故態，後委以大藩，所至稱治。

秋九月乙未朔，日有食之。交州行營言，破賊軍萬五千衆於白藤江口。於是，侯仁寶率前軍先進，賊詐降以誘仁寶。仁寶信之，遂爲所害。時諸軍冒炎瘴，多死者，轉運使許仲宣馳奏仁寶戰没，且乞班師。不待報，即分屯諸州，開庫賞賜，給其醫藥。乃上章自劾。詔書嘉納之，遣使就劾澄等。會王僎病死，澄與賈湜並戮於邕州市，全興伏誅，陳欽祚、郝士濬、崔亮皆責授團練、刺史。

呂源曰：太平興國五年七月，孫全興等平交州。庚戌，全興等辭赴嶺南。詔引進使梁迥供帳於玉津園餞之。嗚乎，全興等以小官奉使，恩禮既隆，責任益重，數路勞費以供是役，兩界赤子陷於兵刃者不知多少之數也。全興不能體國，乃與侯仁寶校毫釐之利，有彼我之分，遂無成功，誤國大事，償之一死，不爲過也。

詔：「諸州大獄，長吏不親決，胥吏旁緣爲姦，追捕證左，滋蔓踰年而獄具。自今長吏每五日一慮囚，情得者即決之。」上不欲天下有滯獄，乃建三限之制：大事四十日，中事二十日，小事十日。不須追捕而易決者，不過三日。時既取太原，范陽未下，上怒，不賞平晉之功，中外莫敢言。田錫因入辭〔二四〕，直進封事言軍國要機一、朝廷大體四，略曰：「頃歲平太原，逮茲二載，未賞軍功。請因郊祀行之。此要機之一也。交州瘴海之地，得之如獲石田，願無屯兵以費財，此大體之一也。邇來官廢其職，給事中不敢封駁遺補不貢直言〔二五〕，起居郎、舍人不得升陛紀言動，御史不彈奏，左右丞今尚闕員。中書舍人雖掌書命，未聞訪之以事。集賢院雖有書籍，而無職官。祕書省雖有職官，而無圖籍。願擇材而任之，各司其局。此大體之二也。朝廷闕西苑，廣御地，而尚書無本廳，郎曹無本局，九寺三監狹室蕭然。禮部試士，或就武成王廟。是豈太平之制？望別修省寺，用列職官。此大體之三也。又每於衢路，見囚荷鐵枷，於法所無，去之可矣。此大體之四也。」上嘉其言，降詔褒諭，仍賜錢五十萬。或謂錫今宜少晦，以遠讒忌。錫曰：「事君之誠，惟恐不竭。矧天植其性，豈以一賞可奪耶。」解田錫言職，出爲河北南路轉運副使。時盧多遜專政，群臣章表不先禀多遜，則有司不敢通。錫爲左拾遺，嘗獻平戎歌，多遜許之，始得進御。又諫官上章，必令閤門吏依常式云「不敢妄陳利便，希望恩寵」，貽書多遜，請諫官免書狀，多遜不悦，出之。

呂源曰：田錫在太宗朝，鯁慨言事，而太宗親賜璽書，與之委曲辨論周悉如此，宜其感激而愈堅其操蘊也。既擢爲知制誥，因歲旱言事，忤旨出知陳州。及事真宗，益以規畫獻替爲己任，雖死不改其節。以此受人主異知，至使人主聚集前後章疏，自收置一漆匣以遺仁宗。錫雖亡久矣，而名不滅，身没之後，又受知於嗣聖，可謂不負其所學也。

太子太保趙普奉朝請累年，盧多遜益毁之，鬱鬱不得志。會如京使柴禹錫等告秦王廷美驕恣，將有陰謀竊發。上召問普，普對曰：「臣願備位樞軸，以察奸變。」上於宫中訪得普前所上章，並發金匱，遂大感悟，召普謂曰：「人誰無過，朕不待五十已盡知四十九年非矣。」辛亥，以普爲司徒兼侍中。始太祖傳位於上，昭憲顧命也。或曰：昭憲及太祖本意，蓋欲上復傳之廷美，而廷美將復傳之德昭。故上即位，亟命廷美尹開封，德昭授貴州防禦使，實稱皇子〔二六〕，皆緣昭憲及太祖意也。德昭既不得其死，德芳相繼夭絶，廷美始不自安，寖有邪謀。他日，上嘗以傳國意訪之趙普，普曰：「太祖已誤，陛下豈容再誤耶。」於是普復入相，廷美遂得罪，凡廷美所以得罪，則普之爲也。

十一月，改武德司爲皇城司。上嘗遣武德卒察遠方事，有至汀州者，知州王嗣宗執而杖之，縛送闕下，因奏曰：「陛下不委任賢俊，而猥信此輩爲耳目，竊爲陛下不取。」上大怒，遣使械嗣宗下吏，削秩。既而怒解，嘉嗣宗直節，令還其官。親饗太廟。辛亥，合祭天地於圜丘，大赦。御乾元殿，受册尊號。先是，有秦再思者，上書願勿再赦，且引諸葛亮佐蜀數十年不赦事，上頗疑之，以問趙普。普曰：「國家開創以來，其存彝制，三歲一赦，所謂其仁如天，堯舜之道。劉備區區一方，用心無足師法。」上然其對，赦宥之文遂定〔二七〕。

十二月，先是，諸州犯罪之人皆錮送闕下，於道路非理而死者，十常六七。張齊賢上言：「罪人至京，請擇清彊官慮問，若顯負沈屈，則量罰本州官吏。自今令只遣正身，家屬別俟朝旨。」齊賢又言：「刑獄繁簡，乃治道弛張之本。州縣胥吏皆欲多禁繫人，或以根窮爲名，恣行追擾，租稅逋欠至少，而禁繫累日，遂至破家。請自今外縣罪人令五日一具禁放數白州。州獄別置歷，委長吏檢察，三五日一引問疏理，每月具奏，下刑部閱視。有禁人多者，即奏遣朝官馳往決遣。若事涉冤誣，故爲淹滯，則降黜其本州官吏。或終歲獄無冤滯，則刑部給牒，得替日較其課旌賞之。」齊賢勤究民弊，務存寬大，行部遇投訴者，或召至傳舍，榻前與語，多得其情僞，江南人久益稱之。

壬午太平興國七年春正月壬寅，詔翰林學士承旨李昉等詳定士庶車服喪葬制度，付有司頒行，違者論其罪。

二月，以給事中侯陟、右正諫大夫王明同判三司。同判三司自陟、明始。

夏四月，以樞密直學士竇偁、中書舍人郭贄參知政事。太宗謂偁曰：「汝自揣何以至此？」偁曰：「陛下念藩邸之舊臣，出於際會。」上曰：「非也。乃汝面折賈琰，賞卿之直耳。」普復相，多遜益不自安，普屢諷多遜令引退，多遜貪權固位，不能自決。會普廉得多遜與秦王廷美交通事，遂以聞。丙子，詔文武常參官集議朝堂，太子太師王溥等奏：「多遜及廷美顧望呪詛，大逆不道。」丁丑，詔削奪多遜官爵，並家屬流崖州。廷美勒歸私第。多遜赴貶所，食於道傍逆旅，有嫗頗能言京邑舊事，多遜曰：「嫗自何來？」乃居此。」嫗顰蹙曰：「我本中原士大夫，家有子任某官，盧某作相，令枉道爲某事，吾子不能從其意，盧銜之，中以危法，盡室竄南荒，未周歲，骨肉相繼淪没，惟老身流落山谷。

彼盧相者，妬賢怙勢，恣行無忌，終當南竄，幸未死間，或可見之耳。」多遜默然趣駕去。

呂中曰：多遜相則趙普出，趙普入則多遜貶。大臣相傾之風已芽蘖於此。然盧邪而趙正，當時邪猶未足以勝正耳。

五月甲戌，親録禁囚。趙普等以上察見微隱，相率稱賀。上嘗謂趙普曰：「朕每讀書，見古帝王多自尊大，深拱嚴凝，誰敢犯顏言事。若不降情接納〔二八〕，則是自蔽聰明。或喜賞怒刑，豈能歸天下之心哉。」普曰：「帝王若賞罰無私，内外無間，上求其理，下竭其誠，馴致太平，不爲難事。」上又問：「治民之道，復有何術？」普曰：「陛下恤念生民，每聞利病，無不即日施行，古聖王愛民之心，止於此矣。」趙普以秦王廷美謫居西洛非便，教知開封府李符言廷美不悔過怨望，乞徙邊郡，以防他變。丙辰，降廷美爲涪陵縣公，房州安置。李繼捧來朝，獻四州地，其弟繼遷叛去。

八月，廷美既出房州，趙普恐李符漏其言，乃坐符府中用刑不當，癸亥，責爲寧國軍司馬。

冬十月，上嘗謂侍臣曰：「朕每讀老子，至『佳兵不祥之器，聖人不得已而用之』，未嘗不三復以爲規戒。王者雖以武功克定，終須用文德致治。朕每退朝，不廢觀書，意欲酌前世成敗而行之，以盡損益也。」幸金明池閲習戰，行乾元曆。

十二月戊午朔，日有食之。

是歲，契丹明扆死[二九]，子隆緒立。高麗王伷死。先是，桐廬縣刁衎上疏言：「淫刑酷法，非律文所載者，望詔天下悉禁止之。」上覽疏甚悦，降詔褒答焉。

癸未太平興國八年春正月，彌德超因乘間以急變聞於上，云樞密使曹彬得士衆心，又巧誣以他事。上頗疑之。戊寅，彬罷爲天平節度使兼侍中。以東上閤門使開封王顯爲宣徽南院使，德超爲北院使，並樞密副使。上召顯謂曰：「卿世非儒門，少罹兵亂，必寡學問。今典掌萬機，固無暇博覽群書。」命左右取軍戒三篇賜顯，曰：「讀此亦可免於面牆矣。」

富弼曰：大臣不知學術，則暗於大體。王顯一武人，雖以才力任用爲樞密使，太宗慮其不學，不能曉適變之事，故以軍戒授之，使知賢者行事也。

孔承恭言：「儀制令有云：賤避貴，少避長，輕避重，去避來。望令於要害處設木刻其字，庶可興禮讓而厚風俗。」詔行其言。

三月，以右諫議大夫、同判三司宋琪爲左諫議大夫、參知政事。始分三司，各置使。王明爲鹽鐵使，陳從信爲度支使，郝正爲户部使。諸王及皇子府置咨議、翊善、侍講官。上親試舉人，擢長沙王世則以下百七十五人，並賜及第，諸科百十七人，出身。賜宴瓊林苑。後爲定制。張齊賢初除轉運使，辭日，上面命曰：「江南多出銅，爲朕密經營之。」齊賢乃訪得江南承旨丁釗歷指饒、信、虔州山谷産銅鉛錫之所，又求前代鑄法，惟饒州永平監用唐開元錢料，肉好周郭精妙，堅實可久。由是定取其法，歲鑄三十萬貫，凡用銅八十五萬斤，鉛三十六萬斤，錫十六萬斤。齊賢即詣闕面陳其事。詔可之。

夏四月，上嘗覽福建版籍，謂宰相曰：「陳洪進止以漳、泉二州，贍數萬衆，無名科斂民所不堪。比朝廷悉已蠲削，民皆感恩，朕亦不覺自喜。」上嘗作戒諭辭二，付閤門一，以戒京朝官受任於外者〔三〇〕，一以戒幕職州縣官。丁未，令閤門於朝辭日宣旨勗勵，仍書其辭於治所屋壁，遵以爲戒。初，彌德超誣曹彬事成，期得樞密使，及爲副使，大失望。一日，詬王顯等曰：「汝輩當斷頭，我度上無執守，爲汝輩所眩惑。」顯等告其事，上怒，壬子，德超除名，並親屬流瓊州。德超始因李符、宋琪之薦得事上，及符貶，德超屢稱其冤，會德超敗，上惡其朋黨，令徙符嶺表。盧多遜之流崖州也，符白趙普：「朱崖雖遠，在海中，而水土頗善。春州稍近，至者必死，不若令多遜處之。」普不答。至是，即以符知春州。歲餘，卒。上悟彬無他，待之愈厚。臨朝累日不懌，從容謂趙普曰：「朕以聽斷不明，幾敗大事，夙夜循省，内愧於心。」普對曰：「陛下知德超才幹而任用之，察曹彬無罪而昭雪之，有勞者進，有罪者誅，物無遁情，事至立斷，此所以彰陛下聖明也。雖堯舜何以過此。」上由是釋然。

八月，太祖初以扈蒙之言，詔盧多遜録時政，月送史館。多遜訖不能成書。於是，右補闕、直史館胡旦復言：「五代自唐以來，中書、樞密院皆置時政記，每月編修送史館。周顯德中，宰相李穀又奏樞密院置内庭日曆，自後因循廢闕，史臣無憑撰集。望令樞密院依舊置内庭日曆，委文臣任副使者與學士輪次記録，送史館。」上采其言，辛亥，詔自今軍國政要並委參知政事李昉撰録，樞密院令副使一人纂集，每季送史館。昉因請以所修時政記每月先奏御，後付所司。從之。時政記奏御自昉始也。

冬十月，趙普罷爲武勝軍節度兼侍中。

十一月朔，以刑部尚書參知政事宋琪、工部尚書參知政事李昉並本官同平章事。上謂曰：「世之治亂在賞罰當否，賞罰當其功罪，無不治之理。如或以爲飾喜怒之具，即無不亂。與卿等戒之。」詔自今宰相序立宜在親王之上。李昉、宋琪請遵故事。上曰：「宰相之任，實總百揆，與群臣禮絶。藩邸之設，止奉朝請而已。元佐等尚幼，欲其知謙損之道。卿勿多辭也。」丁巳，宴餞趙普於長春殿，王顯等侍側，數視上袴，上怪而問之，顯等曰：「陛下所衣袴，文縷俱倒。」上笑曰：「朕未嘗御新衣，蓋澣濯頻所致耳。蓋念機杼之勞苦，欲示敦朴爲天下先也。」以李穆、吕蒙正、李至參知政事，張齊賢、王沔同簽署樞密院。初，穆知開封府時，剖決精敏，姦猾無所假貸，由是豪右屏迹，權貴不敢干以私。上益知其才，始有意大用。至是，穆等入對，上謂之曰：「朕爲官擇人，惟恐不當。今兩制之臣十餘，皆文學適用，操履方潔。卿居京府，尤號嚴肅，故加奬擢也。」詔：「史館所修太平總類，自今日進三卷，朕當親覽。」宋琪等言：「窮歲短晷，日閲三卷，恐聖躬疲倦。」上曰：「朕性喜讀書，開卷有益，不爲勞也。此書千卷，朕欲一年讀遍。因思學者讀萬卷書，亦不爲難耳。」尋改總類名曰御覽。於是，命呂文仲充翰林侍讀，與侍書王著更宿，而書學葛湍亦直禁中，每暇日多召問文仲以經書，著以筆法，湍以字學。〔十二月戊申〕上於禁中讀書，自己至申始罷。有蒼鶴飛上殿鴟吻，逮掩卷而去。上怪之，以語近臣，對曰：「上好學之感也。昔有鸛雀銜三鱣魚，墜楊震講堂下，抑以類此。」

甲申雍熙元年春正月，上謂侍臣曰：「夫教化之本，治亂之源，苟無書籍，何以取法。今三館所貯遺逸尚多。」乃詔三館以開元四庫書目閲館中所闕者，具列其名，募中外有以書來上，及三百卷，當議甄録酬奬，餘第卷帙之數等級優賜。不願送官者，借其本寫畢還之。自是四方之書往往間出矣。甲子，有司上竊盜贓至大辟，詔特貸其死，因謂宰相曰：「朕常重惜人命，如此類者往往貸其極刑，但時取其甚者警衆，多爾，不欲小人知寬貸之意，恐其犯法者衆也。」

富弼曰：國之法，使民不曉其輕重，則犯法者少矣。本朝承五代之制，竊盜有死法，故先帝存其法，時取情重者行之，存其法使民懼而不敢犯也。取重者行之而貸其輕者，不失好生之德也。今之竊盜雖無死刑，然犯者衆，則先帝制盜固有術矣。

吕源曰：太祖時，竊盜贓錢三貫者法殺〔三〕。繼稍寬其法，至滿五貫者死。太宗朝，多有特貸其死者，然尚存其法以警於衆。真宗即位，咸平元年，命張齊賢、王濟等删定編敕。齊賢以民犯盜者衆，以死懼之尚不畏，況緩其死乎。未幾，齊賢拜相，是歲十二月，給事中柴成務言：「强竊盜刑名比律文用一半法。」又經大中祥符之後，至仁廟景祐，有詔寖至於極寬。自後竊盜固無死刑，而强盜持杖者悉皆有貸法也。故與祖宗立法之嚴、治盜之峻正相反矣，宜其犯者益衆，不足怪也。

上御丹鳳樓觀燈，見士庶闐咽，謂宰相曰：「國家承累世干戈之後，朕孜孜求治，惟望上天垂祐，福此下民。今海宇乂安，京師繁盛，殊以爲慰。今夕與卿等且各宜醉。」秦王廷美卒，房州以聞，上嗚咽流涕，謂宰相曰：「廷美自少剛愎，長以凶惡，朕以同氣至親，不忍寘之於法。俾居房陵，冀其思過，方欲推恩復舊，遽兹殞逝，痛傷奈何。」乃追封涪王，謚曰悼。參知政事李穆性至孝，遭母喪，詔强起之，穆哀戚過甚，因致毁瘠，暴卒。上臨喪，謂宰相曰：「穆潔己守道，操履純正，方此擢用，遽至淪没，非斯人之不幸，乃朕之不幸也。」

二月朔，親閱將校，皆按名籍參考勞績而升黜之。

三月，滑州決河塞。遣祕書丞楊延慶等十餘人分知諸州。上因謂宰相曰：「刺史之任，最爲親民。苟非其人，則民受其禍。昔秦彭守潁州，崇尚儒雅，教化大行，境内乃有鳳凰、麒麟、嘉禾、甘露之瑞，足爲善政也。」宋琪曰：「秦彭一郡守耳，政善而天應之若此，況君天下者乎。何謂太平不可致，和氣不可調也。」召宰相、近臣賞花於後苑。上曰：「春氣暄和，萬物暢茂，四方無事，朕以天下之樂爲樂。宜令侍從、詞臣各賦詩。」賞花賦詩自此始。

夏四月，群臣請封禪，以乾元、文明二殿火災，故罷之。

五月，除江南鹽禁，尋復之。以京官充堂後官。上幸玉津園觀魚宴射，謂近臣曰：「朕觀五代以來，帝王始則勤儉，終乃忘其艱難，恣爲逸豫，覆亡之速，皆自貽也。爲人上者當以爲戒。」

六月，求直言。詔：「天下州縣官，或知民俗利害、政令否臧，許於本州附傳置以聞。所言可采，必行旌賞。若無所取，亦不加罪。」有布衣以皂囊封書獻者，且詞狂妄，上覽弗責，因謂宰相曰：「凡上封事者，多不知朝廷次第，所言率孟浪不切機會。本欲下情上達，庶事無壅，故雖狂悖，亦與容納。」田錫上疏，其略曰：「陛下有朝令夕改之事，由制敕所行，時有未當，而無人封駁者，給事中之過也。陛下有捨近謀遠之事，由言動所爲，未合至理，而無人敢諫諍者，是左右拾遺補闕之過也。」又曰：「宰相不得用人而委員郎差遣，近臣不專受責而求令録封章，自此章奏必多，聽用必廣。聽用既廣，則條制必繁，條制既繁，則依從者少。乞今後凡有奏陳，令大臣議而行之。蓋臣下言之則謂之封章，陛下行之則出爲法令。法令可簡而不可使繁，制度可永而不可屢變。」又曰：「宰臣若賢，願陛下信而用之。宰相非賢，願陛下擇可用而任之。何以置之爲備員，而待之若冗秩也。」

呂中曰：觀田錫上疏，雖當時憂治世危明主之言，亦萬世任相之法也。西漢之初相權重，則一君之身任相者不過一二人。武帝以後相權輕，則四十餘年之間易相凡十有三矣。

遣使諸路察獄。上嘗謂侍臣曰：「刑辟之際，君子之所盡心，稍有冤枉，必傷和氣。且齊女負冤，天爲枯旱，燕臣無罪，六月飛霜。自昔水旱作沴，未有不由於此。居官牧民，尤當戒之。」

秋七月，命諫官領登聞檢院。

九月，西夏李繼捧來朝，其弟繼遷留銀州。詔發繼捧親屬赴闕。繼遷年十七，勇悍有智謀，不樂内徙，與其黨奔入斤澤〔三〕，出其祖彝興像以示戎人，戎人皆拜泣，相聚爲寇。知夏州尹憲選精騎夜襲斤澤，斬首五百級，燒四百餘帳，獲繼遷母及妻，繼遷僅以身免。後有自西邊來者，言繼遷悉知朝廷之事，皆繼捧漏泄。朝廷數諭繼遷不肯降，上用趙普之策，出繼捧委以邊事。端拱元年，李繼捧賜姓趙，名保忠，授夏州刺史、定難節度以討繼遷，管夏、銀、宥五州。繼捧至鎮數日，上言繼遷悔過歸款，上以爲銀州刺史、西南巡檢使。繼遷本無降心，復誘戎人爲寇，淳化二年，保忠來乞師，上命商州團練使翟守素率兵赴之，繼遷請降，以爲銀州觀察使，賜姓趙，名保吉。

吕中曰：保忠之再入夏臺故地，實普之謀也。後保忠反，與保吉合，大爲邊患，何普能知符彦卿之不可與兵權，而不能知保忠之不可復歸夏州耶？田錫嘗言：「李繼遷不合與夏州，又不合呼之爲趙保吉。」其切中時事之膏肓乎。

上命李昌齡就太乙宫校定三等醮儀。

冬十月，上之即位也，召華山隱士陳摶入見。於是復至，上益加禮重，謂宰相宋琪等曰：「摶獨善其身，不干勢利，所謂方外之士也。與之語，甚可聽。」因遣使送至中書，琪等從容問摶曰：「先生得玄默修養之道，可以化人乎？」對曰：「摶山野之人，於時無用，亦不知神仙黄白之事、吐納之理，無術可傳於人。假令白日上昇，亦何益於世。主上龍顔秀異，有天人之表，博達今古，深究治亂，真有道仁聖之主也。正是君臣協心同德，興化致治之秋。勤行修鍊，無出於此。」琪等表上其言，上益喜，賜摶號希夷先生。

吕中曰：人言太極圖周濂溪得之种明逸，明逸得之穆伯長，伯長得之陳希夷。先天之圖邵康節得之李挺之，挺之得之穆伯長，伯長得之陳希夷。愚謂希夷隱者，長於數學，而未必長於理學者也。濂溪之圖太極、康節之圖先天，此皆二公自得之學，蓋青出於藍而青於藍者也。

嵐州獻牝獸一角，上曰：「珍禽奇獸，奚益於事。方内乂寧，風俗淳厚，此乃上瑞耳。」

十一月，以建州進士楊億爲祕書省正字，時年十一。億七歲能屬文，連三日得對，試賦五篇，皆援筆立成。上曰：「可與一官，留京師。」故有是命。

十二月，廢嶺南諸州採珠場。立德妃李氏爲皇后。先是，上嘗謂輔臣曰：「朕讀晉史，見武帝平吴之後，溺於内寵，後宫迨數千人。今宫中自職掌至於粗使不過三百人，朕猶以爲多矣。」

乙酉雍熙二年春二月，禁增置寺廟。上御崇政殿，覆試禮部貢舉人，得進士梁顥等百七十九人，得諸科三百一十八人，並唱名賜及第。唱名自此始。宰相李昉之子宗諤、參知政事吕蒙正之從弟蒙亨、鹽鐵使王明之子扶、度支使許仲宣之子待問，舉進士試皆入等。上曰：「此並勢家，與孤寒競進，縱以藝升，人亦謂朕有私也。」皆罷之。左右獻言尚有遺材，復試，又得進士上元洪湛等七十六人，得諸科二百二人，並賜及第。

夏四月，復置明法科，進士九經以下更不習法書。

五月，中書門下奏：「謫官在外而累經赦宥者，欲令歸闕，責其後效。」上不許，謂宰相曰：「朝廷致理，當任賢良。君子、小人宜在明辨。竄逐之臣，郊禋以來，豈不在念。然此等務行嶮巇，若小得志，即復結朋植黨，恣其毀譽，如害群之馬〔三三〕，豈宜輕議哉。」

秋七月，上謂宰相曰：「國家以百姓爲本，百姓以食爲命，故知儲蓄最爲急務。昨江南災旱甚亟，遣使賑貸，果無流亡、盜賊之患。若非積聚，何以救之。」庚申，詔：「諸路轉運使及諸州長吏專切督察，知倉官吏等依時省視倉粟，勿致毀敗。其有計度支用外，設法變易，或出糶借貸與民及轉輸京師。如致損官粟者，雖去官，猶論如律。」鼎州水溢害稼。

九月，廢皇太子。楚王元佐，乃太宗長子也。初，廷美得罪，元佐獨申救之。廷美死，元佐遂感心疾。太子幼亦聰慧，及長漸驕恣，或經時絶朝請，自是習爲殘忍，不守法度。左右微過，輒彎弓射之。帝誨督甚力，皆不悛。重陽帝宴諸王，元佐以病新起，不得預。至暮罷，陳王元佑等過之，元佐謂曰：「汝等與至尊宴射，而我不預焉。是爲君父所棄也。」遂發憤，中夜閉縢妾縱火焚宫〔三四〕。帝怒，欲廢之。會寇準通判鄆州得召見，太宗謂曰：「知卿有深謀遠慮，試與朕決一事。東宮所爲不法，他日必爲桀、紂之行，欲廢之則宮中亦有甲兵，恐因而招亂。」準曰：「請某月日令東宮於某處攝行禮，其左右侍從皆令從之。陛下搜其宮中，果有不法之事，俟還而示之，廢太子一黃門力耳。」太宗從其策，及東宮出，因搜宮中，得淫刑之器，有剜眼、挑筋、摘舌等物，還而示之，東宮服罪，遂廢之。選立章聖爲太子，準由是得名〔三五〕。

冬十月，録繫囚。上決事至日旰，因謂宰相曰：「中外臣僚若皆留心政務，天下安有不治者。古人宰一邑、守一郡，使飛蝗避境，猛虎渡江，況人君能惠養士庶、申理冤滯，豈不感召和氣乎。朕每自勤不怠，此志必無改易。或曰百司細故，帝王不當親決。朕意則異乎此，若以尊極自居，則下情不得上達矣。」

呂中曰：此推廣太祖恤刑之意也。以太宗愛惜民命，而一刑之微皆得以上達，可謂仁且勤矣。而當時田錫且曰：「陛下每日早於崇德殿受百僚之朝，日午於講武殿視萬幾之事，或進呈甲仗，或陳閱軍事〔三六〕，或躬問縲囚，或親校簿書，恐於大體有所未究，此視事太勤、憂民太過也。」抑不知諫官置之左右，御史委之糾彈，給舍許之封駁，豈非人君之體歟。

十二月庚子朔，日有食之。丙辰，宰相宋琪罷守本官。樞密使柴禹錫授左驍衛上將軍。初，上令琪娶馬仁瑀寡妻高繼沖之女。廣南轉運使王延範者，高氏之疏屬也，時知廣州鄄城徐休復密奏延範謀不軌，且言依附大臣無敢搖動。上將遣使案鞫，會琪與禹錫入對，上問延範何如人，琪未知其端，盛稱延範彊明忠幹。禹錫素與琪相結，旁奏與同。上意琪等交通，不欲暴其狀，止以琪素好大詼諧無大臣體，禹錫不能輸誠奉公故罷其政柄。上謂李昉等曰：「中書、樞密，朝廷政令所出，治亂根本繫焉。且天下廣大，卿等與朕共理，當各竭公忠以副任用。人誰無姻故之情，苟才不足稱，不若遺之財帛耳。朕亦有舊人，若果無用，未嘗假以名器也。卿等其戒之。」龍溪縣主簿王濟，時調福建輸鶴翎爲箭羽，鶴非常有物，官督責尤急，至一翎直數百錢，民甚苦之，濟以便宜諭民取鵝翎代輸，驛奏其事。因詔旁郡悉如濟所陳。

呂源曰：太祖朝，河清縣令史班、火井縣令蕭瓌皆奏移治所，而王濟以縣主簿亦得奏事，以此知祖宗下情之不壅也。供奉官爲巡檢，許其便宜，主簿輒自以便宜輸鵝翎代鶴翎爲箭羽，今之小官下吏已不能如是，而監司按察不惟不能容，而自亦不能爲也，宜其蒙蔽，上則負國，下則困民，使天下紛紛未能休息者，弊在此也。

丙戌雍熙三年春正月，先是，賀令圖與其父懷浦、薛繼昭、劉文裕、侯莫陳利用等相繼上言，請取幽薊，上始有意北伐。

三月，潘美出鴈門與虜戰〔三七〕，勝之，逐北至寰州，刺史趙彦辛降。辛巳，克涿州。

潘美圍朔州，守臣趙希贊降。轉攻應州，節度艾正降。田重進圍飛狐，守將呂行德降。又圍靈丘，守將穆超降。

夏四月，潘美克雲州。田重進至蔚州，耿紹忠舉城降。初，曹彬與諸將入辭，上謂彬曰：「但令諸將先趨雲、應，卿以十萬衆聲言取幽、薊，且持重緩行。虜聞之，必聚兵於幽州，不暇爲援於山後。」既而諸將多得山後要害之地，每捷奏至，上頗疑彬進軍之速，且憂虜斷粮道。彬至涿州，留十餘日，食盡乃退師至雄州，以援供饋。上聞之，大駭曰：「豈有虜人在前，卻軍以援芻粟乎。」亟遣使止之。而彬所部將聞美等累捷，已不能有所攻取，謀畫蜂起，更相矛盾，彬不能制。時方炎暑，軍士疲乏，以粮不繼乃還師境上，爲虜所躡。

五月庚午，虜追及之，我師大敗。彬等收餘軍，宵涉拒馬河。上聞曹彬等軍敗，乃詔諸將領兵分屯於邊，召彬及崔彥進、米信入朝，田重進率全軍駐定州，潘美還代州。

呂中曰：岐溝之敗有三，既平河東之後，三出王師，屢與敵接而不獲俟時，一也。其事始於賀令圖之父子，而贊成於王顯數人，中書不預聞，二也。曹彬違上詔旨，三也。燕、薊之地，以太祖、太宗百戰而不能得，而宣和乃無故而得之。天下未嘗有幸成之事也，有幸成之事則有必至之禍矣。

趙普上疏諫，其略曰：「蠢茲獯鬻，誠非我敵。蓋遷徙鳥舉，安得而制。自古帝王置之度外，任其隨逐水草，皆以鄣塞防之，伏料聖明何足介意。此必邪諂附會，蒙蔽睿聰，致興不急之兵，頗涉無名之議。伏自大發驍雄，往殲凶醜，百萬家之生聚，飛輓是供，數十州之土田，耕桑半失。茲所謂以明珠而彈雀，爲鼷鼠而發機，所失者多，所得者少。事無固必，理貴變通，願頒明詔，速請抽軍，聊爲一縱之謀，敢獻萬全之策。」

六月戊戌朔，日有食之。初議興兵，上獨與樞密院計議，中書不預聞。及敗，召樞密院使王顯、副使張齊賢、王沔謂曰：「卿等共視朕自今復作如此事否。」上既推誠悔過，顯等咸愧懼若無所容。丙辰，以御史中丞辛仲甫爲參知政事。

秋七月，簽書樞密院事張齊賢言事，頗忤上意，授給事中、知代州。

九月，判刑部張佖上言〔三八〕：「望自今應斷奏失入死刑者，不得以官減贖。檢法官削一任，長吏並停見任。」從之。嘗有犯大辟者，詔特赦，上謂佖曰：「朕以小人犯法，原其情非巨蠹，故貸死流竄，亦足以懲艾之也。」佖對曰：「先王立法，蓋爲小人，君子固不犯矣。」上嘉其言。

十二月，契丹以數萬騎入寇。瀛州都部署劉廷讓與戰，全軍皆没。賀令圖一歲中父子皆敗。契丹入寇代州，神衛都指揮使馬正禦之，衆寡不敵。副都署盧漢贇畏懦，保壁自固。知州張齊賢選廂軍二千出正之右，誓衆感慨，一以當百，虜遂卻走〔三九〕。先是，齊賢約潘美以併師來會，戰間使爲虜所得，俄而美使至，云奉詔毋得出戰。齊賢乃閉其使，夜發兵距州城西南二十里，列幟然芻，虜意併師至，駭而北走，齊賢伏卒掩擊，大敗之。

勝敗者，兵家之常事，不可以勝而驕，不可以敗而沮。張方平言：「國初與契丹八十戰，惟張齊賢僅一勝。」此説未然。如田重進降飛狐等縣及蔚州，潘美降寰、朔、應三州又克靈州，未嘗不勝，惜朝廷之謀不定，將帥之心不一，所以不能成功也。

丁亥雍熙四年春正月，初，曹彬及劉廷讓等相繼敗覆，虜勢益振，長驅入深、祁，陷易州，殺官吏，掠士民，魏博之北，咸被其禍。上深哀痛焉。丙戌，降德音。

二月，知制誥范杲上言：「家世史官，願得秉直筆成國朝大典。」因召爲史館修撰。

三月庚辰，詔：「天下知州、通判，先給御前印紙，令書課績。凡決大獄幾何，凡政有不便於時，改而更張，人獲其利者幾何，及公事不治、曾經殿罰，皆具書其狀，令同僚共署，毋得隱漏。罷官日上中書考校。」

夏四月，併水陸路發運爲一司。詔陳罪戎策，侍御史趙孚上言，大略謂：「宜内修戰備，外許歡盟。」上嘉其言。

五月，以鄭宣、劉墀、趙載並爲如京使，柳開爲崇儀使，劉慶爲西京作坊使。初，開知貝州，上書願效死北邊，「陛下賜臣步騎數千，任以河朔之地，必能出生入死，爲陛下復取幽薊」。於是，上亦欲並用文武，戡定寇亂，乃詔文臣中有武略知兵者，許換秩。於是開與鄭宣並以文臣換武。初，秦州長道縣酒場官李益家饒於財，僮僕常數百，關通朝貴，持吏短長，郡守以下皆畏之。民負益息錢數百家，官爲徵督，急於租調。獨觀察推官馮伉不爲屈。伉一日騎出，益遣奴捽下毆辱之。伉兩上章論其事，皆爲邸吏所匿。後因市馬譯者附表以訴。上命捕益，械送御史臺鞫之。益具伏。丁丑，斬益，籍其家。益子士衡先舉進士，任光祿寺丞，詔除其籍，終身不齒。州民聞益死，皆醵錢飲酒以相慶。

八月，令諸路轉運使及州郡長吏，自今並不得擅舉人充部内官，其有闕員，即時具奏。前所論薦多涉親黨，故窒其倖門也。

九月辛巳，詔以來年正月有事於東郊，親耕籍田，置五使如郊祀之制。

十二月朔，乃詔自今歲命春官知貢舉，如唐室故事，應已得解者，明年春集闕下，未得解者至秋取解。

戊子端拱元年春正月丙寅，以大理評事王禹偁爲右拾遺，羅處約爲著作佐郎，並直史館。上於東郊親饗先農，以后稷配，遂耕籍田。始三推，有司言禮畢。上曰：「朕志在勸農，恨不能終於千畝〔四〇〕，豈以三推爲限。」耕數十步，侍臣固請乃止。

黄魯直瑞芝亭記云：「使民田畝有禾黍，則不必芝草生户庭。使民伏臘有雞豚，則不必麟鳳在郊藪。黠吏不舞文，則不必虎渡河〔四一〕。吏胥不追撓，則不必蝗出境〔四二〕。

二月，置司諫、正言。李昉罷相。先是，翟馬周擊登聞鼓，訟昉身任元宰，值北戎入寇，不憂邊事，但賦詩飲宴，並置女樂。上由是不悦。會連旱蝗，太宗以水旱失度，陰陽乖戾，咎在宰相，遂罷爲右僕射。以趙普爲太保兼侍中、吕蒙正爲中書侍郎兼户部尚書平章事。上諭普曰：「卿勿以位高自縱，勿以權勢自驕，但能謹賞罰、舉賢能、弭愛憎，何憂軍國之不治。朕若有過，卿勿面從。古人耻其君不堯舜，卿其念哉。」蒙正質厚寬簡，有重望，不結黨與，遇事敢言，每論政有未允者，必固稱不可。上嘉其無隱，故與普俱命，藉普舊德爲之表率也。蒙正晚輩驟進，與普同位，普甚推許之。

吕中曰：趙普之再入相也，與乾德之初入相不同。蓋太祖規模廣大，故普慨然以天下自任，而敢於任事。太宗規模繁密〔四三〕，故普不免遠嫌疑、存形迹，而救過之不暇。然以元老重望而推蒙正之晚輩，吕端之台輔器，人之有技，若己有之，此所以保我子孫黎民歟〔四四〕。

丙午，詔諸道民有艱食者，所在發廩賑之。

［三月］初，侯莫陳利用多變幻之術，上召見驟加恩遇，遂恣橫，居處服玩皆僭乘輿宮殿之制。於是，趙普廉得其專殺不法事，力於上前發之。乃遣近臣就按〔四五〕，利用具伏。上曰：「豈有萬乘之主不能庇一人乎？」普曰：「此巨蠹犯死罪十數，陛下不誅則亂天下法，法可惜，此一豎子何足惜哉。」上不得已，命賜死於商州。

呂中曰：國初大臣皆得以斥內侍。至章子厚則用郝隨，蔡京則奏梁師成〔四六〕，王黼則事童貫，皆交結內侍以爲腹心，人言內外朝常合爲一〔四七〕，然以公勝私〔四八〕，外足以統內，斯可矣。

夏五月，置祕書閣於崇文院，分三館之書萬餘卷以實其中。

閏五月，以趙承煦爲六宅使。承煦，普次子也。普再入相，未始爲求官，上特命之。普嘗戒其子弟曰：「吾本書生，偶逢昌運，受寵踰分，固當以身許國。爾等宜各勉勵，勿重吾過。」故自有密升宰輔，出入三十餘年，未始爲其親屬求恩澤者。近世宰相子起家即授水部員外郎，加朝散階。呂蒙正固讓〔四九〕，止授六品京官。自是爲例。禮部侍郎宋白知貢舉，放進士程宿以下二十八人，諸科百人。下第人擊登聞鼓求別試。上召下第人覆試，得進士馬國祥以下及諸科凡七百人。上既擢國祥等，又命王世則召下第進士諸科人試，得合格數百人。上覆試詩賦，又擢進士葉齊以下及諸科九百餘人，並賜及第。御史中丞嘗劾奏開封尹許王元僖，元僖不平，訴於上，曰：「臣天子兒，以犯中丞，故被鞫。願賜寬宥。」上曰：「此朝廷儀制，孰敢違之。朕若有過，臣下尚加糾擿，汝爲開封府尹，可不奉法耶。」論罰如式。

秋七月，除蜀鹽禁。

八月，幸國子監，命李覺講周易。

十一月，虜騎大至唐河北〔五〇〕，將入寇。諸將欲以詔書從事，堅壁勿戰。定州監軍袁繼忠曰：「犬戎在近，今城中屯重兵而不能剪滅，令長驅深入，侵略它郡，謀自安之計可也，豈折衝禦侮之用哉！我將身先士卒，死於虜矣。」都部署李繼隆曰：「閫外之事，將帥得專焉。」乃與繼忠出兵拒戰，虜騎大潰，捷奏聞，群臣稱賀，降璽書獎賜。

己丑端拱二年春正月，詔陳備邊策。户部郎中張洎奏言：「國家自飛狐以東，重關複嶺，皆爲契丹所有。燕薊以南，平壤千里，番漢共之，失地利矣。河朔郡縣列壁相望，然虜騎南馳，衆寡不敵，咸嬰城自固，莫敢出戰，此分兵力之過也。今既未能克復幽薊，宜悉聚河朔建三鎮，鼎據而守焉。」又言：「涿州之戰，元戎將校各不相管轄，以謙謹自任，未嘗賞一效用，戮一叛命，宜反其道。」又言：「稍舉通和之策，俟兵食有餘，然後大舉，幽薊未復，終不能高卧。」王禹偁奏言：「兵勢患在不合，將臣患在無權。請於遠邊上建三軍，軍十萬人，使互相救援。」又言：「曹彬北伐及招置義勇軍等事，大臣皆不預知。自今頻召大臣，議邊事，毋使小人間厠。」

吕中曰：言和者至於自屈名分，而不知戰。言戰者至於輕戮民命，而不知和。此紹興、開禧權臣之罪一也〔五一〕。以太祖之英武，猶命孫全照經略和好。以曹彬之名將，猶言講和之利。則和戎，誠息民權宜之策，然必如趙孚之言〔五二〕，許歡盟於外，修戰備於内，可也。

二月，以陳恕等爲河北等路營田使。下詔罪己，寬恤邊郡。

三月，上親試陳堯叟一百八十六人，擢堯叟爲第一。賓州録事參軍孟戀避遠征，不之官，詣匭自陳。太宗怒，杖流海島。

夏旱，自三月至五月，録繫囚，遣使分路決獄。戊戌，雨。

六月，初，左正言、直史館寇準承詔極言北邊利害。上器之，曰：「朕欲擢用準。」宰相以開封府推官，上曰：「此官豈以待準耶！」宰相請用爲樞密直學士。從之。

秋七月，拜樞密直學士。

吕中曰：澶淵之役，羽書五至，準不以爲憂，惟曰親征而已。其渡河也，方且與楊億酣飲達旦，有似安石圍棋清談之風。豈知準自前朝極言北邊利害，太宗已許之矣。此豈空言無據，而告真宗以親征之議哉。

先是，詔諸王府僚各獻所著文字，上閲視累日，問近臣曰：「其才則見矣，其行孰優？」

或以越王府記室參軍、考功員外郎畢士安對，上曰：「正合朕意。」遂命以本官知制誥。

富弼曰：人臣爲郎官，未至通顯，雖負宏才、有奇節，何以爲天子知。一日御筆書名，且以名臣稱之，不次擢用，人臣遇時，有如是之榮也。蓋天子以用人爲急，博采廣聽，故得其實，不惟擢二賢使之盡力，凡爲人臣，知才節可以自結，明主得不勉勵真業乎。人臣若勉勵真業，則庶職修，庶職修則内外之事治矣。是天子殊待二賢，所以勸天下之士也。

先是，宰相趙普上言：「臣竊見工部侍郎張齊賢，數年前特受聖知，升於密地，公私識者盡爲當才。不期歲月未多，出爲外任，向來微有傳聞，或云奏對過當。凡言大事，須有悔尤，其如義士忠臣，不顧身之利害，姦邪、正直，久遠方知，齊賢素藴機謀，兼全德義，從來差遣未盡器能，慮淹經國之才，堪赴濟時之用。如當重委，必立殊功。」甲申，以齊賢爲刑部侍郎、樞密副使。彗星出於東井，凡三十日。上避殿減膳。威虜軍粮餽不繼〔五三〕，契丹欲窺取之。詔李繼隆發鎮、定大軍護送輜重。虜將于越率精鋭數萬騎來迎，緣邊都巡檢尹繼倫屬領步騎千餘人，按行塞上，虜不擊而過〔五四〕，徑襲大軍。繼倫夜遣兵躡虜後，列陣於城北以待之。方會食，繼倫出其不意，急擊之，殺虜將皮室，于越食未竟，棄匕箸，爲伏兵中其臂，虜遂奔潰，俘獲甚衆。定州副都部署孔守正又與虜戰曹河之斜村，梟其帥大盈相公等三十餘級。虜自是不敢大入寇。以繼倫面黑，相戒曰：當避黑面大王。

富弼曰：尹繼倫以千餘之兵，破虜衆數萬，可謂奇功也。大將盡上其狀，太宗賞之，自諸司止加刺史。及數年之後，盡聞其功，立遷使職及加團練，仍召而厚賜之。人臣荷天子之知而恩賞如是，不惟繼倫盡心以報，而諸將無不感勸。

八月，大赦。是夕彗没。先是，上遣使取杭州釋迦佛舍利塔置闕下，度開寶寺造浮屠十一級以藏之，所費億萬計。工畢，田錫上疏諫曰：「衆以爲金碧熒煌，臣以爲塗膏釁血。」上亦不怒。

九月，鎮星熒惑入南斗。

冬十月，趙保忠加同平章事。上以歲旱，手詔賜趙普等曰：「萬方有罪，罪在朕躬。自星文變見以來，久愆雨雪，朕爲人父母，心不遑寧。當與卿等審政刑之闕失，念稼穡之艱難，恤物安民，庶祈眷祐。」王禹偁上言：「乞自乘輿服御以下至百官俸料，非宿衛軍士、邊廷將帥悉第減之，上答天譴，下厭人心。」田錫上言：「此實陰陽失和，調燮倒置，上侵下之職，而燭理未盡，下知上之失，而規過未能。」奏上，上及群臣皆不悦，出錫知陳州。

十二月庚申，詔：「自今四方所上表，宜只稱皇帝。」上曰：「皇帝二字亦不可兼稱。

朕比欲只稱王，屬以諸子封王爲不便耳。」趙普等又上「法天崇道文武」六字。詔去「文武」二字，餘許之。

## 校證

〔一〕資其間闕　再造本缺頁，文海本及彭百川太平治迹統類卷二七祖宗科舉取人同。長編卷一八、章如愚群書考索後集卷三六士門貢舉無「間」字。

〔二〕廬山　原作「盧江」，再造本、文海本作「廬江」。長編卷一八、潘自牧記纂淵海卷三八書院、王應麟玉海卷一六七白鹿洞書院、祝穆古今事文類聚續集卷八天下四書院、文獻通考卷四六學校考均作「廬山」，而宋代不見有「盧江」、「廬江」地名，據校改。

〔三〕建隆初三館所藏書庫及平諸國盡收其圖籍凡八萬餘卷　再造本、文海本同，長編卷一九作「建隆初，三館所藏書僅一萬二千餘卷。及平諸國，盡收其圖籍，惟蜀、江南最多，凡得蜀書一萬三千卷，江南書二萬餘卷。又下詔開獻書之路，於是天下書復集三館……六庫書籍正副本凡八萬卷」。此處或有遺漏文字。

〔四〕飛山軍　原作「飛仙軍」，再造本、文海本同。長編卷一九作「飛山軍」，「飛山軍」在宋代史籍中屢次出現，且全文卷一也曾出現，而「飛仙軍」不見他處有載。據此校改。

〔五〕劉元德　李校：長編卷二〇、太平治迹統類卷四作「劉原德」，宋史太宗紀一作「劉厚德」。汪按：再造本作「劉元德」。

〔六〕李繼筠卒　李校：長編卷二〇載此事在太平興國四年七月。宋史外國一載繼筠太平興國五年卒。汪按：陳均皇朝編年綱目備要卷三繫時與長編同。

〔七〕皇子　原作「王子」，據再造本、文海本、長編卷二〇、皇朝編年綱目備要卷三、群書會元截江網卷八官制本朝更置校改。

〔八〕鈐轄　李校：原作「幹轄」，據長編卷二〇、宋史太宗紀二改。又，「劉廷翰」，原作「劉延翰」，據宋史太宗紀二、宋史卷二六〇劉廷翰傳改。汪按：將「劉延翰」改爲「劉廷翰」實有疑問。查長編卷二〇、宋史卷八五地理志卷四九一外國傳、徐松宋會要輯稿禮四四之一四、方域一之一二、蕃夷一之六及文獻通考卷三四五四裔考均作「劉延翰」，似不宜輕改。

〔九〕虜　「躡虜後」之「虜」及下文「虜騎」之「虜」，原皆作「敵」，據再造本、文海本回改。

〔一〇〕及　再造本闕文，文海本作「破」，長編卷二〇作「夜」。

〔一一〕須用　再造本闕文，文海本作「固照」，長編卷二〇作「因取」，疑「固照」係因形近誤讀「因取」，「須用」係改「固照」而衍生。

〔一二〕五百三十三人　原作「五百三十人」，諸本同。據長編卷二一、群書考索後集卷三六士門貢舉校補。

〔一三〕或　原作「四」，從上讀，再造本、文海本同。據長編卷二一、皇朝編年綱目備要卷三校改。

〔一四〕以　四庫等本長編卷二一作「亦」。

〔一五〕進士出身　李校：原脱「進」字，據長編卷二一補。汪按：再造本、文海本亦脱，皇朝編年綱目備要卷三則有「進」字。

〔一六〕樂史　原闕「樂」字，再造本、文海本同，據長編卷二一及本書上下文補。

〔一七〕明經　李校：長編卷二一作「明法」，是。汪按：再造本、文海本作「明經」，宋史卷四五六孝義傳則作「明法」。

〔一八〕郝士濬　再造本、文海本同，連同下文因交州戰失利被黜降之「郝士濬」，長編卷二一、太平治迹統類卷一太宗平交州均作「郝守濬」。查「郝士濬」僅在本書中出現過二次，而「郝守濬」在宋元文獻中曾多次出現，故本書字訛的可能性較大。但長編記太平興國五年七月郝守濬從征交州，六年正月受命河北治河，當年三月因交州失利黜降，八年十一月又因治河不利被黜降，令人懷疑所記郝守濬是否爲同一人，故未擅校改。

〔一九〕比部　原作「北部」，據再造本、文海本、長編卷二一校改。

〔二〇〕疆埸　原作「疆場」，據再造本、文海本校改。

〔二一〕虜　原作「衆」，據再造本、文海本及趙汝愚宋朝諸臣奏議卷一二九張齊賢上太宗論幽燕未下當先固根本回改。

〔二二〕禽之與屈總在術內爾　「禽」，文海本同，再造本、宋朝諸臣奏議卷一二九張齊賢上太宗論幽燕未下當先固根本作「擒」。「總」，再造本作「膝」、文海本作「綠」，張齊賢上太宗論幽燕未下當先固根本作「膝」。四庫本東都事略卷三二張齊賢傳所引亦作「擒」、「膝」。

〔二三〕歷年未補　原作「歷年未滿」，據再造本、文海本、長編卷二二校改。

〔二四〕田錫　原缺「田」字，再造本、文海本同，據長編卷二二及前後文補。

〔二五〕不敢封駁　「敢」，原誤作「過」，據再造本、文海本、長編卷二二校改。

〔二六〕皇子　原作「王子」。據再造本、文海本、長編卷二二、宋史卷二四四宗室傳校改。

〔二七〕赦宥之文　原作「赦宥之之文」，即衍一「之」字，據再造本、文海本、長編卷二二刪。

〔二八〕降情接納　「情」原作「請」，再造本、文海本同，據長編卷二三、皇朝編年綱目備要卷三、太平治迹統類卷三太宗聖政、曹彥約昌谷集卷一〇內引朝辭劄子第二校改。

〔二九〕契丹明扆死　「明扆」，再造本、長編卷二三、王稱東都事略卷一二三附録、文獻通考卷三四六四裔考均作「明記」。「明記」在長編卷一〇、卷二〇、卷二三多次出現，均不作「明扆」。而太平治迹統類卷三太宗聖政作「明扆」。遼史卷八景宗紀同。皇朝綱目編年備要卷三則作「明紀」。

〔三〇〕受任於外　「任」原作「仕」，據再造本、文海本、長編卷二四、皇朝編年綱目備要卷三、宋史卷一六八職官志等校改。

〔二一〕法殺　文海本同，再造本作「決殺」，較符宋人表述習慣。

〔二二〕斤澤　李校：原作「斥澤」，據長編卷二五改。下句「夜襲斥澤」同改。按：此地全稱當爲地斤澤。汪按：再造本、文海本作「斥澤」。宋史卷四太宗紀、卷四八五外國傳夏國及皇朝編年綱目備要卷三等均作「地斤澤」，李校是。

〔二三〕害群之馬　原作「害馬之馬」，據再造本、文海本、長編卷二六、劉安世盡言集卷一三應詔言事引會要校改。

〔二四〕中夜　原作「終夜」，從上讀，據再造本、文海本、長編卷二六、東都事略卷一五世家校改。

〔二五〕以上關於寇準一段文字，長編卷二六係注文，且辨其不然。本書改入正文，加以肯定，不詳所本。

〔二六〕陳閱軍事　再造本、文海本均作「陳閱軍士」，田錫咸平集卷一上太宗條奏事宜、宋朝諸臣奏議卷一四五田錫上太宗條奏事宜均作「揀閱軍人」。

〔二七〕虜　此「虜」與「夏四月」、「五月」條及「吕中曰」内共七「虜」字，原均作「敵」，據再造本、文海本回改。

〔二八〕判刑部　李校：原脱「判」字，據長編卷二七補。汪按：再造本、文海本均無「判」字。然李校似是，今從之。

〔三九〕虜　本月内三「虜」字及雍熙四年正月一「虜」字，原均作「敵」，據再造本、文海本回改。

〔四〇〕恨不能終於千畝　李校：原作「恨終於千畝」，句不通，據長編卷二九補。汪按：再造本、文海本均無「不能」。群書考索卷三五禮門同長編，李校是，今從之。

〔四一〕虎渡河　再造本、文海本同，吕中類編皇朝大事記講義卷四、黄庭堅全集正集卷一六筠州新昌縣瑞芝亭記均作「虎北渡河」。

〔四二〕吏胥不追擾則不必蝗出境　再造本、文海本同，「吏胥」，類編皇朝大事記講義卷四、宋黄文節公全集正集卷一六筠州新昌縣瑞芝亭記均作「里胥」。「蝗出境」，後兩書均作「蝗不入境」。

〔四三〕太宗　原作「太祖」，據再造本、文海本、宋大事記講義卷四校改。

〔四四〕大事記講義卷四「所以」後有「能」字。本書諸本皆無。

〔四五〕就按　原作「就接」，不文，再造本、文海本作「按」，長編卷二九作「案」，「按」、「案」兩字在此義同，今用「按」。

〔四六〕奏梁師成　再造本、文海本同，類編皇朝大事記講義卷五、清徐乾學資治通鑑後編卷一三引「吕中曰」作「奏梁師成」，差强。

〔四七〕常合爲一　再造本、文海本同，類編皇朝大事記講義卷五「常」作「當」。

〔四八〕類編皇朝大事記講義卷五、資治通鑑後編卷一三引「吕中曰」「然」後有「必」字。

〔四九〕呂　原作「品」，據再造本、文海本、長編卷二九校改。

〔五〇〕虜　「虜騎」之「虜」及本月下二「虜」字、端拱二年正月一「虜」字原均作「敵」，據再造本、文海本回改。

〔五一〕權臣之罪一也　再造本、文海本同，類編皇朝大事記講義卷五作「權臣大罪也」。

〔五二〕趙孚　原作「趙乎」，據再造本、文海本及長編卷二八趙孚奏校改。

〔五三〕威虜軍　原作「威勇軍」，再造本同，文海本模糊，據長編卷三〇、武經總要後集卷四故事校改。

〔五四〕虜　此「虜」及本段以下五個「虜」字、「富弼曰」内一「虜」字，原均作「敵」，據再造本、文海本回改。

# 宋史全文卷四

## 宋太宗二

庚寅淳化元年春正月戊寅朔，御乾元殿受册尊號，曲赦京城繫囚，改元。趙普以病免朝謁，疾篤，三上表致政。上不得已，以普爲西京留守兼中書令。

二月，國家因唐制，建昭文、史館、集賢院於禁中。昭文、集賢置大學士、直學士，史館置監修國史、修撰、直館，昭文亦置直館。集賢又有修撰、校理之職，名數雖異，而職務略同。賜諸路印本九經，令長史與衆官共閲之。登州二縣饑，詔賑之。

三月，詔尚書省四品、兩省五品以上每二人共舉常參官一人充轉運使，員外郎以上二人於京朝官内舉一人充知州、通判。自趙普罷，吕蒙正以寬簡居相位，辛仲甫從容其間，政事多決於王沔。沔聰察敏辯，善敷奏，有適時材用。然性苛刻，不以至誠待人，群官謁見，必甘言以啗之，皆喜過望，既而進退非允，人胥怨矣。

夏四月，夏州敗李繼遷。

五月，令刑部置詳覆官六員，專閲天下所上案牘，勿復遣鞫獄。置御史臺推勘官二十人，並以京朝官充。若諸州有大獄，則乘傳就鞫。辭日，上親諭曰：「無滋蔓，無留滯。」咸賜以裝錢。還，必召見，問以所推事狀，著爲彝制。凡滿三歲，考其殿最而黜陟之。國初錢文曰「宋元通寶」，又改鑄「淳化元寶」錢，上親書其文，作真、草、行三體。自後每改元，必更鑄，以年號、元寶爲文。

六月丙午，罷中元、下元張燈。

八月，令左藏庫籍所掌金銀器皿之屬，悉毀之。有司言，中有制作精巧者，欲留以備進御。上曰：「將焉用此，汝以奇巧爲貴，我以慈儉爲寶。」卒皆毀之。

冬十月，以錢若水爲祕書丞、直史館。若水初佐同州，有富民家小女奴逃亡，不知所之，女奴父母訟於州，命録事參軍鞫之。録事嘗貸錢於富民不獲，乃劾富民父子數人共殺女奴，棄尸於水中，遂失尸。罪皆應死。富民不勝拷掠，自誣服。若水獨疑之，留其獄，一旦詣知州，屏人言曰：「若水所以留其獄者，密使人訪求女奴，今得之矣。」知州驚曰：「安在？」若水因密送女奴於知州，乃垂簾，引女奴父母問曰：「汝今見女，識之乎？」對曰：「安有不識也。」即從簾中推出示之，父母泣曰：「是也。」乃引富民父子悉破械縱之。其人號泣不肯去，曰：「微使君賜，則某滅族矣。」知州欲爲之論奏其功，若水固辭曰：「若水求獄事正，人不冤死，其論功非本心也。且朝廷若以此爲若水功，當置録事何地耶。」知州歎服。上亦聞其名，會寇準薦若水文學高第，召試學士院，而命以同州觀察推官[一]。

十二月，時群臣升殿奏事者，既可其奏，皆得專達於有司，頗容巧妄。左正言、直史館謝泌請：「自今凡政事送中書，機事送樞密院，財貨送三司，覆奏而後行。」詔從泌請，遂著爲定制，中外所上書疏亦如之。

辛卯淳化二年春正月，置内殿崇班等職[二]。

二月，上修正殿，頗施彩繪。左正言、直史館謝泌上疏諫曰：「悉去彩繪，塗以赭堊。」賜泌金紫而遷之。泌謝曰：「陛下從諫如流，故臣得竭誠。如昔唐末有孟昭圖者，朝上疏諫，暮不知所在，如此安得不亂。」上動容久之。

閏二月辛未朔，日有食之。

三月，上以歲旱蝗，手詔吕蒙正等曰：「元元何罪，天譴如是，蓋朕不德之所致也。卿等於文德殿前築一臺，朕將暴露其上，三日不雨，卿等共焚朕以答天譴。」翌日而雨，蝗盡死。

五月，置諸路轉運使。

秋七月，上謂三司使李惟清等曰：「夫貨財所以濟用度，或取之不以其道，違朕惠養庶民之意，豈能召和氣乎。當共務均節，無致厚斂於下。」

八月，置審刑院於禁中。以樞密直學士李昌齡知院事，兼置詳議官六員。凡獄具上奏者，先由審刑院印訖，以付大理寺、刑部斷覆以聞，乃下審刑院詳議申覆，裁決訖以付中書。當者即下之，其未允者，宰相復以聞。始命論決。

九月，上嘗謂近臣曰：「屢有人言儲貳事，朕頗讀書，見前代治亂，豈不在心目。蓋諸子沖幼，未能成人之性。所命僚屬，悉擇良善之士，至於臺隸輩，朕亦自揀選，不令姦險巧佞在其左右。讀書、聽書，咸有課程。待其成長，自有裁制。何言事者未諒此心耶。」於是，度支判官宋沆等五人伏閤上疏，請立許王元僖爲皇太子，詞意狂率。上怒甚，將加竄殛，而沆又吕蒙正之妻族，蒙正罷爲吏部尚書，以李昉、張齊賢同平章事。庚子，以王化基爲御史中丞，獻澄清略言五事：其一復尚書省，曰：「國家立制，動必法天。尚書省上應天象，對臨紫垣，六卿擬喉舌之官，郎吏應星辰之位。夫三司使額，乃近代權制，請廢三司，止於尚書省設六尚書分掌其事。」其二曰謹公舉。其三曰懲貪吏。其四曰省冗官。以爲「州郡設監臨事務，朝官及使臣等數倍於舊，乞行裁減」。其五曰擇遠官。上嘉納其言。以樞密副使張遜知樞密院事，温仲舒、寇準同知院事。知院之名自此始。

十月，翰林學士承旨蘇易簡續翰林志二卷以獻，上嘉之，賜詩二章，紙尾批云：「詩意美卿居清華之地也。」易簡願以所賜詩刻石，昭示無窮。上復爲真、草、行三體書書其詩，命刻之。因遍賜近臣。又飛白書「玉堂之署」四大字，令中書召易簡付之，牓於廳額。上曰：「此永爲翰林中美事。」易簡曰：「自有翰林未有如今日之榮也。」左諫議大夫韓丕起寒素，以沖淡自處，不奔競於名官，上嘉重之，命丕守本官知制誥，爲翰林學士。

十一月，詔自今内殿起居日，復令常參官兩人次對，閤門受其章。知制誥范杲數致書宰相，求入翰林爲學士，獻玉堂記請備其職。上惡其躁競，終不使居内署，出知濠州。以知制誥畢士安爲翰林學士。初，執政欲用右諫議大夫張洎，因對言：「洎文學久次，不在士安下。」上曰：「極知洎文學資任不下士安，第德行不及耳。」執政乃退。

呂中曰：翰苑之官〔三〕，一文章之士爲之足矣。然范杲以躁競不與〔四〕，張洎以乏德行不與，郭贄以乏時望不與。蓋翰苑乃儲才之地，豈可輕授哉。異時楊億不草册后之制〔五〕，劉筠不草相謂之制〔六〕，則我朝涵養培植之功亦多矣。

上以入閤舊圖，承五代草創，禮容不備。於是命史館修撰楊徽之等討論故事，乃別爲新圖。十二月朔，遂行其禮於文德殿。蘇易簡於本院會韓丕、畢士安、李至、楊徽之、梁周翰、柴成務、呂佑之、錢若水、王旦、潘謹修、王著、呂文仲等觀御飛白書「玉堂之署」四字並三體書詩石。上聞之，賜上尊酒，太官設盛饌，至等各賦詩以記其事。宰相李昉、張齊賢、參知政事賈黄中、李沆亦賦詩以貽易簡，易簡悉以奏御。上謂宰相曰：「蘇易簡以卿等詩什來上，斯足以見儒墨之盛、學士之貴也。」女真言契丹絶其朝貢之路，請擊之，詔不許。其後遂歸契丹。

呂中曰：夷狄之自相攻，乃中國之利，而中國使夷狄攻夷狄，則夷狄得以要功於中國矣。以女真之請伐契丹，太宗猶不之許，宣和乃航海通女真以伐契丹，是何不度德不量力耶。

壬辰淳化三年春正月，令常參官各舉京官一人充升朝官。令宰相以下至御史中丞，各舉朝官一人爲轉運使。又詔所舉京官，除三司、三館職事官已升擢者不在薦論，其有懷才外任、未爲朝廷所知者，方得奏舉。詔：「諸道轉運使自今釐革庶務，平反獄訟，漕運金穀，成績居最，及有建置之事果利於民者，所在州、府、軍、監每歲終件析以聞，非殊異者不得條奏。」

二月乙丑朔，日有食之。鹽鐵使魏羽言：「諸州茶鹽主吏多負官課，請行決罰。」上曰：「當案問其實。若水旱災沴致官課虧失者，非可加刑也。帝王者，爲天下主財爾。卿等司計，當以公正爲心，無事割削，勿令害民而傷和氣焉。」

三月，上御崇政殿，覆試合格進士。先是，胡旦、蘇易簡、王世則、梁顥、陳堯叟皆以所試先成擢上第，由是士争習浮華，尚敏速。或一刻數詩，或一日十賦。將作監丞莆田陳靖上疏，請糊名考校，以革其弊。上嘉納之。於是，召三省兩館文學之士，始令糊名考校，第其優劣以分等級。内出卮言日出賦題，試者駭異，不能措詞，相率扣殿檻上請。會稽錢易時年十七，日未中所試三題皆就。言者指其輕俊，特黜之，得汝陽孫何以下凡三百二人，並賜及第，五十一人同出身。上諭之曰：「爾等各負志業，中我廷選，效官之外，更勵精文翰，勿墜前功也。」辛丑，又覆試諸科，擢七百八十四人，並賜及第，百八十人出身。就宴錫御製詩三首、箴一首。上謂宰相曰：「天下至廣，藉群材共治之。今歲登第者及千餘人，皆朕所選擢。此等但能自檢情美，替而歸則馴致亨衢，未易測也。」時詔刻禮記儒行篇賜近臣及京官受任於外者，並以賜何等，令爲座右之誡。初，内殿策士，例賜御詩以寵之。至陳堯叟，始易以箴，用敦勉勵。暨孫何，則詩、箴並賜，時論榮之。上復命醫官集太平聖惠方一百卷，以印本頒天下。

夏五月，上以久愆時雨，憂形於色，謂宰相曰：「亢陽滋甚，朕懇禱精至，並走群望，而未獲嘉應者，豈非四方刑獄有冤濫、郡縣吏不稱職、朝廷政治有所闕乎？」因遣常參官十七人，分詣諸路按决刑獄。己酉，雨。宰臣相率稱賀。上曰：「朕孜孜求理，視民如傷，内省於心，無所負矣。而久愆時雨，蓋陰陽之數也。朕所憂者，在獄吏舞文巧詆，計臣聚斂掊克，牧守不能宣布詔條，卿士莫肯修舉職業爾。」李昉、張齊賢及賈黄中、李沆慚懼拜伏，退上表待罪。上曰：「中書庶務，卿等尤宜盡心也。」昉等復上表稱謝焉。

六月，有蝗自東北來，蔽天經西南而去。上謂宰相曰：「朕素不識此蟲，群飛而過，其勢甚盛，必能害及田稼，朕憂心如擣。」亟遣人馳詣所集處視之，卿等何策可去？」悉對曰：「蟲螟因旱乃生，頻雨則不能飛，爲災與否，亦係歲時。聖心焦勞，憂念黎庶，固當感通天地，臣等職在調燮，伏增慚懼。」是夕大雨，蝗盡殪。時京畿大穰，物價至賤。辛卯，遣使臣於京城四門增價以糴，令有司虚近倉以貯之，命曰常平，以常參官領之。俟歲饑則減價糶與貧民，遂爲定制。

吕中曰：常平者欲其常，常而使平也。然領以常參官，則其終不免有州縣移用之弊。至于景德，始以司農領之，稍重其權矣。然出入之時，由縣而州，由州而提刑，由提刑而司農，文移回報動涉累月，不免有失時之憂。此所以啓王安石置提舉之官也。豈知提舉官置而青苗行、倉法壞矣。

秋七月朔，置三司都勾院，命右諫議大夫張佖判之。乙巳，太師、贈尚書令、真定忠獻王趙普卒。上聞，謂近臣曰：「普事先帝與朕，最爲故舊，能斷大事。向與朕嘗有不足，衆人所知，朕君臨以來，每待以殊禮，普亦傾竭自效，盡忠國家，社稷臣也。」

呂中曰：趙中令欲決大事，則讀論語一書至終日。李文靖亦嘗曰〔七〕：爲宰相，如「節用愛人，使民以時」兩句，終身行之。聖人之言，其有益於人也如此。一論語也，張禹以之而誤成帝，何晏以之而禍西晉，書惟在人善用耳。

大事記曰：諫北伐一疏，有以沮貪功之輩；論彗星一疏，有以破諂諛之言。而以上親決庶獄，察見隱微，相率稱賀，則近於諛。令李符告廷美怨望，則近於訐矣。然能推呂蒙正之晚輩，稱呂端之爲台輔器，皆得其用。蒙正質厚寬簡，記人才於夾袋之中，薦人可使朔方，三問而三不易，百官皆稱其職。呂端持重識大體，鎖王繼恩於閣內，而大計以定。真宗即位，捲簾升殿審視，然後降拜，其膽略如此。此皆得人之效也。

八月，詔徵終南山隱士种放，辭以疾不至。放以肄習爲業，學者多從之。詔使徵之，其母恚曰：「常勸汝勿聚徒講學，果爲人知，不得安處。」放遂稱疾不起。上喜其高節，不奪其志。

九月，群臣奉表加上尊號曰「法天崇道明聖仁孝文武」。上曰：「但時和歲豐，萬姓阜康，朕之願也。溢美之號，亦何尚焉。」凡五上表，終不許。上幸祕閣觀書，賜從臣及直館閣官飲，既罷，又命皇城使王繼恩召馬步軍都虞候傅潛、殿前都指揮使戴興等宴飲，縱觀群書。上意欲使武將知文儒之盛也。

冬十月，詔：「諸道知州、通判、釐務京朝官、令録判司簿尉等，有治行尤異、吏民畏服、居官廉恪、莅事明敏、鬬訟衰息、倉廩盈羡、寇盜剪滅、部内肅清者，委本道轉運使以名聞，並驛置赴闕，親問其狀，旌賞之。反此者亦具奏，當行貶斥。」上慮中外官吏清濁混淆，莫能甄别，命户部侍郎王沔、度支副使謝泌〔八〕、祕書丞王仲華同知京朝官考課，吏部侍郎張宏、户部副使高象先、膳部員外郎范正辭同知幕職州縣官考課，號曰磨勘院。

呂源曰：太平興國六年九月，詔應京朝官將命出入，及滿受代歸闕者，宜令中書舍人郭贄、膳部郎中知雜滕中正、户部郎中雷德驤同考校勞績，及銓量材器，候外任有闕，中書下其名，類能以授之。至雍熙二年五月，命御史中丞劉保勳，十月，命右諫議大夫雷德驤，皆同知京朝官考課。太宗謂宰相曰：「朕前者於班籍欲選一人爲河北轉運使，而臣僚既衆，不能盡識，亦不知其履行。自令德驤具臣僚歷任功過之迹，引對取旨，既得漸識群臣，可以擇才委任，且使有官業者樂於召對，負瑕累者恥以顧問，懲惡勸善，於是在焉。」至淳化三年，又命王沔等，既以前政預選建言：「應京朝官殿犯，令刑部件供報，以贓私公罪分三等。又京朝官所陳歷任殿最，敢有隱没漏落者，並除籍爲民。刺問有司而受請託，隱蔽其殿罰不以報者，同其罪。」初，沔罷參知政事，捧詔求見上，涕泣不願離左右，遂委以同知京朝官考課。條奏節目，自謂清真，希求再用，物論甚諱。又以御史中丞王化基同知考課。王沔、張宏皆故輔，以至中憲雜端，皆任以此，而初降詔旨考校勞績，銓量才器，然後引對。是太宗建此一司，而人君黜陟之所繫〔九〕。

十一月，禮儀使蘇易簡上言曰：「聖朝親祀圜丘，以宣祖侑神作主。此則符聖人大孝之道，成嚴父配天之儀。恭惟太祖皇帝光啓丕圖，以聖授聖，謹按唐永徽中，以高祖、太宗同配上帝，望將來親祀郊丘，奉宣祖、太祖同配。其常祀，孟春祈穀、孟冬神州、季秋大享以宣祖崇配，冬至圜丘、夏至皇地祇、孟夏雩祀以太祖崇配。」詔從之。分左藏庫爲左右藏各二庫，右藏受之，左藏給之，俟右藏既盈，即復以給。

癸巳淳化四年春正月朔，親享太廟。辛卯，合祭天地於圜丘，以宣祖、太祖升配。

二月，以磨勘京朝官院爲審官院，幕職州縣官院爲考課院。時金部員外郎謝泌言，磨勘之名非典訓也，故易之。

富弼曰：太宗初置京朝官磨勘院，以考其功過，定其殿最而升降之。差遣院以括其遠邇，別其次序，而任使之。則是磨勘之設，專責實效。今之審官曰掌簿書〔一〇〕、定先後之次，一吏之職耳。升降黜陟蓋無預焉。失審官求賢之意矣。

有司言油衣帟幕破損者數萬段，欲毀棄之。上令煮浣，染以雜色，刺爲旗幟數千，以示宰相。李昉等奏曰：「陛下萬機之外，聖智高遠，事無小大，咸出意表，天生五材，陛下兼而用之，物有萬殊，陛下博而通之。雖在細微，無所遺棄，固非臣等智慮所及。」

三月，初，何承矩至滄州，即建屯田之議。會臨津令黃懋亦上書，請於河北諸州興作。乃以承矩爲制置河北緣邊屯田使，以懋爲大理寺丞充判官，發諸州鎮兵萬八千人給其役。是年八月，稻熟。始承矩建水田之議，沮之者頗衆。既而種稻又不熟，群議益甚，幾罷其事。及是，承矩載稻穗數車，遣吏部送闕下，議者乃息。自是葦蒲蠃蛤之饒，民賴其利。

吕中曰：國家初都河南，則以河北爲藩籬，藩籬固則門户固矣。此富弼因契丹議地所以請備河北也。自慶曆、熙寧以後，朝廷備禦之，具常詳於西、略於北。西戎雖無警而常嚴備以待之，北狄之隙稍平則上下晏如也。河北、陝西皆宿重兵，而西師獨强者，非西强於北，蓋西戎嘗有康定之叛，故其動則禦之，静則防之。又自熙寧、紹聖、元豐、崇寧皆用兵於西師，獨冠天下，北狄爲金繒所啗，日月既久而和好如故，河北之備稍緩，所以啓女真深入之謀也。

五月，詔：「諸道轉運副使、知州、通判、知軍監等，各於所部見任職幕州縣官内，舉吏道通明及儒術優茂者各一人。」丙午，張洎赴翰林。上謂近臣曰：「學士之職清切貴重，非他官可比，朕常恨不得爲之。」廢京朝官差遣院，令審官院總之。錢若水、劉昌言同知審官院，考覆功過，以定升降，皆其職也。又以蘇易簡、王旦等同兼知考課院。凡常調選人流内銓主之，奏舉及歷任有殿最者，考課院主之。併吏員而省司局，議者咸以爲當。從易簡之請也。戊申，詔罷鹽鐵、度支、户部等使，三司但置使一員、判官六員、推官三員，從馬應昌之議也。以鹽鐵使魏羽判三司。

六月，以柴禹錫爲宣徽北院使、知樞密院事，劉昌言爲右諫議大夫、同知院事，右諫議大夫、樞密直學士呂端守本官參知政事。命魏庠、柴成務同知給事中事。凡制敕有未便，宜準故事封駁以聞。

七月，先是，上召廣南轉運使向敏中歸闕，擢工部郎中。一日，御筆飛白書敏中及虞部郎中張詠姓名付宰相，曰：「此二人，名臣也，朕將用之。」左右因稱其材。己酉，並命爲樞密直學士。蘇易簡直禁中，以水試欹器，屬小黄門宣事密奏，而不識其名。及晚朝，上曰：「卿所玩得非欹器耶。」易簡曰：「然。乃江南徐遊所作。」即取至便坐，上親較試，再三嗟賞。易簡進曰：「臣聞日中則昃，月滿則虧，器盈則覆，物盛則衰，願陛下持盈守成，慎終如始，固萬世基業，則天下幸甚。」通進、銀臺司舊隸樞密院，凡内外奏覆文字必關二司，然後進御。向敏中上言：「臺司多受遠方疏不報，恐失事機。請別置局署，命官專莅，以防壅遏。」從之。詔以宣徽北院廳事爲通進銀臺司，命敏中及張詠同知。二司公事，凡内外章奏案牘，謹視其出入而勾稽焉。月一奏課，事無大小，不敢有所留滯矣。發敕司舊隸中書，尋令銀臺司兼領之。

九月，以給事中封駁隸通進銀臺司，應詔敕並令向敏中、張詠詳酌可否，然後行下。時張永德爲并代都部署，有小校犯法，永德笞之至死。詔按其罪。詠封還詔書，且言永德方任邊寄，若以一小校故摧辱主帥，臣恐下有輕上之心。不從。未幾，果有營兵脅訟軍候者，詠復引前事爲言。上改容勞之。

呂中曰：自張詠封還詔書，而後之爲給事中者始敢於封駁。自田錫奏議鯁直，而後之任言責者始敢於盡言。講官振職自孫奭始，三司振職自陳恕始。人才雖盛於景德、慶曆之時，而實胚胎涵育於今日耳。

秋七月，初，雨至是不止，廬舍多壞。上以陰陽愆伏，罪由公府，切責宰相李昉及參知政事賈黄中、李沆曰：「卿等盈車受俸，豈知野有餓殍乎。」昉等慚懼拜伏。黄中出語人曰：「當時但覺宇宙小，一身大，恨不能入地耳。」

冬十月，尚書左丞張齊賢出知定州。齊賢自言：「母孫氏年八十五，抱羸疾，不願離左右。」上憫然許之。齊賢在相位時，母入謁禁中，上嘆其壽考，有令子，多賜手詔存問，别加錫與，搢紳以爲榮。齊賢尋遭母喪，水漿不入口者七日。自是日啖粥一器，終喪止食脱粟飯。先是，大名府豪民有峙芻茭者，將圖厚利，誘姦人潛穴河隄，歲仍決溢。

知府事趙昌言命徑取豪家廩積以供用，由是無敢爲姦利者。屬河決澶州，浸府城，昌言索禁旅佐其役。或偃蹇不進，昌言怒曰：「府城將墊，人民且溺，汝輩食厚禄，欲坐觀耶。敢不從命者斬。」衆股栗趨事，不浹辰而城完。上嘉之，降璽書奬諭。自端拱以來，諸州司理參軍皆上躬自選擇，民有詣闕稱冤者，立遣臺使乘傳案鞫，諸路提點刑獄司未嘗有所平反，詔悉罷之，歸其事於轉運司。右僕射平章事李昉、給事中參知政事賈黄中李沆、左諫議大夫同知樞密院事温仲舒並罷守本官。以吏部尚書吕蒙正守本官平章事。蒙正初爲相時，金部員外郎張紳知蔡州，坐贓免。或言於上曰：「紳，洛中豪家，安肯受賕，乃蒙正未第時丐索於紳，不能如意，致其罪耳。」上即命復紳官，蒙正終不自辨。未幾，罷相。會考課院得紳舊事實狀，乃黜之。於是蒙正復爲相。上謂曰：「張紳果實犯贓。」蒙正亦不謝。翰林學士承旨蘇易簡爲給事中、參知政事。易簡由知制誥爲學士，年未滿三十，在翰林八年，特受人主之遇，夐絶倫等。李沆後入，在易簡下，及先參政，乃以易簡爲承旨，錫賚與參政等。上意欲遵舊制，遂正台席，且俟稔其名望。而易簡以親老急於進用，因召見，頗言時政闕失。沆等罷，即命易簡代之。易簡母薛氏入禁中，上命之坐，問何以教子，遂成令器。對曰：「幼則束以禮讓，長則訓以詩書。」上顧左右曰：「今之孟母也。非此母不生此子矣。」以樞密都承旨趙鎔爲宣徽北院使，樞密直學士向敏中爲左諫議大夫，並同知樞密院事。丁丑，以趙昌言爲給事中、參知政事。京畿民牟暉擊登聞鼓，訴家奴失猳豚一。詔令賜千錢償其直。因語宰相曰：「似此細事，悉訴於朕，亦爲聽決，大可笑也。然推此心以臨天下，可以無冤民矣。」

［閏十月丙午］上曰：「清静致治，黄、老之深旨也。夫萬物自有爲，以至於無爲，無爲之道，朕當力行之。至如汲黯卧治淮陽，宓子賤彈琴治單父，此皆行黄、老之道也。」呂蒙正曰：「老子稱治大國若烹小鮮，夫魚撓之則潰，民撓之則亂。今之上封事議制置者甚多，陛下漸行清静之化以鎮之。」上曰：「朕不欲塞人言，狂夫言之，賢者擇之，古之道也。」

十一月朔，日南至。御朝元殿受朝。上孜孜爲治，每旦御長春殿受朝，聽政罷，即御崇政殿決事，比至日中，尚未御食。謝泌上言：「請自今前殿聽政畢，且進食，然後御便殿決事。」上不答，嘗謂左右曰：「寸陰可惜。苟終日爲治，百年之内，亦無幾爾，可不勉乎。」

十二月，初，殿中丞梁鼎知吉州，民有蕭甲者，豪猾爲民患。鼎暴其凶狀，杖脊、黥面，徙遠郡。上賞其强幹，代還，賜緋魚，特以犀帶賜之，且記其名於御屏。於是，爲三司右計判官。

甲午淳化五年春正月朔，上製元旦除夕詩各二章，賜近臣，俾之屬和。上語蒙正曰：「夫否極則泰，物之常理。晉、漢兵亂，生靈凋喪殆盡。周祖自鄴南歸京城，士庶皆罹掠奪，當時謂無復太平日矣。朕躬覽庶政，萬事粗理，每念上天之貺，致此繁盛，乃知理亂在人。」蒙正避席曰：「乘輿所在，士庶走集，故繁盛如此。臣嘗見都城外不數里，饑寒而死者甚衆，未必盡然，願陛下視近以及遠，蒼生之幸也。」上變色不言，蒙正侃然復位，同列咸多其抗直。他日，上欲遣人使朔方，諭中書選才而可責以事者。蒙正退，以名上。上不許。他日又問，復以前所選對，上亦不許。他日又問益急，蒙正終不肯易其人。上怒，投其奏書於地曰：「何太執耶。必爲我易之。」蒙正徐對曰：「臣非執，蓋陛下未諒爾。」因固稱：「其人可使，餘不及。臣不欲用媚道妄隨人主意，以害國事。」同府皆惕息不敢動〔一〕，蒙正搢笏俛而拾其書，徐懷之而下。上退謂親信曰：「是翁氣量我不如。」既而卒用蒙正所選。復命，大稱旨。上於是益知蒙正能任人，而嘉其有不可奪之志。

呂中曰：古之君子有志天下者，莫不以致天下之賢爲急。故必旁咨博採，取之於無事之時，而劇煩治劇，用之於有事之日。呂文穆之薦人可使朔方，所以三問而三不易者，蓋其夾袋有冊子，每四方人謁見，必問其有何人才，隨即疏之。故朝廷求賢，取之囊中而已。此謂舉爾所知，爾所不知，人其捨諸。

李順據成都，僭號大蜀王，四出侵掠，北抵劍關，南距巫峽，郡邑皆被其害焉。靈州及通遠軍皆言趙保吉攻圍諸堡寨，侵掠居民，焚積聚。上聞之怒，命李繼隆爲河西兵馬都部署，尹繼倫爲都監，以誅保吉。甲戌，上始聞李順攻劫劍南諸州，命王繼恩爲西川招安使，率兵討之。軍事委繼恩，制置不從中覆。吏部尚書宋琪上書言邊事曰：「臣頃任延州節度使判官〔二三〕，經涉五年，雖未嘗躬造夷落，然常令蕃落將和斷公事，歲無虛月，戎夷之事熟於聞聽。長興四年，夏州李仁福死，有男彝超擅稱留後，當時詔延州安從進與李彝超換鎮，彝超據夏州固不奉詔。臣又聞党項號爲小蕃，非是勍敵，若得出山布陣，止勞一戰，便可蕩除。深入則饋運艱難，窮追則窟穴幽邃。莫若緣邊州郡分屯重兵，俟其入界侵漁，方可隨時掩擊。非惟養勇，亦足安邊。凡烏合之徒，勢不能久，利於速鬬以騁兵鋒，莫若持重守疆，以挫其鋭。彼無城守，衆乏糇粮，威賞不行，部族分散，然後密令覘其保聚之處，預於麟、府、鄜、延、寧、慶、雲、武等州約期會兵，四面齊進，絶其奔走之路，合勢擊之，可以剪除無噍類矣。仍先告諭諸軍，擊賊所獲生口資畜，許爲己有。如此，人百其勇也。」奏入，上密寫其奏，令李繼隆、王繼恩等擇利而行。

二月朔，上始聞成都陷，召宰相謂曰：「豈料賊勢猖獗如此。」遂命勤州刺史王果帥兵趨劍門，崇儀使尹元帥兵由峽路以進，並受王繼恩節度。李順分遣數千衆北攻劍門，成都監軍宿翰領麾下投劍門，與都監上官正兵合，遂迎擊賊衆，大破之，斬馘幾盡，餘三百人，奔還成都。順怒其驚衆，悉命斬於城東門外。初，考功郎中姚坦爲益王府翊善。坦好直諫，王嘗作假山，召僚屬置酒共觀之。衆皆褒歎其美，坦獨俛首不視。王强使視之，坦曰：「但見血山，安得假山。」王驚問其故，對曰：「坦在田舍時，見州縣督税，上下相急剥，里胥臨門捕人，父兄子弟送縣鞭笞，血流滿身，愁苦不聊生。此假山皆民租賦所出，非血山而何。」時上亦爲假山未成，有以坦言告於上者。上曰：「傷民如此，何用山爲。」命亟毁之。王每有過失，坦未嘗不盡言規正。宮中自王以下皆不喜，左右乃教王稱疾不朝。上日使醫視之，逾月不瘳，上甚憂之，召王乳母入宮，問王疾增損狀。乳母曰：「王本無疾，徒以翊善姚坦檢束王起居，不得自便，王不樂，故成疾爾。」上怒曰：「吾選端士爲王僚屬者，固欲輔佐王爲善爾。今王不能用規諫，而又詐疾，欲使朕逐去正人以自便，何可得也。且王年少，未知出此，必爾輩爲之謀耳。」因命捽至後園，杖之數十，召坦慰諭之曰：「卿居王宫，爲群小所嫉，大爲不易。卿但能如此，無患讒言，朕必不聽也。」

吕夷簡曰：愛憎之不察，爲害深矣。妺喜惡鄂侯，讒於桀而脯之。妲己惡比干，讒於紂而剖之。驪姬惡申生，譖於獻公而殺之。靳尚惡屈原，譖於楚而逐之。絳、灌惡賈誼，譖於文帝而疏之。甚者李林甫譖殺太子、二王及其朝臣韋堅、李邕輩，又逐太子妃韋氏、良娣杜氏。嗚呼，愛憎之不察，爲害如此。且小人之心險如山川，毒如豺虎，微失其意，則無所不至，人君不能明之則譖人得行，善人罹患，可爲痛惜者也。太宗明宫人之詐計，知姚坦之見憎，雖堯、舜之聰明，殆不過是。

三月，以大理評事陳舜封爲殿直。舜封父爲伶官，舜封舉進士及第，任望江主簿。轉運使言其通法律，宰相以補廷尉。屬因奏事，言辭頗捷給，舉止類倡優，上問誰之子，舜封自言其父。上曰：「此宰相不爲國家澄汰流品之所致也。」遂命改秩。趙保忠聞李繼隆將兵來誅趙保吉，乃先擄其母及妻子卒吏避野外，上言已與保吉解仇，乞罷兵。上怒，命繼隆移兵擊保忠，保忠反爲保吉所圖，夜襲保忠帳，保忠僅以身免，走還城中。初，保忠遣趙光嗣入貢，光嗣頗輸誠款，遷禮賓副使。保忠既還，光嗣執之。丁丑，開門納王師。繼隆入夏州擒保忠，檻送闕下，保吉引衆遁去。

四月，詔以趙光嗣爲夏州團練使，削保吉所賜姓名復爲李繼遷。上以夏州深在沙漠，本奸雄竊據之地，欲隳其城。因問宰相建置之始。吕蒙正等曰：「自赫連築城以來，頗與關右爲患，若遂廢毁，萬世之利也。」乙酉，詔隳夏州故城，遷其民於綏、銀等州，分以官地給之。

［五月］丁巳，王繼恩至成都，擒賊帥李順及僞樞密使計詞、吴文賞等。丙寅，趙保忠至自夏州。丁卯，以保忠爲右千牛衛上將軍，封宥罪侯。戊寅，御書一幅曰：「公務刑政，惠愛臨民，奉法除奸，方可書爲勞績。本官月俸並給實錢。」又別書三十餘幅，賜大理正尹玘等，人一通。召知審官院錢若水等謂曰：「中有奉法除奸之語，恐不曉者因而生事，可語之曰：除奸之要在乎奉法。故有是言也。」若水出召尹玘等一一諭之。

（五月）王繼恩之克劍州也，馬知節實爲先鋒。繼恩惡知節不附己，遣守彭州，配以羸兵三百，彭之舊卒悉召還成都。賊十萬衆攻城，知節率兵力戰，自寅至申，衆寡不敵，士多死者。逮暮，慨然嘆曰：「死戰乎，非壯夫也。」即橫槊潰圍而出，休於郊外。黎明，救兵至，遂鼓譟以入，賊衆敗去。上聞而嘉之，授益州鈐轄。

王繼恩拔成都，而郭門十里外猶爲賊黨所據。僞帥張餘復嘯聚萬餘衆攻陷嘉、戎、瀘、渝、涪、忠、萬、開八州，開州監軍秦傳序死之。六月，其子奭泝峽求其父尸，比至夔州，船覆而死，世以父死於忠，子死於孝。奏至，上嗟惻久之，録傳序次子煦爲殿直。

高麗國王治遣使來乞師，言契丹侵掠其境上。以夷狄相攻蓋常事，秋七月，厚禮其使而歸之。高麗自是絶不復朝貢矣。

八月，殿中丞李虛己上表獻詩，自陳祖母年八十餘，喜聞其孫申循吏之目。上喜甚，賜以五品服，改知遂州，賜錢五十萬以遺其祖母。翌日，對宰相言曰：「已與五十緡。」呂蒙正曰：「前所賜蓋五百緡。」上曰：「此誤也。然不可追。」虛己純孝篤謹，家極貧，雖一時誤恩，人以爲殆天賜也。以劍南招安使、昭宣使王繼恩爲宣政使、順州防禦使。先是，繼恩有平賊功，中書建議欲以爲宣徽使。上曰：「朕讀前代書史多矣，不欲令宦官干預政事，宣徽使，執政之漸也。」因命翰林學士張洎、錢若水議别立宣政使名，序立在昭宣使上以授之。

九月，李繼遷竄於漠北，遣其弟延信奉表待罪，且言違叛事出保忠，願赦勿誅。上喜，召見延信，面加慰撫，錫賚甚厚。壬申，以襄王元侃爲開封尹，改封壽王。上謂壽王曰：「夫政教之設，在乎得人心而不擾之耳。得人心莫若示之以誠信，不擾之無如鎮之以清静。推是而行，雖虎兕亦當馴狎，况於人乎。書云：撫我則后，虐我則仇，信哉斯言也。爾宜誡之。」以左諫議大夫寇準參知政事。上因謂宰相呂蒙正曰：「寇準臨事明敏，今再擢用，想益盡心。朕嘗諭之以同德者事皆從長而行，則上下鮮不濟矣。」上以蜀寇漸平，下詔罪己。初，命錢若水草詔，既成進御，上笑曰：「朕爲卿潤色，可乎？」因命筆親竄數字，皆引咎深切，尤爲精當。詔辭略曰：「朕委任非當，燭理不明，致彼親民之官，不以惠和爲政，筦榷之吏，唯用刻削爲功。撓我蒸民，起爲狂寇。」又曰：「念兹失德，是務責躬，改而更張，永鑒前弊。而今而後，庶或警余。」先是，蘇易簡薦張詠可屬西川事。詔詠知益州。於是始命赴部。上曰：「西川亂後，民不聊生。卿當以便宜從事。」是月，張詠始至益州。先是，陝西課民運粮以給蜀師者，相屬於路。詠亟問城中所屯兵數，凡三萬人，而無半月之食。詠訪知民間舊苦鹽貴，而私廪尚有餘積。乃下鹽價，聽民得以米易鹽，民争趨之，未踰月得米數十萬斛，軍士驩言前所給米皆雜糠土，不可食，今一一精好，此翁真善幹國事者。詠聞喜曰：「吾令可行矣。」時四郊尚多賊壘，王繼恩日務宴飲，官支芻粟飼馬，詠但給以錢，繼恩怒，詠曰：「公今閉門高會，芻粟何從而出。若開門擊賊，何慮馬不食粟乎。」繼恩乃不敢言。繼恩嘗送三十餘輩請詠治之，詠悉遣令歸業。繼恩怒，詠曰：「前日李順脅民爲賊，今日詠與公化賊爲民，何有不可哉。」詠計軍食可支二歲，乃奏罷陝西運粮。上喜曰：「鄉者益州日以乏粮爲請，詠至未久，遂有二歲備。此人何事不能了，朕無慮矣。」

呂中曰：莫難於除盜，尤莫難於盜已去之後。故既命繼恩以討之，復命張詠以撫之，始威終惠，兩得之矣。抑繼恩宦者，使之掌兵，得無蹈李唐之弊政耶〔三〕。然繼恩雖有功而不敢驕，雖不與宣徽而不敢怨，太宗蓋有以處之也。其與童貫握重兵在外，而朝廷無以制之之道異矣。使當時不知所以制之，愚恐無夷狄之驕，亦必有宦官之禍矣。

十一月，上遣張崇貴持詔諭李繼遷。先是，翰林學士錢若水撰賜趙保忠詔云：「不斬繼遷，存狡兔之三穴；潛疑光嗣，持首鼠之兩端。」上大喜，謂若水曰：「此四句正道着我意。」及是，又草賜繼先詔，略曰：「既除手足之親，已失輔車之勢。」上御筆批其後云：「依此詔本。極好。」若水家因寶藏之。丁卯，大雨雪，群臣稱賀。

十二月戊寅朔，司天言日當食。至是，陰雪蒙蔽，自旦及中而散。群臣稱賀，賀日不食，蓋始此。王繼恩御軍無政，張詠恐軍還日或有意外之變，乃密奏請遣腹心近臣可以彈壓王師者，亟來分屯師旅。

乙未至道元年春正月朔，德音改元。度支判官陳堯叟、梁鼎上言：「請於陳、許、鄧、潁暨蔡、宿、亳至於壽春，用水利墾田，必可致倉廩充實，省江淮漕運。」上覽奏嘉之，即遣皇甫選、何亮往諸州按視，經度其事。契丹大將韓德威誘党項自振武入寇，永安節度使折御卿率輕騎邀擊之，大敗其衆於子河汊，遣使奏捷。上謂左右曰：「朕常誡邊將勿與爭鋒，待其深入，則分奇兵以斷其歸路，從而擊之，必無遺類也。今果如吾言。」初，趙贊自京兆罷歸，以贊爲度支都監。有鄭昌嗣者，與贊親比，累遷鹽鐵都監。二人既得聯職，恣所爲皆不法。詔削奪贊官爵，並一家配隸房州，昌嗣責授唐州團練副使。既行數日，並以所在賜死，中外莫不稱快。諸州奏案，頗有官典盜用庫物者，上謂近臣曰：「夫人之善惡在乎原情，假如官典私竊軍物，雖至鉅萬，止一盜爾，亦何害於民政哉。若黨庇憸人，稔成奸惡，以兹蠹政，其爲盜大矣。」

二月甲申，命宰相及群官分於京城寺觀禱雨。又命中使分祀五嶽。故事，御署祝版，王禹偁請自今更不御署。上曰：「朕爲萬民祈福，桑林之禱猶無所憚，至於親署，又何損乎。」

三月[丁未]朔〔一四〕，詔以官倉菽數十萬石貸京畿及内郡民爲種。有司請量留以供國馬，上曰：「時雨既降，土膏初起，民無種則不能盡地利，但竭廩以給之，至秋有百倍之獲。國馬食以芻藁可矣。」庚申，詔：「諸路轉運司告諭部下幕職、州縣官等，應公私利害，並許上言，附傳置以聞，送中書舍人閱視可否。」己巳，上令衛士數百輩射於崇政殿庭，召張浦觀之。先是，李延信還，上賜李繼遷勁弓三，皆力及一石六斗。繼遷意上欲威示戎狄，非有人能挽也。至是，士皆引滿平射，有餘力，浦大駭。上笑問浦：「戎人敢敵否？」浦曰：「蕃部弓弱矢短，但見此長大人固已逃遁，況敢拒敵乎。」上因謂浦曰：「戎人皆貧窶，飲食被服粗惡無可戀者，繼遷何不束身自歸，永保富貴。」流内銓引見選人，内秦可觀者，常負微譴，瞻對之際，詞氣慷慨，帝目之數四。又陳廉者，自陳前任冀州屬邑簿，防援城壘有勞。詔並補右班殿直，授監押差遣，各賜紫袍靴笏、銀百兩。帝謂之曰：「汝等苟能副吾任使，朕固不惜恩澤，他年勤幹有勞，願復文資者亦聽。」

夏四月癸未，吏部尚書、平章事呂蒙正罷爲右僕射，參知政事呂端爲户部侍郎、平章事。上謂蒙正曰：「僕射師長百僚，朕以中書多務，與卿均勞逸爾。」又謂端曰：「廟堂之上，固無虚授。但能進賢退不肖便爲稱職矣。卿宜勉之。」先是，上作釣魚詩斷章云：「欲餌金鈎深未達，磻溪須問釣魚人」，意以屬端也。後數日，遂罷蒙正而相端。端歷官僅四十年，至是，驟被獎遇，上常恨任用之晚。爲相持重，識大體，以清静簡易爲務。奏事上前，同列多異議，端罕所建明。一日，内出手札戒諭，自今中書必經呂端詳酌，乃得聞奏。端謙讓不敢當。參知政事蘇易簡罷爲禮部侍郎，翰林學士張洎爲給事中、參知政事。洎與易簡嘗同在翰林，尤不協。及易簡遷中書，洎多攻其失。易簡去位，洎因代之。初，寇準知吏部選事，洎掌考功。考功爲吏部官屬，準年少新進，氣鋭，思欲老儒附己，洎夙夜坐曹視事，每冠帶候準出入，於省門揖而退，不交一談，準益重焉。因延與語，洎捷給善持論，多爲準心伏，乃兄事之，極口薦洎於上。上亦欲用洎，又知其在江表日多讒毁良善，李煜殺潘佑，洎嘗預謀，心疑焉。翰林待詔尹熙古等皆江表人，洎嘗善待之。上一夕召熙古等侍書禁中，因從容問以佑得罪之故。熙古言：「李煜忿佑諫説太直爾，非洎謀也。」自是遂洗然。而準又數薦洎不已，既同執政，洎奉準愈謹，事一決於準，無所預，專修時政記，甘言善柔而已。戊子，詔自今參知政事宜與宰相分日知印、押正衙班，其位磚先異位，宜合而爲一，遇宰相、使相視事及議軍國大政，並得升都堂。先是，趙普獨相，太祖特置參知政事以佐之。其後，普恩替，始均其任。既而復有釐革。呂端初與寇準同列，及先任宰相，慮準不平，乃上言：「臣兄餘慶任參知政事日，悉與宰相同，願復故事。」上特從其請，亦以慰準意云。上謂宰相曰：「自春不雨至今，並走群望，而未獲嘉應，豈獄犴之際頗有冤繫乎？」即日命侍御史元玘等四十四人〔一五〕，乘傳分往諸道案察刑獄。翌日，御崇政殿親決京城諸司繫囚，獲原宥者數百人。因謂宰相曰：「刑罰者不得已而用之，能不失有罪而得中道者，斯爲難矣。」後二日，大雷雨，街中水深數尺。乙巳，知通利軍錢昭序表獻赤烏、白兔各一，云烏稟陽精，兔昭陰瑞，報火德蕃昌之兆，示金方馴服之徵。上謂侍臣曰：「烏色正如渥丹，信火德之符矣。」翰林學士王禹偁兼知審官院及通進銀臺封駁司，制敕有不便，多所論奏。開寶皇后之喪，群臣不成服，禹偁與賓友言：「后嘗母天下，當遵用舊禮。」或以告，上不悦，禹偁罷知滁州。禹偁嘗爲李繼遷草制，繼遷送馬五十匹，禹偁以狀不如式，卻之。及在滁州，或言其買馬虧價者，上曰：「彼能卻繼遷五十匹馬，顧肯虧價哉。」參知政事寇準奏曰：「近者邊上易署主帥，增修甲卒，深合事宜。」上曰：「天下庶政日新，滔滔如流水，朕固不怠於聽斷。至於疆埸戎事〔一六〕，既安危所繫，亦皆是朕一一躬自籌度，預爲制置，以防其漸。若臨事倉卒，則無及矣。」因語及用將帥。上曰：「將帥材略，固不求其備，但量其能而用之，上自節麾，下至二千石，第其功效而授之，微勞盡甄，下情必達，下情必達則無猜貳之嫌，微勞盡甄則無觖望之釁。所以各務忠孝，而固禄位，悖亂不得而萌也。」太康縣獲玄兔以獻。呂端等曰：「玄者，北方之色，兔者，陰類，中國，陽也，將有遠人向化，受冠帶於闕下，昭邦家之慶，以致太康者乎。」

六月，詔：「募民請佃諸州曠土，便爲永業，仍蠲三年租，三年外輸三分之一，州縣官吏勸民墾田之數，悉書於印紙，以俟旌賞。」

八月朔，荆湖轉運使何士宗上言：「望自今執政大臣出領外郡，應合申轉運司公事，只署通判以下姓名。」上謂宰相曰：「大臣品位雖崇，若出臨外藩，即轉運使所部，要繫州府，不繫品位，此朝廷典憲，未可輕改也。宜仍舊貫。」壬辰，制以開封尹壽王元侃爲皇太子，改名恒。詔皇太子兼判開封府，自唐天祐以來，中國多故，不遑立儲貳，斯禮之廢，將及百年，上始舉而行之，中外胥悅。初，參知政事寇準自青州召還，入見，上曰：「朕諸子孰可付神器者？」準曰：「惟陛下擇所以副天下之望者。」曰：「元侃可乎？」

對曰：「非臣所知也。」上遂以元侃爲開封尹，改封壽王。於是立爲太子。

呂中曰：東漢、李唐所以有女主、宦官、外戚之禍者，以立天子之權盡出其手，雖李固、杜喬、裴度、鄭覃之徒不能正之也。準之一言，真萬世法，不徒見於景德澶淵之一役也。

龜鑑曰：太祖以天下授太宗，堯授舜之盛舉也。太宗之定策壽王，得無賢於舜授禹之事乎。噫，禹不傳賢而傳子，吾孟子嘗斷斯事矣。天與賢則與賢，天與子則與子，使傳賢而可以久焉。禹蓋先後世而爲之也，何至有辭於來世哉。而況少年天子，百姓相慶，真社稷主，神器有歸。寇萊公自青州召還，上亦謀及儲貳事。準對曰：「臣觀諸子，惟壽王得人心，可以副天下之望。」則是真宗之立，亦出於大臣之議論，庶民之推戴，而非出於太宗之私心也明矣。矧賓護名賢，歷陳忠孝，師傅重任，深戒順從，輔翼元良，養成德性，李沆、李至等與有力焉。嗚呼，唐虞禪夏后，殷周繼，均之爲聖人也，均之爲天下得人也。

準嘗奏事切直，上怒而起，準攀上衣請復坐，事決乃起。上嘉嘆曰：「此真宰相也。」又語左右曰：「朕得寇準，猶唐太宗之得魏鄭公也。」以李至、李沆並兼太子賓客，見太子如師傅之儀。上謂至等曰：「朕以太子仁孝賢明，立爲儲貳，以固國本，當賴正人，輔之以道。卿等可盡心調護，若動皆由禮，則宜贊成，事或未當，必須力言，勿因循而順從也。」

九月，是歲汴河運米至五百八十萬石。上因問近臣汴水疏鑿之由。張洎退而講求其事以奏，且曰：「大禹疏鑿，以分水勢，煬帝開𣶏，以奉巡遊。雖數湮廢，而通流不絶於百世之下，終爲國家之用，其上天之意乎。」

冬十月，上增作九弦琴、五弦阮，別造新譜二十七卷，俾太常樂工肄習之，以備登薦。乙酉，出琴、阮示群臣，且曰：「琴七弦，今增爲九弦，曰君、臣、文、武、禮、樂、正、民、心，則九奏克諧而不亂矣。阮四弦，今增爲五，曰金、木、水、火、土，則五行並用而不悖矣。」

十一月，上閲武於便殿，衛士挽弓有及一石五斗者，矢二十發，綽有餘力。因謂近臣曰：「方今寰海無事，美才間出，悉在吾彀中矣。」又令騎兵、步兵各數百，東西列陣，挽强彀弩視其進退，發矢如一，容止中節。上曰：「此殿廷間數百人爾，猶兵威可觀，況堂堂之陣數萬成列者乎。」

十二月，上以時和年豐，寇盜剪滅，顧謂宰相等曰：「國家自近歲以來，水旱作沴，河西蜀川相繼叛亂，百姓嗷嗷然。朕爲其父母，中心憂念，無須臾之安。由是内修政紀，救萬民之愁疾，外勤戎略，定三邊之狂孽。以至有司常職米鹽細事，朕亦不憚勞苦，並躬親成斷，遂致上天悔禍，否極斯泰。巴蜀餘妖，竄伏黔水。繼遷醜類，窮蹙沙漠。而又普天之下，九穀咸登，塞北江南，紅粟流衍。朕豈望纔經災歉之後，便睹茲開泰，深自慶慰也。」呂端等相率稱賀。詔：「内外文武臣僚及諸色人，自今起請制置事，須有益於國，無損於民，乃得聞奏。如施行後顯有利濟，當議旌賞。如虧損公私，亦重行朝典。」

丙申至道二年春正月己酉，親享太廟。辛亥，合祭天地於圜丘。上以文物仗衛之盛透迤布濩極望無際，因詔有司畫爲南郊圖。

二月朔，贈司徒、謚文正李昉卒。上嘗謂近臣曰：「昉本以文章進用，及居相位，自知才微任重，無所彌綸，但憂愧而已。」先是，遣使采訪川峽諸州守貳之能否，多不治者，獨知夔州袁逢吉、知遂州李虚己、通判查道、知忠州邵曄、知雲安軍薛顔等七人以稱職聞，皆賜詔書獎諭。

夏四月，先是，五品以上官任子皆攝太祝〔一七〕。上謂宰相曰：「膏粱之族〔一八〕，官勳固已崇貴，子孫仕宦者多至四五人。每覃慶，中書皆授攝官，未幾即補正員，不十數年，遂通閨籍，此甚弊政，亟宜革之。」乙未，詔自今止賜同學究出身，依例赴選集。

呂中曰：用人以世，唐虞三代法也。非以豪異俊秀之才，俱出於公卿大夫之族，蓋以仁義道德之教，素行於聖賢明哲之家。自漢以下，公卿之家法既不如古，而朝廷教課國子之法一切廢棄，此任子之法所以弊，而我太祖、太宗與范、富諸人所以裁抑而不恤也。

五月，李繼遷帥萬餘衆寇靈州。司天中官正韓顯符言：「熒惑犯輿鬼，秦、雍之分，國家當有兵在西北。」冬官正趙昭益言：「犯輿鬼中積尸，秦分野有兵、人民災害之象。」上語宰相等曰：「天文謫見如此，秦地民罹其殃。朕旦夕念之，不遑寧處。」辛亥，上降手詔曰：「靈州孤絶，救援不及，賊遷猖獗，未就誅夷。宜令宰相呂端、知樞密院事趙鎔等，各述所見利害來上。」呂端等言：「臣等共爲一狀，述其利害。」張洎越次奏曰：「呂端等備位廊廟，緘默而不言，深失謀謨之體。」端曰：「洎欲有言，不過揣摩陛下意爾。」壬子，洎上疏言：「靈武封壤必不可以即時保守，靈武士伍必不可以深入應接。」上初有意棄靈武，既而悔之。及覽洎奏，不悦，卻以付洎，謂之曰：「卿所陳，朕不曉一句。」洎惶恐流汗而退。上乃召同知樞密院事向敏中等謂之曰：「張洎上言，果爲呂端所料，朕以其疏還之矣。」

七月，參知政事寇準罷爲給事中。先是，郊祀行慶，中外官吏皆進秩。準遂率意輕重，其素所喜者多得臺省清秩，所惡者及不知者即叙進焉。馮拯因上疏極言，並及嶺南官吏除拜不均凡數事。既而準入對前殿，上語及馮拯所訴事，準猶力爭不已。上先已厭準，因歎曰：「雀鼠尚知人意，況人乎！」遂罷之，尋出知鄧州。

閏七月，詔：「自今中書門下只令宰相押班知印，其參知政事殿庭別設磚位，次宰相之後，非議軍國政事，不得升都堂。祠祭行香署敕，並以開寶六年六月庚戌詔書從事。」鹽鐵使陳恕峭直守公，性靡阿順。每便殿奏事，上或未察，必形詰讓。恕斂版踧踖，退至殿壁，負墻而立，若無所容。俟上意稍解復進，確執前奏，終不改易。如是或至三四上。察其忠亮，多從其議。嘗御筆題殿柱曰：「真鹽鐵陳恕。」當時言稱職者，亦以恕爲首焉。

呂源曰〔一九〕：陳恕在太宗淳化四年，自鹽鐵使入爲參知政事。繼罷政，至四年十月乃除三司總計使。後復三部，以恕再爲鹽鐵使。至真宗咸平四年正月始罷。祖宗時三司權重，幾亞二府，日造榻前。故陳恕、丁謂、李士衡、田況皆通曉財用，有名於時，而陳恕已參大政，自淳化、咸平兩朝十年主領計司。

八月，審官院引大理寺丞宣城高惠連，面授朝官。上欲肅清中外，臨軒親擇官吏，如有績用而無私累者，必加獎擢焉。

九月，夏州延州行營言：「兩路合勢破賊於烏白池，賊首李繼遷遁去。」先是，上部分諸將攻討，李繼隆自環州，范廷召自延州，王超自夏州，丁罕自慶州〔二〇〕，張守恩自麟州，凡五路，率兵抵烏白池，皆先授以方略。繼隆遣其弟繼和馳驛上言，請自青岡峽直抵繼遷巢穴。上怒曰：「汝兄如此，必敗吾事矣。」因手書數幅，切責繼隆。繼隆已便宜發兵，不俟報，行十數日，不見虜，引兵還。獨王超、范廷召至烏白池，與賊遇，大小數十戰，雖頻克捷，而諸將失期，卒困乏，終不能擒賊焉。時超子德用年十七，爲先鋒，部萬人，戰鐵門關，斬首十三級。及進師烏白池，得精兵五千，轉戰三日，虜既卻，德用曰：「歸師過險必亂。」乃領兵先絶其險，下令曰：「敢亂行者斬。」虜躡其後，望其師整不敢近。超撫其背曰：「王氏有子矣。」上初以方略授諸將，先閱兵崇政殿，列陣爲攻擊之狀、刺射之節，且令多設强弩。及遇賊布陣，萬弩齊發，賊無所施其技，矢才一發，賊皆散走，凡十六戰而抵其窠穴，悉焚蕩之。

講義曰：西事之興，出於吾國之寡謀。蓋自太平興國之七年，李繼捧以地來獻，且欲密邇王室，而式化厥訓焉。不令兄弟交相爲痡，於是地斤之澤有人矣。朝廷之區畫，地里之險要，彼實知之。静言其由，誰執其咎。三族之陷，未幾而三窟之計已就，其患未有紀極也。已而繼捧就擒，繼遷效順，輔車之勢雖失，而唇齒之計已成。戎狄無厭〔三〕，乍臣乍叛，何可以中國待之哉。由是西征之志鋭然矣。鄜州節度之不奉詔，吾不爲之辱，靈州環慶之率衆入寇，吾不爲之沮。張洎願棄靈武之奏，吾不爲之疑。部分諸將五路進兵方略之授，陣圖之示，崇政射刺之閲，聖策先定，必有大功。烏白池九月之勝，直可犂西夏之庭而掃其穴矣。

冬十月，詔以池州新鑄錢監爲永豐監。先是，饒州有永平監，兵匠多而銅錫不給。

知州馬亮請分其工之半，別置監於池州。詔從之，於是歲增鑄錢數十萬緡。

十一月，先是，淮南十八州軍，其九禁鹽，餘則不。商人由海上販鹽，官倍數取之，至禁地則上下其直，民利商鹽之賤，故販者甚衆〔三〕，至有持兵器往來爲盜者。發運使楊允恭奏請悉禁之，而官遣吏主其事。詔從之。允恭又請令商人先入金帛京師及揚州折博務者，悉償以茶。自是鬻鹽得實錢，茶無滯貨，歲課增五十萬八千餘貫。

十二月，有司言鳳州出銅鑛〔三〕，定州出銀鑛，請置官掌其事。上曰：「地不愛寶，當與衆庶共之。」不許。是歲，大有年。

丁酉至道三年正月，以户部侍郎温仲舒、禮部侍郎王化基並參知政事，給事中李惟清同知樞密院事。參知政事張洎罷爲刑部侍郎。時邊境多事，上垂欲相仲舒而罷呂端，不豫乃止。

二月辛丑，上不豫，始決事於便殿。是月，供奉官、兩浙轉運司承受公事劉文質入奏，察舉部内官高輔之、李易直、艾仲孺、梅詢、高貽慶、姜嶼、戚綸等八人有治迹，並璽書褒諭。上曰：「文質善於采聽。」特遷西京作坊副使。

三月癸巳，上崩於萬歲殿。參知政事温仲舒宣遺制。

龜鑑曰：曾公鞏嘗曰：造邦受命爲帝，太祖功未有高焉。又曰：保世靖民爲帝，太宗德未有盛焉。嗚呼，太祖未嘗無德而言功不言德，愚是以知功之高，太宗未嘗無功而言德不言功，愚是以知德之盛。

真宗即位於柩前。初，太宗不豫，宣政使王繼恩忌上英明，與參知政事李昌齡、知制誥胡旦謀立楚王元佐，頗間上。宰相呂端問疾禁中，見上不在旁，疑有變，乃以笏書大漸字，令親密吏趣上入侍。及太宗崩，繼恩白后，至中書召端議所立。端知其謀，即紿繼恩使入書閣檢太宗先賜墨詔，遂鏁之。亟入宫，后謂曰：「宫車晏駕，立嗣以長，順也。今將奈何？」端曰：「先帝立太子，政爲今日，豈容更有異論。」后默然。上既即位，端平立殿下不拜，請卷簾，升殿審視，然後降階率群臣拜呼萬歲。

夏四月，制曰：「先朝庶政，盡有成規，務在遵行，不敢失墜。然而纂圖伊始，懼德弗明，所宜拔茂異之才，開諫諍之路，撫綏鰥寡，惠復疲羸，庶幾延宗社之鴻休，召天地之和氣。」癸卯，宰相呂端加右僕射。甲子，太子賓客李至爲工部尚書，李沆爲户部侍郎，並參知政事。工部侍郎郭贄出知大名府。贄翌日求對，懇辭，上曰：「朕初即位，命贄治大藩而不行，則何以使人。」卒遣之。

呂夷簡曰：剛健，中正乾之體也。尊嚴用威，君之道也。苟乾不能制坤，君不能使臣，則上下亂矣。壯哉，太祖之貶趙逢，真宗之遣郭贄，信乎其英斷矣。

辛亥，以工部郎中、史館修撰梁周翰爲駕部郎中、知制誥，著作郎、直集賢院楊億爲左正言，館職並如故。故事，入西閣皆中書召試，惟周翰不召試而命焉。李應機者，嘗知咸平縣，上以壽王尹開封，遣散從以帖下縣，有所追捕。散從恃王勢，讙呼於縣庭，應機怒曰：「汝所事者，王也。我所事者，王之父也。父之人可以笞子之人。」杖之二十。散從走歸，泣訴於王。王嘉其諒直，及即位，擢應機通判益州事。召之登殿，謂曰：「朕方以西蜀爲憂，故除卿此官，此未足爲大任也。卿第行，勉之，有便宜事密疏以聞。」應機至州，未幾，有走馬入奏事，應機使謂曰：「有密疏欲附走馬入奏。」走馬怒，强應曰諾。明日，使人請，應機曰：「疏不可與人傳也，當自來受之。」走馬雖怒甚，意欲積其驕横之狀，具奏於上，乃詣應機廨舍受其疏以行。既至升殿，上迎問曰：「李應機無恙乎，有疏來否？」走馬愕然失據，即對曰：「有。」因探其懷出之。上周覽，稱善數四，因問應機在蜀治行如何。走馬踧踖轉辭更稱譽之。上曰：「汝還語李應機，凡所言事皆善，已施行矣。更有意見，盡當以聞。蜀中無事，行召卿矣。」頃之，召入，遷擢。數歲中至顯官。應機爲吏强敏，而貪財多權詐，其後上亦察其爲人，寖疏之。己未，宰相呂端上大行皇帝陵名曰永熙。知制誥胡旦責授安遠節度行軍司馬。旦與王繼恩等邪謀既露，而旦草行慶制詞語復訕上。故先絀之。

五月，詔御史臺告諭内外文武群臣：「自今人君有過，時政或虧，軍事否臧，民間利害，並許直言極諫，抗疏以聞。」詔以「國家大本，足食爲先，今億兆至蕃，未聞有九年之蓄。令兩制議致豐盈之術以聞。」又詔三司及茲歲稔，大爲市糴，以實倉廩。罷江淮發運使。諸路轉運使司承受公事朝臣、使臣悉召赴闕。上初聽政，務從簡易也。李昌齡責授忠武節度行軍司馬，王繼恩責授右監門衛將軍、均州安置，胡旦削籍流潯州。尋詔中外臣僚曾與繼恩交結及通書疏者，一切不問。上謂輔臣曰：「宮中嬪御頗多幽閉，朕已令擇給事歲深者放出之。」呂端等曰：「陛下踐祚之初，首行此令，實哲王之懿範也。」

［六月己亥］翰林學士承旨宋白上大行皇帝謚曰神功聖德文武，廟號太宗。［戊戌］詔天下勿復獻珍禽異獸及諸祥瑞。工部侍郎、同知樞密院事錢若水罷爲集賢院學士判院事。［甲辰］先是，太宗爲若水言：「士之學古，入官遭時得位，紆金拖紫，躍馬食肉，前呼後擁，延賞宗族，此足以爲榮矣。豈得不竭誠報國乎。」若水曰：「高尚之人固不以名位爲光寵，忠貞之士亦不以窮達易志操。其或以爵禄、榮遇之故而效忠於上，中人以下者之所爲也。」太宗然其言。及劉昌言罷，太宗問趙鎔等曰：「見昌言否？」鎔等言：「屢見之。」上曰：「涕泣否？」曰：「與臣等言，多至流涕。」若水曰：「昌言實未嘗流涕，蓋鎔等迎合上意爾。」呂蒙正罷，太宗又謂若水曰：「人臣當思竭節以保富貴。蒙正前日

布衣，朕擢爲宰相，今退在班列，想其目穿望復位矣。」若水對曰：「蒙正雖登顯貴，然其風望亦不爲忝冒。且蒙正固未嘗以退罷鬱悒。當今巖穴高士不求榮爵者甚多，如臣等輩，誠不足以自重。」太宗默然。若水因自念人主待輔臣如此，蓋未嘗有秉節高邁、不貪名勢、能全進退之道以感動人主故也。將俟滿歲即移疾。會太宗晏駕不果。上即位，若水以母老請解機務，章再上，乃得請。召謝便殿，命坐，上問近臣誰可大用者。若水言：「中書舍人王旦有德望，宜任大事。」上曰：「此固朕心之所屬也。」若水好汲引後進，推賢重士，胸中豁如也。上每見呂端等，必肅然拱揖，不以名呼。端等再拜而請，上曰：「公等顧命元老，朕安敢上比先帝。」又以端膚體宏大，宮庭堦戺頗峻，命梓人爲端納陛。

秋七月，御崇政殿，召端等訪以軍國大事、經久之制。端陳當世急務，皆有條理，上甚嘉之。令諸路轉運使更互赴闕，詢以民間利病。吏部郎中、直集賢院田錫應詔上疏曰：「臣切聞去年九月十九日未時，永興、環州、慶州、延州、清遠軍、隰州同日同時六處地震，洎靈州送粮草回來，死者十有餘萬，議者即云地震已應於此，臣則未以爲然。動之方位既在關輔，豈無在下者輒動乎關輔。若有寇盜弄兵，則臣慮西川復保劍關之危，南方復恃重江之險，閩中、越中、淮南、湖南豈無見利忘義之人，豈無幸灾乘便之輩。」上乃出其疏示吕端等曰：「卿等詳酌行之。」

九月，以曹彬爲樞密使兼侍中，罷旄鉞。户部侍郎同知樞密院事向敏中、給事中夏侯嶠並爲樞密副使。上謂之曰：「近密之司，典領尤重。必素有名望，端亮謹厚者處之，乃可鎮静而責成。彬以耆舊冠樞衡之首，敏中與嶠佐助之，兵機邊要，有所望矣。」敏中明辨有才略，遇事敏速。先是，西北用兵，敏中專主謀議，至於二邊道路、斥堠、走集之所，莫不周知。嶠仕藩府最舊，故首加擢用焉。左正言直史館孫何表獻五議，上覽而善之。其一參用儒將，曰：「古謂元戎無不統攝，爰自近代，又有供軍糧料、隨軍轉運之目，使者往返託稱上旨，動必中覆，實戾成筭。陛下於文儒之中，擇有方略之士，試以邊任委之，勿使小人撓其權。監陣、先鋒之類，悉任偏將，受其節度。」其二申明太學，曰：「國家必欲開孤進之路，闢至公之門，莫若使寒雋之士由鄉里以升聞，世禄之家自成均而出仕，太學不得補庶人之子，神州不得貢卿士之門〔二四〕，郡縣皆按舊典，重立學官，精加課試，公與薦延。」其三釐革遷轉，曰：「躬祀圜丘，誕敷霈澤，無賢不肖，並許叙遷。今之班簿，臺省宫寺凡八百員，若十年之内肆赦相仍，必恐京僚過於胥徒，朝臣多於州縣。」其四議復制科。其五議復鄉飲。監察御史王濟上疏陳十事〔二五〕：一擇左右。二分賢愚。三正名器。四去冗食。五加俸禄。六謹政教。七選良將。八分兵戎。九修民事。十開仕進。其略曰：「守小謹者似德，懷怯懦者似恕，容姦惡者似仁，蘊諂諛者似恭，恣傾險者似智，好詆訕者似直，植朋黨者似義，肆苛刻者似忠，貪禄位者似勤，若斯之流，雖愚而類賢，用之則速亂之基也。」又曰：「官多則事煩，吏多則民殘，欲事不煩，莫若省官。欲民皆安，莫若省吏。」又曰：「官多俸薄，莫若俸厚而官少。衣食既足廉恥自興。」刑部員外郎馬亮上疏言：「陛下初政，軍賞宜速，而所在不時給，請遣使分往督視。又州縣逋負至多，赦書雖爲蠲除，而有司趣責如故，非所以布宣德意也。國朝故事，以親王判開封府，地尊勢重，疑隙易搆，非保親全愛之道。契丹仍歲内寇，河朔蕭然，請修好以息邊民。」凡四事。比部員外郎刁衎上疏言：「私賞無及於小人，私罰無施於君子，任賢勿貳，去邪勿疑，開諫諍之門，塞讒佞之口。無以春秋鼎盛而耽於逸游，無以血氣方剛而惑於聲色。」

冬十月，陳、宋州並言：「先貸民錢千萬，令市牛，價納外所負尚多，許隨來歲夏秋税輸送。」詔悉從之〔二六〕。

十一月，復分三司勾院爲三，命官各判之。以太常丞王欽若判三司都催欠憑由司。欽若初爲亳州判官監倉，天久雨，倉司以穀濕不爲受。欽若悉命輸之倉，且奏不拘年次，先支濕穀。太宗大喜，手詔褒答，因識其姓名。及開封府以歲旱蠲十七縣民租，時有飛語聞上，言所蠲放皆不實。太宗不悦，詔選官閲實，亳州遣欽若行。欽若覆按甚詳，抗疏乞全放。上即位，於是擢用。因語輔臣曰：「當此時，朕亦自懼，欽若小官，獨敢爲百姓伸理，此大臣節也。」毋賓古謂欽若曰〔二七〕：「天下宿逋，自五代迄今，理督未已，民病不能勝。」欽若即夕命吏治其數，翌日上之。上大驚曰：「先帝顧不知耶？」欽若徐曰：「先帝固知之，殆留與陛下收天下心爾。」詔工部侍郎錢若水修太宗實録，若水舉官同修，李宗諤與焉。上曰：「自太平興國八年已後，皆李昉在中書日事，史策本憑直筆，若子爲父隱，何以傳信於後代乎。」除宗諤不可，餘悉許之。是月，有司言：「冬至祀圜丘，孟夏雩祀，夏至祭方丘，請奉太宗配。上辛祈穀，季秋大享明堂，奉太祖配。上辛祀感生帝，孟冬祭神州地祇，奉宣祖配。其親郊圜丘，奉太祖、太宗並配。」詔可。

十二月，詔諸路轉運使申飭部下令長，勸課農桑。先是，上訪宰相以靈武事宜，參知政事李至上疏言：「靈州不可堅守，萬口同議。且彼之户口四千有餘，今則不盈數百矣。彼之租課四十五萬二千有餘，今則無孑遺矣。安可復守之。」於是李繼遷遣使修貢，求備藩任。上雖察其變詐，時方在諒闇，姑務寧静，因從其請，復賜姓名。上初命翰林學士宋湜草保吉制，湜知上意必欲歸其事於太宗，因進辭曰：「先皇帝早深西顧，將議真封，屬軒鼎之俄遷，建漢壇之未及。眷兹遺命，實付眇躬。爾宜望弓劍以拜恩，守封疆而效節。」上甚悦。初，刑部郎中、知揚州王禹偁準詔上疏言五事：其一曰「謹邊防，通盟好，使輦運之民有所休息。」其二曰「減冗兵，併冗吏，使山澤之饒稍流於下。」其三曰「艱難選舉，使入官不濫。」其四曰「沙汰僧尼，使民無耗。」其五曰「親大臣，遠小人，使忠良謇諤之士知進而不疑，姦憸傾巧之徒知退而有懼。」疏奏，即召。禹偁還朝，既用其策，以夏、綏、銀、宥、静五州賜趙保吉，翌日，命禹偁守本官復知制誥。

吕中曰：以真宗繼太祖、太宗之後，兵未至多，吏未至冗，僧牒未鬻，而緇黄亦未熾也。而王禹偁言之。貽謀之初，冗官之員未多，小人之迹未萌，而王齊言之〔二八〕。當時私賞未至於及小人，私罰未至於施君子，聲色游逸之事何有也，而刁衎言之。豈憂治危明職當然耶。景德、祥符以後，王欽若唱神道設教之説，丁謂唱大計有餘之議，而天書降矣。當時豈復有禹偁、田錫之言哉。

是歲，始定爲十五路：一曰京東路，二曰京西路，三曰河北路，四曰河東路，五曰陝西路，六曰淮南路，七曰江南路，八曰荆湖南路，九曰荆湖北路，十曰兩浙路，十一曰福建路，十二曰西川路，十三曰峽路，十四曰廣南東路，十五曰廣南西路。

# 校證

〔一〕命以同州觀察推官　再造本、文海本同，此與前文「以錢若水爲祕書丞、直史館」不協。查長編三一作「命與此官」。宋史卷二六六錢若水傳：「舉進士，釋褐同州觀察推官……寇準……薦若水……五人文學高第，召試翰林，若水最優，擢祕書丞、直史館。」可知「同州觀察推官」爲錢若水中進士以後最早擔任的官，此處當依長編作「命以此官」。然難以判定係刊寫之誤還是作者之誤。

〔二〕内殿崇班　「崇班」，李校：原作「宗班」，據長編卷三十二、宋史太宗紀二改。汪按：再造本、文海本與四庫本同誤。陳均皇朝編年綱目備要卷四、高承事物紀原卷六横行武列部、孫逢吉職官分紀卷四四等均作「内殿崇班」。

〔三〕翰苑之官　再造本、文海本同，吕中宋大事記講義卷四作「翰苑之臣」。

〔四〕范杲　原作「范果」，據再造本、文海本、長編卷三二、宋大事記講義卷四校改。

〔五〕草　此「草」與下文「不草相謂之制」之「草」原均作「革」，據再造本、文海本、宋大事記講義卷四校改。

〔六〕劉筠　原作「劉均」，再造本、文海本同，今據類編皇朝大事記講義卷四、長編卷九八、宋史卷三〇五劉筠傳校改。

〔七〕李文靖亦嘗曰　原脱「曰」字，再造本、文海本同，據類編皇朝大事記講義卷四、徐自明宋宰輔編年録卷三、邵伯温邵氏聞見録卷七補。

〔八〕謝泌　原作「謝佖」，再造本、文海本同，據長編卷三三、宋史卷三〇六謝泌傳校改。

〔九〕黜陟之所繫　「繫」，再造本、文海本均作「也」。

〔一〇〕審官曰掌簿書　「曰」，再造本、文海本均作「但」。作「但」似是。

〔一一〕惕息　原作「愓息」，據再造本、文海本、長編卷三五、杜大珪名臣碑傳琬琰之集上卷一五富弼呂文穆公蒙正神道碑校改。

〔一二〕節度使判官　再造本、文海本、長編卷三五同，皇朝編年綱目備要卷五、宋史卷二六四宋琪傳、歷代名臣奏議卷三二二禦邊作「延州節度判官」，今點校本長編據後三書删「使」字。

〔一三〕陷李唐之弊政　「陷」，再造本、文海本同，類編皇朝大事記講義卷五作「蹈」。

〔一四〕三月朔　李校：此下「詔以官倉」至「上言臣兄」，原本無，直接「餘慶任參知政事日」，句不通，月日亦誤，顯係脱簡。此據長編卷三七補。汪按：李僅補入與原文相連二段，捨宰執任命等文字，或仍有闕，今將二段間文字一併補入，雖未必與原書相符，但可免遺漏。

〔一五〕四十四人　李校：長編卷三七作「十四」。汪按：再造本、文海本同。今點校本長編卷三七確作「十四」，然四庫本長編卻作四十四，另徐松宋會要輯稿刑法五之一八載此事作「命侍御史元玘……等二十二人、殿直陳居爽等十人、三班奉職崔懿等十二人，凡四十五人分往焉。」

〔一六〕塲　原作「塲」，據再造本、文海本、長編卷三七校改。

〔一七〕任子　原脱此二字，再造本、文海本同，據文義及長編卷三九、歷代名臣奏議卷七〇法祖宋光宗時劉光祖上聖範劄子補。

〔一八〕膏粱　原作「膏梁」，據再造本、文海本及長編卷三九校改。

〔一九〕吕源　「源」原作「原」，再造本作「源」，文海本「原」字模糊，「原」當爲「源」之殘訛。今據再造本校改。「吕原曰」本書僅此一見。

〔二〇〕丁罕　李校：原作「丁空」，據長編卷四〇改。汪按：再造本、宋會要輯稿兵八之一九、宋史卷二八三夏竦傳、卷二七五薛超傳附丁罕可爲佐證。

〔二一〕戎狄　原作「戎秋」，據再造本、文海本校改。

〔二二〕甚衆　再造本、文海本同，長編卷四〇、宋會要輯稿食貨二三之二三、吕祖謙歷代制度詳説卷五鹽法、宋史卷三〇九楊允恭傳皆作「益衆」。

〔二三〕鑛　連同下一「鑛」字，原均作「鉚」，李本徑改「礦」，未出校記説明。按「鉚」實係對宋、元俗體字鉀之誤讀，今據再造本、文海本、長編卷四〇等校改。

〔二四〕卿士之門　再造本、文海本同，今點校本長編卷四二、趙汝愚宋朝諸臣奏議卷七八均係由「鄉士之門」校改爲「卿士之門」，「鄉」、「卿」或可再斟酌。

〔二五〕王濟　原作「王齊」，再造本、文海本同，據長編卷四二、皇朝編年綱目備要卷五、宋大事記講義卷六校改。

〔二六〕悉從之　再造本、文海本均同，長編卷四二作「悉除之」。疑作「悉除之」是。

〔二七〕母賓古　再造本作「毌賓古」。中華書局點校本長編卷四二據宋史卷二八三王欽若傳、彭百川太平治迹統類卷五真宗聖政校改爲「毌賓古」。或可從。

〔二八〕王齊　再造本、文海本均同，宋大事記講義卷六作「王濟」，聯繫正文，作「王濟」似是。

# 宋史全文卷五

## 宋真宗一

戊戌咸平元年春正月辛酉朔，改元。丁丑，蔡州學究劉可名上言〔一〕：諸經板本多誤。上令擇官詳校。因訪群臣通經義者，以崔頤正對。上曰：「朕宮中無事，樂聞講誦。」因召頤正於後苑講尚書大禹謨，賜五品服。它日，謂輔臣曰：「頤正講誦甚精，卿等更於班行中選經明行修之士一二人，具以名聞。」自是，日令頤正赴御書院待對。

呂中曰：宋朝以家學爲家法，故子孫之守家法，自家學始。此范祖禹帝學一書極言：宋朝承平百三十年，異於漢唐，由祖宗無不好學也。然人君之學，尤在於所共學之人。故在太祖時，則有若王昭素，在太宗時，則有若孫奭、邢昺，在真宗時，則有若崔頤正、馮元輩，皆極一時之選也。

甲申，有彗出營室北，光芒尺餘。上謂輔臣曰：「彗出甚異，唯將奈何？」呂端等言：「變在齊、魯之分。」上曰：「朕以天下爲憂，豈獨一方耶。」

〔二月〕甲午，詔百官極言得失。乙未，慮繫囚。詔諸州長吏平決獄訟，申理冤濫。

先是，吏部郎中、直集賢院田錫出知泰州，未之任，會星變，錫上疏言：「李繼遷不合與夏州，又不合呼之爲趙保吉，是時事舛誤之大者，密院公事宰相不得與聞，中書政事樞密使不得與議，相承既久，驟改固難，致兵謀不精，國計未善。」疏奏，即日召對移晷，將行，又貢封事，復召對，謂曰：「卿第去，不半歲召卿歸矣。事有當面論者，聽乘傳赴闕。」詔以久停貢舉，頗滯時才，令禮部據合格人内進士放五十人，諸科百五十人，來歲不得爲例。

夏四月，遣使乘傳與諸路轉運使、州軍長吏按百姓逋欠文籍，悉除之。始用王欽若之言也。除逋欠凡一千餘萬，釋繫囚三千餘人。上由是眷欽若益厚。

呂中曰：漢唐之小人易知，宋朝之小人難見。熙寧以後之小人易知，熙寧以前之小人難識。蓋自古小人之所以誤國者，聚斂也，嚴刑也，用兵也。而宋朝之指目爲小人者，自欽若、丁謂始。然欽若則請蠲負釋繫囚，丁謂則請罷兵撫蠻寇。自今觀之，與君子之處官何異〔二〕。惜其入政府以後，患得患失之心生，而改節易行矣。故爲判官之時一欽若也，爲參政之時一欽若也。爲轉運之時一丁謂也，爲宰相之時一丁謂也。故當時知二子之奸者，王旦、李沆而已。

五月戊午朔，日有食之。

六月，密州發解官鞠傳坐薦非其人〔三〕，當贖金，特詔停住。上謂輔臣曰：「凡所舉官，多聞繆濫，宜先擇舉主，以類求人。今外官要切惟轉運使，卿等可先擇人令舉之。」

八月朔，詔三司經度茶鹽酒税以充歲用，勿得增加賦斂，重困黎元，諸色費用並宜節約。

九月，上謂宰相曰：「轉運使按察官吏，事權甚重，太寬則弛慢，太猛則苛刻，必須廉平之吏，寬猛適中。卿等其謹擇之。」

冬十月丙戌朔，日有食之。宰相吕端累上疏求解，罷爲太子太保。户部侍郎張齊賢與户部侍郎、參知政事李沆並平章事。參知政事李至罷爲武勝節度使。參知政事温仲舒罷爲禮部尚書。樞密副使夏侯嶠罷爲户部侍郎。樞密副使向敏中加兵部侍郎、參知政事。翰林學士楊礪、宋湜並爲樞密副使。

十一月乙未，宰相張齊賢、李沆入對。上諭之曰：「上下和睦，同濟王事。忠孝之誠，始終如一。」齊賢曰：「君爲元首，臣爲股肱，上下一體，豈有不同其心而能濟國家政事者哉。」己酉，崇政殿視事，至午而罷。上自即位，每日御前殿，辰後復出，御後殿，視諸司事，或閲軍士，日中而罷。夜則召儒臣詢問得失，或至夜分。其後率以爲常。三司上經費之數，上曰：「先帝以財賦國之大本，莫不求諸中道，而爲其永制。」輔臣曰：「先帝非止愛人嗇費，至於節損服用，躬御澣濯之衣，蓋前古哲王莫能偕也。」上初命三司具中外錢穀大數以聞，鹽鐵使陳恕久而不進，上命輔臣詰之，恕曰：「天子富於春秋，若知府庫充羨，恐生侈心，故不敢進也。」上聞而善之。

龜鑑曰：宋朝之用度，所入莫多於天禧、祥符之時，所出亦莫多於天禧、祥符之時。宜乎陳晉公不答錢穀之問，而曰：「天子富於春秋，若知府庫充溢，恐生侈心。」仁人之言，其利溥哉，何其簡而切、婉而直耶。嗚呼！丁謂上景德會計録而封禪定，林特上祥符會計録而天書成〔四〕，則知陳晉公之爲遠慮。其次則王魏公「東南民力竭矣」之言，猶或庶幾。下是如丁、林等輩，真小人矣，可不戒哉。

詔置估馬司。凡市馬之處：河東則府州、岢嵐軍；陝西則秦、渭、涇、原、儀、環、慶、階、文州，鎮戎軍；川峽則益、黎、戎、茂、雅、夔州，永康軍；皆置務。

己亥咸平二年春正月甲子，詔：「尚書丞、郎、給、舍舉升朝官可守大州者各一人，限一月以名聞。俟更三任，有政績，當議獎其善舉，有贓私罪亦連坐之。」

二月，以太師、贈尚書令韓王忠獻公趙普配享太祖廟庭。上命學士院召試王欽若，及覽所試文，謂輔臣曰：「欽若非獨敏於吏事，兼富於文詞。今西掖闕官，可特任之。」即拜右正言、知制誥。己酉，上謂宰相曰：「聞朝臣中有交結朋黨，互扇虛譽，速求進用者。人之善否，朝廷具悉，但患行己之不至耳。浮薄之風，誠不可長。」乃命降詔申警，御史臺糾察之。

三月，命裴莊等分詣江南、兩浙發廩粟賑飢民，除其田租。

閏三月，宰相張齊賢述皇王帝伯之説。上曰：「朕謂皇王之道非有迹，但庶事無撓，則近之矣。」上以亢旱，詔求直言。京西轉運副使朱台符上疏略曰：「陛下踐祚以來，二年之内，彗星一見，時雨再愆。彗星見者，兵之象也。時雨愆者，澤未流也。今北虜未賓[五]，西羌作梗，荆蠻有倡狂之寇，江浙多飢饉之民。宜設備以禦之，修政以厭之。」又言：「農者，國之本也，其利在粟多。兵者，國之命也，其功在戰勝。方今患在農少而粟不多，兵多而戰未勝。農少則田或未墾，兵多則財用常不足。民利盡於國，國利盡於軍，所以民困而國貧也。國家養兵百萬，自夏庭逆命，軍聲不振，一紀於茲。將帥不用命，而委任不專；士卒驕惰，而不習知邊事也。」又言：「不任人無以安邊，不安邊無以省兵，不省兵無以惜費，不惜費無以寛民，不寛民無以致治。捨此數事，雖有智者，不能爲計矣。」又言：「簡易者事不黷，節儉者財有餘。今官吏森羅，使者旁午，無名之賞賜，不急之造作，他費百端，動計千萬。加以教化未甚行，廉恥未甚至，法有滋章之條，吏無惻隱之實。」上優詔褒答。時上封事者不下百數，上令近臣閲其可采者取進止。

夏四月，詔文武群臣封事，閤門晝時進入，勿致稽留。河東轉運使宋博言：「大通監冶鐵盈積，可供諸州軍數十年鼓鑄，請權罷采取以紓民。」詔從其請。時西北二邊屯師甚廣，博經制饋餉，以幹治稱，朝廷難其代，凡十一年不徙。丙子，上謂輔臣曰：「庶官中求才幹則不乏，詢德行則罕見其人。夫德爲百行之本，德行之門必有忠臣孝子，豈無德行者能全其忠孝乎。又庶官所掌之務，多不修舉，而捃拾他局利害，以圖進身。若能自幹本局，則百職不嚴而肅，又何患乎政事之撓瀆哉。」張詠知杭州。詠既至，屬歲歉，民多私鬻鹽以自給，捕犯者數百人，詠悉寬其罰而遣之。官屬請曰：「不痛絕之，恐無以禁。」詠曰：「錢塘十萬家，饑者八九，苟不以鹽自活，一旦蜂起爲盜，則其患深矣。」有民家子與姊夫訟家財，壻言妻父臨終，此子才三歲，故見命掌貲産，且有遺書，令異日以十之三與子，七與壻。詠覽之曰：「汝妻父智人也，以子幼甚，故託汝。倘遽以家財十之七與子，則子死於汝手矣。」亟命以七分給其子，餘三給壻，皆服詠明斷，拜泣而去。

五月，詔：「天下貢舉人應三舉者，今歲並免取解。自餘依例舉送，當俟奏名，朕親臨試。」上謂宰相曰：「近覽上封所述，頗言風俗侈靡。且金至寳也，使之爲泥，誠亦可惜。令有司禁臣庶泥金、鋪金之飾，違者坐其家長。」張齊賢請先責大臣之家。上幸曹彬第問疾。先是，知雄州何承矩奏虜謀寇邊。上以問彬，對曰：「太祖英武定天下，猶委孫全興經營和好。」上曰：「此事朕當屈節爲天下蒼生，然須執紀綱、存大體，即久遠之利也。」

六月戊午，武惠王曹彬卒，上臨其喪。彬性仁恕清謹，遜言恭色，在朝廷未嘗抗辭忤旨。博覽强記，善談論，被服雅同儒者，尤疏財，未嘗聚蓄。伐二國，秋毫無所取。位兼將相，不以爲等威自異。北征之失律也，趙昌言表請行軍法。及昌言被劾，未得入見，彬在近密，遽爲上請，乃許朝謁。彬歸休，閉閤門無雜賓，保功名，守法度，近代良將稱爲第一。

七月，上聞契丹將入寇，以傅潛爲鎮、定、高陽關行營都部署。宰相張齊賢請給外任官職田。詔三館祕閣檢討故事，申定其制。以官莊、遠年逃田充，悉免其租。

八月，判大理寺王欽若上言：「本寺公案常有五十至七十道，近者三十日内絕無。昔漢文帝決獄四百，唐太宗放罪三百九十人，然猶書之史册，號爲刑措，當今四海之廣，萬類之多，而刑奏止息，逮乎逾月，足彰恥格之化，式漸太和之風。請付史館，用昭聖治。」從之。丙寅，大閱。上謂王超曰：「士衆嚴整，戎行練習，卿之力也。」丁卯，近臣、諸軍將校、内職皆暢飲。詔大閱，所踐民田蠲其租。癸酉，樞密副使楊礪卒。上謂宰臣曰：「礪介直清苦，方當任用，遽此淪謝，甚可悼也。」即冒雨臨其喪。礪私舍委巷中，乘輿不能入。上爲步進，益嗟閔之。乙亥，以追封濟陽郡王武惠公曹彬配享太祖廟庭，文惠公薛居正、武惠公潘美、元懿公石熙載配享太宗廟庭。

冬十月，先是，福建路不置惠民倉，庫部員外郎成肅請增置焉。詔從肅請，令諸路轉運司申淳化惠民之制，歲豐熟則增價以糴，饑歉則減直而出之。

十一月丙戌，合祭天地於圜丘，奉太祖、太宗並配，升壇奠玉帛訖，方詣罍洗。再升壇如舊儀。乙未，詔以邊境繹騷，取來月暫幸河北。

十二月，車駕發京師，次大名府。威虜軍言：「契丹來寇，出兵擊敗之，殺其酋帥。」初，河北轉運使裴莊屢條奏傅潛無將略，樞密使王顯頗庇之，莊奏至輒不報。緣邊告急，潛麾下步騎凡八萬，畏懦自守，虜破狼山諸寨〔六〕，入祁、趙，出邢、洺間。朝廷屢督其出師，皆不聽。丙子，詔百官各上封章，各言邊事。於是工部侍郎錢若水言：「傅潛領數萬雄師，閉門不出，坐看戎虜俘掠生民。上則辜委注之恩，下則挫鋭師之氣。軍法曰：臨陣不用命者斬。今若申明軍法，斬潛以徇，然後擢取如楊延朗、楊嗣者五七人，增其爵秩，分授兵柄，不出半月，可以坐清邊塞。」起居舍人、直史館李宗諤言：「夫將帥者，必先觀其取予，察其智謀，能總千人者委以千人之權，能敵萬人者授以萬人之職，各守一郡一城，分領驍雄，爭據要害，來則急擊，去則勿追。又豈須置三路部署之名，制六軍生死之命，使有材力之士不得施爲縱欲，立奇功、報厚遇，爲人所制，莫可得也。」

庚子咸平三年春正月己卯朔，王均僭號大蜀，改元化順，入陷漢州。

呂中曰：李順之黨方息，而劉旰興，劉旰之徒方平，而王均起，何蜀人之好亂也。蓋其民勇悍，而又狃於僭僞之久，故易誘以亂耳。然安李順之黨者，張忠定也。平劉旰之亂者，亦張忠定也。代以牛冕則王均反，牧守其可非人乎。張詠使蜀者再，真宗曰：「得卿治蜀，無西顧憂。」趙抃使蜀者三，神宗曰：「聞卿入蜀，一琴一鶴自隨，爲政簡易亦若是耶。」此爲蜀擇詠，非爲詠擇蜀也。爲蜀擇抃，非爲抃擇蜀也〔七〕。

先是，范廷召分兵擊虜〔八〕，求援於高陽關都部署康保裔。保裔即赴之，廷召潛師以遁，虜騎圍之數重，保裔決戰，凡數十合，兵盡矢窮，救兵不至，保裔没焉。虜遂自德、棣濟河掠淄、齊而去。傅潛、張昭允並削奪官爵，潛流房州，昭允通州，仍籍没其家貲。先是，上駐大名，聞驍將楊延朗、楊嗣、石普輩屢請益兵，潛不之與，有戰勝者，潛又抑之，繇是大怒，令潛等詣行在。至則下獄，命錢若水、魏庠、馮拯案鞫之，罪當斬，詔特貸其死，公議無不憤惋。范廷召等引兵追契丹。丁亥，至莫州大破之，餘衆遁逃出境。遣使奏捷，群臣稱賀，上作喜捷詩題行宫壁。王均攻綿州，不克，直趨劍門。知劍州李士衡與劍門都監裴臻逆擊敗之。均衆乏食，還成都。甲午，車駕發大名府。上始聞王均反，即以雷有終知益州，李惠、石普、李守倫並爲川、峽兩路捉賊招安使，帥步騎八千往討之。庚子，車駕至自大名府。李沆爲東京留守，不戮一人，而輦下清肅。乙巳，王均復入成都。

二月，翰林學士王旦等三人權知貢舉。樞密使王顯罷爲山南東道節度使。翰林學士王旦爲給事中、同知樞密院事。諸軍校以次遷補，多自陳其勞績者，呼延贊獨進曰：「自念無以報國，不敢更望升擢。」衆頗嘉其知分。贊初爲鐵騎都指揮使，從太宗平太原，時方決策北征，左右因言：「自此取幽州，猶熱鏊翻餅耳。」贊獨曰：「此餅難翻，言者不足信也。」太宗不從，卒無功而還。君子謂贊粗暴，尚能識此，武臣中不可謂無其人也。丙子，曲宴近臣於後苑。

三月戊寅朔，日有食之。上在大名，詔調丁夫十五萬修黄、汴河。監察御史王濟以爲勞民，請徐圖之。乃命濟馳往經度，還奏，省其十之七。宰相張齊賢以河決爲憂，因對，並召濟入見。齊賢請令濟署狀保河不決，濟曰：「河決亦陰陽災沴所致，宰相若能和陰陽，弭災沴，爲國家致太平，河之不決，臣亦可保。」齊賢曰：「若是則今非太平耶。」濟曰：「北有契丹，西有繼遷，兩河關右歲被侵擾，以陛下神武英略，苟用得其人，可以馴致，今則未也。」上動容，獨留濟問以邊事。濟退而著備邊策十三條以獻。於是，選官判大理寺，上曰：「且擇當官不回者，王濟近數言事，似有特操，可試之。」以濟權判大理寺。

呂源曰：王濟以鎮州通判召還，自結太宗之知，許不時請對。繼判登聞院，真宗即位，多上疏言事，命同舊相張齊賢删定編敕，與齊賢争辨，詞氣甚厲，至目齊賢爲腐儒，不知適時之要。齊賢再相，會選官判大理寺，而濟預選。未幾，以議刑失實停官，方濟拔擢，而齊賢雖有宿憾且無異論，坐事停官，宰相豈無心也哉。嗚呼！左右之臣欲陷人於罪，皆有深意，人君不可不深察也。

禮部上合格舉人。甲午，上御崇政院，親覽入等者，賜陳堯咨以下二百七十一人進士及第，諸科六百九十七人賜同出身。賜宴日，以御書褒寵之。上連三日臨軒，初無倦怠之色，所擢凡千八百餘人。其中有自晉天福中隨計者，較藝之詳，推恩之廣，近代所未有也。上以手詔，訪知開封府錢若水備禦邊寇、剪滅蕃戎之策，若水上言：「備邊之要有五：一曰擇郡守，二曰募鄉兵，三曰積芻粟，四曰革將帥，五曰明賞罰。」

夏四月，李允則知潭州。初，馬氏暴斂，州人歲出絹謂之地稅。及潘美定湖南，計屋每間輸絹丈三尺，謂之屋稅。營田户給牛，歲輸米四斛，牛死猶輸，謂之枯骨稅。民輸茶初以九斤爲一大斤，後益至三十五斤。允則請除三稅〔九〕，茶以十三斤半爲定制〔一〇〕。會歲飢，欲發官廩先賑而後奏。轉運使以爲不可，允則曰：「須報必踰月，則飢者無及矣。」不聽。明年，又飢，允則請以家貲爲質，乃得發廩賤糶。因募飢民堪征役者隸軍籍，得萬人，民列治狀請留。詔書嘉獎。知益州牛冕削籍流儋州。初，張詠自蜀還，聞冕代己，詠曰：「冕非撫衆才，其能綏輯乎。」既而果然。

五月，虞部員外郎馮亮言：「饒、池、江、建州歲鑄錢百三十五萬貫，銅鉛皆有餘羨。」乃以亮爲江南轉運副使兼都大提點江南福建路鑄錢事。

九月，置群牧司。王均多爲藥矢，射中官軍，中者必死。雷有終募敢死士穴城間道，蒙氈秉燧而入，悉焚其守具，遂克其城。

冬十月，王均自成都突圍走，楊懷忠領虎翼軍追之。均窮蹙縊死，益州平。命翰林學士承旨宋白等修續通典。

十一月〔二〕，令常參官轉對如故事。言近訐者亦議優容，文不工者許其直致。張齊賢與李沆並相情好不協，自負有致君之術，每敷奏多不直致，議者以爲疏闊。辛卯，日南至，群臣朝會，齊賢被酒。上曰：「卿爲大臣，何以率下。」朝廷自有典憲，朕不敢私。」

甲午，齊賢罷守本官。

呂中曰：一相獨任〔三〕，則有專權之私；二相並命，則有立黨之患。然以趙中令權專任重，而能與新進之呂蒙正共事，以畢士安德尊望隆，而能與使氣之寇準共政，不惟無分朋植黨之風，抑且盡同寅和衷之義，而齊賢反與李沆不叶，與寇準相傾，何耶？君子可以知相業之優劣矣。

十二月丙寅，知兗州韓援上言：「伏睹近詔舉行轉對，在外文武群臣未預次對者，各許上封奏事。臣伏睹先帝自端拱以來，益勵精爲理，臣嘗權鹽鐵判官，得與本使上殿奏事。一日，先帝從容謂臣等曰：『大凡居職，不可不勤。朕每見殿庭兵卒剩掃一席地，汲一瓶水，必記其姓字。』夫如是則有以見先帝勤勞庶政，片善無遺。臣又聞，治國者在乎遠佞人，杜讒口，以陛下聰明神智，必無驕佚之虞。然願罔倦燭幽，勿使小人乘間而進。日謹一日，雖休勿休，居安念危，在治防亂，則天下幸甚。」疏奏，召援歸闕，授史館修撰。初，濮州有盜夜入城，知黄州王禹偁以爲國家武備不修，故盜賊竊發近輔，因奏疏曰：「太宗時，令江淮諸郡毁城隍，收兵甲，大郡給二十，小郡減五人，以充常從，號曰長吏，實同旅人，名爲郡城，蕩若平地。雖則尊京師而抑郡縣，强幹弱枝之術，亦非得其中道也。宜令並置本城守捉軍士，不過三五百人，閲習弓劍，然後漸葺城壘，繕完甲冑，郡國張禦侮之備，長吏免剽略之虞。」疏奏，上嘉納之。

辛丑咸平四年春正月，中外官上封事者甚衆，詔馮拯、陳堯叟詳定利害以聞。祕書丞查道上言曰：「朝廷命轉運使副，不惟商度金穀，蓋亦廉察郡縣。望自今每使回日，先令具任内曾薦舉才識者若干，奏絀貪猥者若干。」朝廷議其否臧，以爲賞罰。」從之。上召西川轉運使馬亮入朝。雷有終既平賊，誅殺不已，亮所全活踰千人。及至京師，會械送爲賊所詿誤者八十九人。知樞密院事周瑩欲盡誅之，亮言：「愚民脅從者衆，餘皆竄伏，若不貸此，反側之人，聞風疑懼，一唱再起，是滅一均生一均也。」上悟，悉宥之。

二月，雨。自去冬旱，上每御蔬食，憂閔切至。是日，方臨軒決事，雨沾衣，左右進蓋，卻而不御。知全州陳彭年上疏：一曰置諫官，二曰擇法吏，三曰簡格令，四曰省官員，五曰行公舉。詔學士、兩省、御史臺五品、尚書省諸司四品以上舉賢良方正能直言極諫各一人。

三月，兵部尚書張齊賢上言：「處士种放願以備賢良方正之舉。」乃賜放詔及裝錢五萬，令京兆府遣官詣山備禮發遣。放辭不至。先是，三院御史多出外任，風憲之職用他官兼領。乃詔本司長吏自薦其屬，俾正名而舉職。壬午，以太常博士張巽爲監察御史。從新制也。

呂中曰：御史，紀綱正自此始。蓋監司爲外臺，御史爲內臺，外臺之風采振而州縣肅，內臺之風采振而朝廷肅。以內臺而出外，則不惟侵外臺之權，亦無以振內臺之綱也。故自太宗令轉運兼按察，而後外臺正，自真宗令御史正名舉職，而後內臺正。

三月〔庚寅〕〔一三〕，左僕射呂蒙正、兵部侍郎參知政事向敏中並守本官平章事。中書侍郎平章事李沆加門下侍郎。

呂中曰：宋朝國初至是，三入相者惟趙普及呂蒙正焉，皆未嘗爲子弟求恩澤。

初，乾元曆氣朔漸差。詔司天監編新曆。曆成，賜名儀天。參知政事王化基罷爲工部尚書，以王旦爲工部侍郎、參知政事，馮拯、陳堯叟並爲給事中、同知樞密院事，薛映、梁鼎、楊億並知制誥。上初欲用梅詢，宰相李沆素不喜詢，言於上曰：「梅詢險薄，用之恐不協群議。」上曰：「如此則何人可？」沆曰：「楊億有盛名。」上乃驚喜曰：「幾忘此人。」召映、鼎就試，翌日與億並命。審官院初引對京官於崇政殿，遷秩有差。京朝官磨勘引對，自此始。王欽若使西川還，即日以欽若爲左諫議大夫、參知政事。上御崇政殿試制舉人，得查道、陳越、王曙。

夏五月，翰林學士朱昂罷爲工部侍郎致仕。昂有清節，淡於榮利。初爲洗馬，十五年不遷，不以屑意，非公事不至兩府。上知其素守，驟加褒進，昂累章告老，上不得已從之。遣使就第賜器幣，謂輔臣曰：「昂侍朕左右，未嘗以私事干朕。今其歸老，可給全俸。」詔本府歲時省問，如有章奏，許附驛以聞。又命其子正辭知公安縣，使得就養。舊制，致仕官止謝殿門外，於是上特延見命坐，勞問久之，令候秋涼上道。復遣中使錫宴於玉津園，兩制、三省儒臣皆預，仍詔賦詩餞行，恩渥之盛，近代無比。

六月癸卯，直集賢院梅詢上言：「朝廷遣使減省天下冗吏，計省十九萬五千八百二人，請付史館。」從之。

呂中曰：去國初未遠，而吏之冗至於十九萬五千餘人，何其多耶！蓋太祖去在京之吏，真宗去諸路之吏，然自是而後吏愈冗而愈不可去矣。此識者有「官無封建而吏有封建」之説也。

王禹偁卒。上甚嗟悼之。禹偁詞學敏贍，時所推重，鋒氣峻厲，以直躬行道爲己任，遇事敢言，雖履危困，封奏無輟。嘗言吾若生元和時，從事於李絳、崔群間，斯無媿矣。又爲文著書師慕古昔，多涉規諷，以是不容於流俗，故累登文翰之職，尋即罷去焉。

秋八月己酉，復親試制舉人，得丁遜、孫僅、何亮、孫暨入第四等。上觀稼北郊。咸平初，太常丞陳堯佐爲開封府推官，坐言事切直，貶潮州通判。堯佐至州，修孔子廟，作韓愈祠堂，率其民之秀者，使就學。時張氏子年十六，與其母濯於惡溪，爲魚所噬。堯佐以謂昔韓愈患鱷之害，以文投溪中，而鱷爲遠去。今復害人，不可不除。卒使捕得，更爲文鳴鼓於市而戮之。潮人以比韓愈〔一四〕。三歲召還，命直史館。

九月，以劉士元爲南宮侍教。南宮北宅有侍教，自此始。

冬十月，上語近臣曰：「近者慶州地再震，熒惑犯輿鬼，可不恐懼修省。」知樞密院王繼英曰：「妖不勝德。」上曰：「朕何德可恃？」同知樞密院陳堯叟曰：「陛下克己愛民，河防十餘溢而不決，歲復大稔。此聖德格天所致也。」上曰：「天不欲困生靈耳，豈朕德能感之，自此益須防戒。」

十一月丙子，王顯遣寄班夏守贇馳騎入奏前軍與契丹戰，大破之，戮二萬餘人。

十二月，時靈州孤危。詔群臣議棄守之宜。楊億即日奏，以爲：「此虜方黠，其財猶豐，未可以歲月破也。須廢棄靈州，退保環慶，然後以計困之爾。」上訪於左右輔臣，咸以爲靈武乃必争之地，苟失之，則緣邊諸州亦不可保。上頗然之，宰相李沆奏曰：「若遷賊不死，靈州必非朝廷所有，莫若發單車之使，召州將部分戍卒居民，委其空壘而歸。如此，則關右之民息肩矣。」

閏十二月甲午，以王超、張凝領步騎六萬援靈州。

呂中曰：靈州之議，當以輔臣之言爲是，而李沆、楊億之言爲非。綏州之議，當以孫全照之言爲是，而以洪湛之言爲非。蓋綏州不可城，靈州不可棄也。故何亮上安邊書曰：靈武地方千里，表裏山河，捨之則戎狄之地廣且饒矣，一患也。自環慶至靈武，凡千里，故西域戎狄合而爲一，二患也。冀北馬之所生，自匈奴猖獗，無匹馬南來，咸取足乎西戎。既剖分爲二，其右乃西域之東偏，實爲夏賊之境。其左乃西域之西偏，秦涇儀渭之西北諸戎是也〔一五〕。如捨靈武，則合而爲一，夏賊桀黠，俾諸戎不得貨馬，則未知戰馬從何來，三患也。請築溥樂、耀德二城以通河西之糧道，靈武居絶塞之外，不築此二城爲唇齒，與捨靈武何異。後韓魏公以亮之言爲然。

壬寅咸平五年春正月，以張齊賢爲邠寧環慶涇原儀渭鎮戎軍經略使、判邠州，令環慶、涇原兩路及永興軍駐泊兵並受齊賢節度。戊申，田錫權幹當通進銀臺司兼門下封駁事。錫奏：「臣昨見差張齊賢充經略使，曾致堯爲經略判官，鄭文寶爲轉運使，臣讀孫子兵書云：不盡知用兵之害者，則不能盡知用兵之利。今未喻張齊賢、曾致堯、鄭文寶等盡知用兵之利害否？若盡知利與害，動無遺策，方可委之經略邊事。」

三月，李繼遷攻陷靈州，知州裴濟死之。靈州被圍，餉道斷絶，孤城危急，濟刺指血染奏求救，大軍訖不至。城遂陷。王超等奏班師。上親試進士王曾以下二十八人，九經諸科百八十二人，並賜及第。

夏四月，錢若水上言：「綏州自賜趙保忠以來，户口凋殘。今欲復城之，用工計百餘萬，徒爲煩擾，絶無所利。已罷其役。」若水復詣闕面陳其事，上甚嘉納。初，若水率衆過河，分佈軍伍咸有節制，深爲戎將所伏。上知之，謂左右曰：「若水儒臣中知兵者也。」癸酉，命田錫以本官兼侍御史知雜事，仍遣中使諭旨曰：「卿每上章疏，所司不敢滯留，朕皆一一親覽。知雜之任，朝廷甚難其人，故以命卿。仍不妨徐徐撰述，或有所見，即具奏聞。」

五月乙巳，屯田郎中、判三司催欠司楊覃上纇放天下逋欠，計八百萬，請付史館。從之。禮部尚書温仲舒兼御史中丞。以尚書兼中丞自仲舒始。

六月，工部郎中陳若拙知處州。若拙前任京東轉運使，被召時三司使缺，自謂得之。及至，授刑部郎中、知潭州，若拙大失望。因對固辭，且言嘗任三司判官及轉運使，今守湖外，反類責降。上曰：「潭州大藩，朕爲方面擇人，所委不在轉運使下。輔相舊臣固亦有出典大藩者。」若拙懇請不已，乃追新授告敕，而有此命。上謂宰臣曰：「士大夫操修必須名實相副，若拙貪進擇禄，如此固當譴降。朕之用人，豈以親疏爲間，苟能盡瘁奉公，有所植立，何患名位之不至也。」

富弼曰：帝王之使人，不可不度其才。度其才而使之不容辭避，則命令重矣。真宗用郭贄、陳若拙守藩郡，各辭其任，一固遣，一責降，誠得使人之術。帝王任藩郡守若容辭避，則急難能使人乎？

李繼遷攻麟州，知州衛居實屢出奇兵突戰，及募勇士縋城潛往擊賊，殺傷萬餘人。丁丑，繼遷拔寨遁去。詔以衛居實爲供備庫使。

秋七月，以錢若水爲并、代經略使、判并州。上新用儒將，未欲使兼都部署之名，而其任實同也。丙辰，遣使齎詔就終南山召种放赴闕。

九月，种放以幅巾入見於崇政殿，命坐與語，詢以民政、邊事。放曰：「明王之治，愛民而已，惟徐而化之。」餘皆謙讓不對。即授左司諫、直昭文館。

十月，左領軍衛將軍薛惟吉妻柴氏無子，惟吉有子安上、安民，素與柴氏不協。柴既寡，盡畜其祖父金帛謀改適張齊賢。安上詣開封府訴其事，府以聞，下其事於御史獄，柴因訟向敏中賤貿惟吉故第，又嘗求娶已不許，以是教安上誣告母，且陰庇之。上以問敏中，敏中言實以錢貿安上居第，近喪妻不復議姻，未嘗求婚於柴也。柴訟益急，遂並鞫之，乃齊賢子宗誨教柴爲詞。鹽鐵使王嗣宗素忌敏中，因對言敏中議娶王承衍女弟，密約已定。上因面責敏中以不直。丁亥，敏中罷爲户部侍郎，齊賢責授太常卿、分司西京。先是，翰林學士宋白嘗就敏中假白金十錠，敏中靳不與，於是白草敏中制書，極力詆之，有云：「對朕食言，爲臣自昧。」敏中讀制泣下。侍御史知雜事田錫言：「臣睹近敕戒勵大臣，謂其不守廉隅，多置貨產〔一六〕，祿厚而不知恥者，尚懷歉恨，官崇而能自省者，豈不憂慚。斯乃陛下正之以知足之訓詞，責之以貪饕之顯過。又訪聞密院、中書政出吏胥，只檢舊例，樞相商議，別無遠謀。戎夷深入則請大駕親征，將帥無功則取聖慈裁斷。若其任用則不失享富貴，若令罷免則不過歸班行。臣下得優逸，而君上但焦勞。勞逸失宜，尊卑實爲倒置也。故陰陽不順，水旱不調，法令滋章，盜賊多起。尚率京城父老與百辟千官，五度十章，請加尊號。賴聖君英睿，以爲天不可欺，御劄丁寧，示以志不可奪，必斷來表，深愜群情。由是見宰相以甘言佞上求聖知，不以國計軍機爲己任。若加以水旱之災，乘以戎狄之患，不知在廟堂者用何知略，總軍兵者作何籌謀。」

十一月辛丑，享太廟。壬寅，合祭天地於圜丘。因詔三司，非禋祀所須並可減省。於是省應奉雜物十萬六千、功九萬九千。丙午，大雪。上謂宰相呂蒙正等曰：「昨郊祀之際，重陰變晴。今兹成禮，又獲嘉雪。豐年可期矣。」

十二月，以宰相呂蒙正、李沆並兼門下侍郎。舊制，三師、三公、左右僕射、平章事並兼兩省侍郎。先是，學士宋白、梁周翰草二相加恩制書，遺忘舊制，既而上問白等，不能對，第請改正。宋白等各罰一月俸。田錫上言：「陛下自纂承大位，五年於兹矣。儲闈未建，典册不行，宜速以宗社永寧爲大本，人心預定爲遠圖也。」

癸卯咸平六年三月辛卯朔，田錫言：「臣伏睹去秋已來，霖雨作沴，水潦爲災。雖聞檢覆，莫知適從。今國家爲少缺軍兵防備邊戍，遂於曹、單、宋、亳、陳、蔡、汝、潁之間，點集鄉村，揀選强壯，得五七萬人。訪聞始降宣命指揮，只令在本城防守，及至奏聞都數，並即抽赴京師。何以如此失信，令下民寧無怨望。以災沴之餘，寇盜若起，適足爲戎狄之利，有勞宵旰之懷。」

夏四月，去歲以義軍分隸州兵之籍。於是，命張延禧料簡得萬三千餘人，立爲神銳、神虎指揮，常加訓習焉。丙子，契丹入寇，定州行營都部署王超逆戰於望都縣，副部署王繼忠常以契遇深厚，思戮力自效，率麾下躍馬馳赴，士皆重創殊死戰，至白城，陷於虜〔一七〕。成都闕守，朝議難其人，上以張詠前在蜀爲政明肅，勤於安集，遠民便之。甲申，加詠刑部侍郎，充樞密院直學士、知益州。民聞詠再至，皆鼓舞自慶。

五月，上以王繼忠實戰死，丁酉，贈繼忠大同節度使兼侍中，録其子懷節、懷敏、懷德。望都失利，上語近臣曰：「頗聞有臨陣公然不護主帥，引衆先遁者。」乃命劉承珪、李允則馳驛按問。李福坐削籍流封州，王昇決杖配隸瓊州。自望都失利，上日訪禦戎之策，因合兩府會議，或請合鎮、定、高陽三路兵據衝要，或請令三路分兵扞禦，或請以鎮、定兩路兵陣於州之北，又徙高陽兵於寧遠軍，仍別設奇兵於順安軍控扼，發强壯備城彌縫其缺，上總覽而裁定之。

六月己未朔，内出陣圖示輔臣曰：「鎮、定、高陽三路兵悉會定州，寇來，堅守勿逐，俟信宿寇疲，則鳴鼓挑戰〔一八〕。又分兵出三路，以六千騎屯威虜軍，五千騎屯保州，五千騎屯北平寨，使其腹背受敵。又兵八千屯寧邊軍，五千屯邢州〔一九〕，扼東西路。」又曰：「任人擇才，頗亦難事，朕必就其所長而用之。魏能性剛，張銳善熟〔二〇〕，故使佐能。孫全照好陵人，取其常所保薦者與同事。韓守英素無執守，當使閻承翰代之。承翰雖無武幹，然亦勤於奉公也。其他選用悉皆類此。」先是〔二一〕，三司各置使。丁亥，始併爲一使，命寇準充三司使，兼置副使。以陳恕爲尚書左丞、知開封府。恕在三司前後踰十餘年，究其利病，條例多所改創。其徙他官也〔二二〕，嘗薦寇準可用。及準至三司，即檢其前後所改創事，類爲方册，其曉諭榜帖，悉以新板别書，齎詣恕第請署，恕一一爲署之，不復辭。準拜謝去，故三司多循恕舊貫，自準始也。

秋七月，復并三司鹽鐵、度支、户部勾院爲一。

九月，司空、平章事吕蒙正凡七上表求退，甲辰，罷爲太子太師，封萊國公。是秋，募近京强壯補禁衛。詔殿前都指揮使高瓊閲習陣勢。

冬十月，静戎軍王能奏於軍城東新河之北開田，廣袤相去皆五尺許，深七尺，狀若連鎖，必能限隔戎馬。詔静戎、順安、威虜界並置方田，鑿河以遏胡騎。錢若水卒。若水能斷大事，事繼母以孝聞，上甚悼惜之，贈户部尚書，謚宣靖。

［十一月庚寅］詔：「監司之職，刺舉爲常，頗聞曠官，怠於行部，將何以問民疾苦、察吏否臧。自今諸路轉運使，令遍至管内按察。」光禄寺丞李永錫、奉禮郎王嘉祐坐交遊非類〔二三〕，並責監酒税。嘉祐，禹偁子也。平時若愚騃，獨寇準知之。準知開封府，一日問嘉祐曰：「外間議準云何？」嘉祐曰：「外人皆云丈人旦夕入相。」準曰：「於吾子意

何如？」嘉祐曰：「以愚觀之，丈人不若未爲相，爲相則譽望損矣。」準曰：「何故？」嘉祐曰：「自古賢相所以能建功業、澤生民者，其君臣相得皆如魚之有水，故言聽計從，而功名俱美。今丈人負天下重望，相則中外以太平責焉。丈人之於明主能若魚之有水乎？嘉祐所以恐譽望之損也。」準起執其手曰：「元之雖文章冠天下，至於深識遠慮，殆不能勝吾子也。」甲寅，有星孛於井鬼，大如杯，色青白，光芒四尺餘，凡三十餘日沒。上曰：「朕德薄致茲謫，見大懼災及吾民，密邇誕辰，宜罷稱觴之會，以答天譴。」

十二月辛未，史館修撰田錫卒。錫耿介寡合，嚴恭好禮，慕魏證（徵）、李絳之爲人，及居諫署，直言時政得失，嘗曰：「吾封疏五十二奏，皆諫臣任職之常也，豈可藏副示後，謗時賣直耶？」悉取焚之。臨終，自作遺表，上覽之惻然，曰：「田錫直臣也。天何奪之速乎。若此諫官，誠不易得，朝廷小有闕失，方在思慮，錫之章奏已至矣。」

呂中曰：東坡嘗序其奏議曰：田公，古之遺直也。其盡言不諱，蓋自敵己以下受之有不能堪者，而況於人主乎。吾是以知二宗之聖也。自興國以至咸平，可謂大治，千載一時，而田公常若有不測之憂，何哉？古之君子必憂治世而危明主，明主有絕人之資，治世無可畏之防。夫有絕人之資必輕其臣，無可畏之防必易其民，此君子所甚懼也。

戊寅，德音，赦天下死罪降一等，流以下並釋之，除三年逋租。癸巳，上親閱逋負名籍，釋繫囚四千一百六人，蠲物八萬三千。於是將肆赦，改元。或謂蠲放逋債，減除率斂，其數頗多，三司必以恩澤太濫，虧損國計爲言。上曰：「非理害民之事，朝廷決不可行。吝於出納，固有司職也。要當使斯人實受上賜。」甲申，日將午〔二四〕，雷暴震。司天言，占主國家發號布德未及黎庶。上謂輔臣曰：「豈所議赦書，小惠未遍，上天以雷警朕耶？卿等皆盡心講求之。」

甲辰景德元年春正月朔，大赦，改元，京師地震。癸卯，夜，京師地復震。丁未，夜，京師地復震。上謂宰相李沆曰：「坤道貴於安靜，京師大衆所聚，而震動若此，皆朕聽覽不明所致。夙夜內省，中外之政敢不盡心，但慮命令之出，或有枉撓。」沆頓首引咎。李繼遷之陷西涼也，都首領潘羅支僞降，繼遷受之不疑。未幾，羅支遽集六穀蕃部及者龍族合擊之，繼遷大敗，因中矢死。其子阿移嗣位，改名德明。

二月，請降，乃賜詔招諭。

夏四月，邢州言地震不止。

六月，上密采群臣之有聞望者，得邊肅、鞠仲謀、朱協、〔陳英、〕郝太沖、李玄、馬景、何亮、周絳、謝濤、衛太素、陳昭度、崔端、高謹徽、趙湘、張若谷、姜嶼、皇甫選、滕涉、陸玄圭、李奉天、崔遵度、曹度、陳越，凡二十四人〔二五〕，內出其姓名，令閤門祗候，崇政殿再坐引對，外任者乘驛赴闕，每對，必往復紬繹其詞氣，或試文藝，多帖三館職，或命爲省府判官，或升其差使焉。好事者因號越等爲二十四氣，以比唐修文館學士四時八節十二月之數云。

吕中曰：三載考績，岳牧皆預。歲終廢置，群后咸在〔二六〕。後世徒纖悉於小吏，而闊略於公卿大夫。今罷郊禮之恩，而行磨勘之法，於選人則舉孤寒無援之人，而擢之京官，其寬於小而嚴於大可知。至於採聞望而用人，則又不待行考課之法，此又真宗之微權也。

秋七月，先是，上召翰林學士梁顥夜對，詢及當世臺閣人物。顥曰：「晁迥篤於詞學，盛玄敏於吏事。」上不答，徐問曰：「文行兼著如趙安仁者有幾？」顥曰：「安仁才識兼茂，體裁凝遠，求之具美，未見其比也。」既而顥卒，以安仁爲翰林學士。丙戌，右僕射平章事李沆卒，年五十八，上再幸其第，哭之慟，謚文靖。上之初即位也，沆日取四方水旱、盗賊奏之，參知政事王旦以爲細事不足煩上聽。沆曰：「人主少年，當使知人間疾苦。不然，血氣方剛，不留意聲色犬馬，則土木甲兵、禱祠之事作矣。吾老不及見此，參政他日之憂也。」時西北用兵，邊奏日聳，旦慨然謂沆曰：「安得企見太平，吾人當優游燕息乎。」沆曰：「國家强敵外患，適足爲警懼。異日天下晏然，人臣率職，未必高拱無事，君奚念哉。」上雅敬沆，嘗問治道所宜先。沆曰：「不用浮薄新進喜事之人，此最爲先。」上問其人，曰：「如梅詢、曾致堯、李夷庚等是矣。」上深然之，故終上之世，此數人者卒不進用。在中書，未嘗密進封章。上嘗詢其故，沆曰：「臣備位宰相，公事當力言之，苟背同列密有所啓，此非讒即佞，臣實嫉此事。」沆重厚淳質，退朝輒終日危坐，未嘗問家事，對賓客尤寡言。弟維嘗乘間勸沆，稍屈意接納士大夫。沆曰：「吾非不知此也，然今群臣皆得升殿言事，封章論奏，吾悉見矣。至於西北大計，薦紳中如李宗諤、趙安仁，皆一時英秀，與之談，猶不能啓發吾意，自餘通籍之子，坐起拜揖尚周章失措，即席必自論功最、希寵獎，此又何足與乎。苟勉强酬答〔二七〕，則世所謂籠罩之事，吾未能也。」沆自言：「居重位實無補萬分，惟四方言利事者未嘗一施行，聊以此報國耳。」嘗喜讀論語，或問之，沆曰：「爲宰相如論語中『節用而愛人，使民以時』兩句尚未能行，終身誦之可也。」戊子，陝西轉運使言：「西面沿邊諸州於保毅軍内簡集成振武軍四十指揮。」上曰：「朕詢於知兵及詳練邊事者，皆云自此立軍，邊聲頓振，戎人畏懼不敢侵寇矣。」李沆死，中書無宰相，上意欲擢寇準，乃先置宿德，以畢士安爲吏部侍郎、參知政事。士安入謝，上曰：「未也，行且相卿。誰可與卿同進者？」士安因言：「準資忠義，能斷大事。」上曰：「聞準剛，使氣奈何？」士安曰：「今天下之民雖蒙休德涵養安佚，而西北跳梁未服。若準者，正宜用也。」不閱月，遂與準俱相。光祿少卿宋雄監河陰屯兵，雄習河渠利害，因領護汴口，均節水勢，以濟江淮漕運。居十數年，三遷將作監，不易其任，職務修舉，朝廷賴焉。

八月己未，以參知政事吏部侍郎畢士安、三司使兵部侍郎寇準並依前官平章事。是時，契丹多縱遊騎剽掠深、祁間，小不利即引去，徜徉無鬬意。準曰：「是狃我也，願朝廷練師領，簡驍鋭，分據要害地以備之。」宣徽南院使、知樞密院事王繼英爲樞密使，同知樞密院事馮拯、陳堯叟並爲簽書樞密院事。樞密直學士、工部郎中劉師道權三司使公事。自後三司除使多用此制。知壽州陳堯佐自出米爲糜以食餓者，而吏民皆争出米，其活數萬人。堯佐曰：「吾非行私惠，蓋以令率人，不若身先而使其從之樂也。」先是，石保吉求兼相印，上以問李沆。沆曰：「保吉因緣戚里，無攻戰之勞，驟據台席，恐騰物議。」上他日詢之，執奏如初，其事遂寢。及沆卒，丙子，以保吉爲武寧節度使、同平章事。

九月，上謂輔臣曰：「累得邊奏，契丹已謀南侵，朕當親征決勝，卿等共議何時可以進發。」畢士安曰：「陛下已命將出師，委任責成可也。必若戎輅親行，宜且駐蹕澶淵。」寇準曰：「大兵在外，須勞聖駕暫駐澶淵，進發之期不可稽緩。」上每得邊奏，必先送中書，謂畢士安、寇準曰：「軍旅之事，雖屬樞密院，蓋中書總文武大政，號令所從出。鄉者李沆或有所見，往往別具機宜。卿等當詳閲邊奏，共參利害，勿以事干樞密院而有所隱也。」因言：「樞密之地，尤須謹密，漏禁中語，古人深戒。若與同列及樞密彰不協之迹，則中外得以伺其間隙，實非所便，卿等志之。」

閏九月，契丹主與其母舉國入寇。其統軍撻覽引兵掠威虜、順安軍〔二八〕，魏能、石普等帥兵禦之。能敗其前鋒。又攻北平寨，田敏等擊走之。又東趣保州，攻州城，不利而北。撻覽與契丹主及其母合勢攻定州，王超陣於唐河，其輕騎俄爲我裨將所擊，乃率衆東駐陽城淀。先是，寇準已決親征之議。王欽若以虜寇深入〔二九〕，密言於上，請幸金陵。陳堯叟請幸成都。上復以問準，時欽若、堯叟在旁，準心知欽若江南人，故請南幸，堯叟蜀人，故請西幸，乃陽爲不知，曰：「誰爲陛下畫此策者，罪可斬也。今天子神武而將帥協和，若車駕親征則虜自當遁去〔三〇〕，不然則出奇以撓其謀，堅守以老其衆，勞逸之勢，我得勝筭矣。奈何欲委棄宗社，遠之楚、蜀耶。」上乃止，二人由是怨準。欽若多智，準懼其妄有關說，疑沮大事，圖所以去之。會上欲擇大臣使鎮大名，準因言欽若可任。乙亥，以欽若判天雄軍府兼都部署。初，王繼忠戰敗，爲虜所獲，虜即授以官。繼忠乘間言和好之利。時虜雖大舉深入，然亦遣李興等以繼忠書詣莫州部署石普，且致密奏一封達闕下。上發視之，遂以手詔令石普付興等賜繼忠，繼忠欲朝廷先遣使命，上未許也。

冬十月，繼忠得上手詔，即具奏，乞早遣使議和好。丙午，上命樞密院擇可使虜者，王繼英言，殿直曹利用自陳，倘得奉君命，死無所避。乃授利用閤門祗候，假崇儀副使，奉契丹主書以往。又賜繼忠手詔。己酉，初置龍圖閣待制。契丹抵瀛州城下，晝夜攻城，知州李延渥率州兵拒守，發礧石巨木擊之，死者三萬餘人，傷者倍之，竟弗能克，乃遁去。

十一月，車駕北巡。司天言：「日抱珥，黄氣充塞，宜不戰而卻，有和解之象。」曹利用至天雄，孫全照疑虜不誠，勸王欽若留之。虜既數失利，復令王繼忠具奏求和好，且言北朝頓兵，不敢劫掠，以待正人。上因賜繼忠手詔，又以手詔促利用行。上駐蹕韋城，群臣復有以金陵之謀告上，宜且避其鋒者。上意稍惑，乃召寇準問之。準曰：「今虜寇迫近，四方危心，河北諸軍日夜望鑾輿至，士氣當百倍。若回輦數步，則萬衆瓦解，虜乘其勢，金陵亦不可得而至矣。」上意未決，準出，遇殿前都指揮使高瓊門屏間，謂曰：「太尉受國厚恩，今日有以報乎。」對曰：「瓊，武人，誠願效死。」準復入對，瓊隨入立庭下。準曰：「陛下不以臣言爲然，盍試問瓊等。」遂申前議，詞氣慷慨。瓊仰奏曰：「寇準言是。」且曰：「隨駕軍士父母妻子盡在京師，必不肯棄而南行，中道即亡去耳。願陛下亟幸澶州，臣等效死，虜不難破。」上意遂決。甲戌，晨發。左右以寒甚，進貂裘絮帽，上卻之曰：「臣下暴露寒苦，朕獨安用此耶？」是日次南城，以驛舍爲行宫，將止焉。寇準固請幸北城，曰：「陛下不過河則人心危懼，虜氣未懾，非所以取威決勝也。」高瓊亦固以請。馮拯在旁呵之。瓊怒曰：「君以文章致位兩府，今虜騎充斥如此，君何不賦一詩詠退虜騎耶？」即麾衛士進輦扣陛。上遂幸北城。既至，登門樓，張黄龍旗，諸軍皆呼萬歲，聲聞數十里，氣勢百倍，虜相視益怖駭。曹利用自天雄赴虜寨共議和好事，議未決，乃遣杞持國主書與利用俱還。

十二月，杞入對，呈其書，復以關南故地爲請。上曰：「朕守祖宗基業，不敢失墜，所言歸地事極無名，必若邀求，朕當決戰爾。實念河北居人重有勞擾，倘歲以金帛濟其不足，朝廷之體固亦無傷。答其書不必具言，但令曹利用與韓杞口述兹事可也。」上又面戒利用以地必不可得，若邀求貨財則宜許之。是日日食，德、博州並言契丹已移寨東北去，臨河觀城縣民石興等自虜寨逃歸，具言虜帥撻覽中矢死。曹利用與韓杞至虜寨，虜復以關南故地爲言，利用輒沮之，且許遺絹二十萬疋、銀一十萬兩，議始定。虜言國主年少，願兄事南朝。甲申，利用與其右監門姚東之持國主書俱還。丙戌，命李繼昌持誓書與東之俱往報聘。利用之再使北也，面請歲賂金帛之數。上曰：「必不得已，雖百萬亦可。」寇準召至，語之曰：「雖有敕旨，汝往所許不得過三十萬，過三十萬勿來見準，準當斬汝。」利用果以三十萬成約而還。入見行宮，上方進食，使內侍問所賂，利用不肯言，而以三指加頰。內侍入白：「豈非三百萬乎？」上失聲曰：「太多。」既而曰：「姑了事，亦可耳。」及對，上曰：「幾何？」曰：「三十萬。」上不覺喜甚，故利用被賞特厚。戊子，上作回鑾詩命近臣和。上曰：「北狄自古爲患，儻思平憤恚，盡議殲夷，則須日尋干戈，歲有勞費。今得其畏威服義，息戰安民，甚慰朕懷。」時王超等逗撓無功，唯有終赴援，威聲甚振，河北列城賴以雄張云。甲午，車駕發澶州。李繼昌至虜帳，群情大感悅，館設之禮益厚，即遣其西上閤門使丁振奉誓書來上。戊戌，車駕至自澶州。寇準在澶州，每夕與知制誥楊億暢飲謳歌，諧謔喧譁達旦，上使人覘知之，喜曰：「得渠如此，吾復何憂乎。」既而曹利用與韓杞至行在議和，準初欲勿許，且畫策以進曰：「如此則可保百年無事，不然戎且生心矣。」上曰：「數十歲後當有能扞禦之者，吾不忍生靈重困，姑聽其和可也。」準處分軍事或違上旨，及是謝曰：「使臣盡用詔令，茲事豈得速成。」上笑而勞焉。

陳瑩中曰：當時若無寇準，天下分爲南北矣。然寇萊公豈爲孤注之計哉。觀契丹之入寇也，掠威虜、安順軍則魏能、石普敗之，攻北平寨則田敏擊走之〔三〕，攻定州則王超等拒之，圍岢嵐軍則賈宗走之〔三二〕，寇瀛州則李延渥敗之〔三三〕，攻天雄則孫全照卻之，抵澶州則李繼隆禦之。兵將若此，則親征者所以激將士之用命。然所謂親征者，在景德行之則可，而議者當靖康時，有請用真宗故事則不可。蓋親征之行，必兵强可也，財富可也，將能擒敵可也。若此則分畫明，紀綱修，法度正，一有不然，則委人主以危事。曰天子所在，兵無不勝，此書生之虛論，可言而不可行也。寇準之功不在於主親征之説，而在於當時畫策欲百年無事之計。向使其言獲用，不惟無慶曆之悔，亦無靖康之禍矣。我宋之安，景德之役也。靖康之禍，亦景德之役誤之也。景德王師一動而誅撻覽，契丹不能渡河也，遂使靖康坐守京城，而覘虜之不渡河〔三四〕。景德不戰而和，欲和者虜也，遂使靖康坐視虜之深入，而獨意和好之可久。景德既和，詔邊郡無邀虜歸，所以示大信也。遂使靖康虜人議割吾之三鎮，而猶縱虜不追，其守不足以爲謀，其和不足以爲信，其縱不足以爲德，準之言至是驗矣。

范仲淹曰：王文正公旦爲相二十年，人莫見其愛惡之迹，天下謂之大雅。寇萊公澶淵之役，而能左右天子，不動如山，天下謂之大忠，樞密使扶風馬公知節慷慨立朝，有犯無隱，天下謂之至直。

乙巳景德二年春正月[庚戌]朔，大赦，上以河北守臣宜得有武幹善鎮静者，命馬知節知定州，李允則知雄州。知節先在鎮州，方虜犯塞〔三五〕，民相攜入城，知節與之約，有盜一錢者斬。俄而竊童兒錢二百者即戮之。自是無敢犯者。每中使賫詔諭邊郡，知節慮爲虜所掠，因留之，募捷足間道而行以達詔旨。會發澶、魏、邢、洺等六州軍儲赴定州，水陸並進，時兵交境上，知節曰：「是資虜也。」因告諭郡縣，凡公家輸輦之物所在納之，虜欲剽劫皆無及。車駕幸澶淵，大將王超擁兵屯駐定州，逗遛不進，知節屢諷之，超不爲動，復移書誚讓，超出兵，猶辭以中渡無橋，徒涉爲患。知節先已命工度材，一夕而具，上聞之，手詔褒美。省河北諸州戍兵十之五。

二月，遣使賀契丹國母生辰。

三月，上親試進士李迪以下二百四十六人，特奏名五舉以上一百十一人，諸科得九經以下五百七十人，特奏名三禮以下七十五人。上謂宰相曰：「迪所試最優，李諮亦有可觀，聞其幼年母爲父所棄歸舅族，諮日夕號泣，求還其母，乃至絕葷茹以禱祈。又能刻苦爲學，自取名級，亦可嘉也。」先是，迪與賈邊皆有聲場屋，及禮部奏名，而兩人皆不與，考官取其文觀之，迪賦落韻，邊論當「仁不讓於師」，以師爲衆，與注疏異。特奏令就御試。參知政事王旦議落韻者，失於不詳審耳；捨注疏而立異論，輒不可許，恐士子從今放蕩無所準的。遂取迪而黜邊。當時朝論大率如此。初，安陽人陳貫喜言兵，咸平中大將楊瓊、王榮喪師，貫上書言：「前日不斬傅潛、張昭允〔三六〕，使瓊輩畏死不畏法。今不嚴其制，後當益弛。請立法，凡合戰而奔者，主校皆斬，大將戰死，裨校無傷而還，與奔軍同。軍峒城圍，別部力足救而不至者，以逗遛論，如此罰明而士卒厲矣。」上嘉納之。將召試學士院，執政謂瓊等已即罪，議遂格。又嘗上形勢、選將、練兵論三篇，於是貫舉進士，試殿庭，得同出身。上識其姓名，曰是數言邊事者，擢置第二等，賜及第。

夏四月，王欽若累與寇準不協，還自天雄，再表求罷，乃置資政殿學士，以欽若爲之，仍遷刑部侍郎。

五月，宣徽院使雷有終倜儻自任，能撫士卒，宴犒不足，則傾私帑給之，家無餘財。居數月，卒，身後宿負猶不啻百萬。殿前都虞候張凝忠勇好功名，善訓士卒，賞賜甚厚，多以犒師，京師無居第。上嘗與近臣論將帥，曰：「選用武臣實難，倘未嘗更歷，則不能周知其才。太宗所擢甚衆，而優待者唯凝與王斌、王憲等數人，每賜與絕殊倫輩。乃知先帝知人之明也。」於是凝卒，上甚惜之。詔邊民應募爲弓箭手者，給以境内閒田，永蠲其租。庚申，上親試進士范昭等五十一人，諸科一百九十八人。撫州進士晏殊年十四，大名府進士姜益年十二〔三七〕，皆以俊秀聞。特召試，殊試詩賦各一首，益試詩六篇。殊屬詞敏贍，上深歎賞。宰相寇準以殊江左人，欲抑之，而進益。上曰：「朝廷取士，惟才是求。四海一家，豈限遐邇。如前代張九齡輩，何嘗以遐陋而棄置耶？」乃賜殊進士出身，益同學究出身。後二日，復召殊，試詩賦論，殊具言賦題嘗私所習，上益愛其淳直，改試他題。既成，數稱善，擢祕書省正字，祕閣讀書，仍命直史館陳彭年視其所學及檢察其所與遊者。詔自今諸州官吏雪活得人命者，並理爲勞績〔三八〕。

六月，上謂輔臣曰：「殿前司兵及禁兵老疾者衆，蓋久從征戍，失於簡練。比因抽移至京師，雖量加閱視，亦止能去其尤者。今多已召還，宜精加選擇。雖議者恐其動衆，亦當斷在必行。第以契丹請盟，西戎納款，若即行此，則軍旅之情，必謂國家便謀去兵惜費，不若先從下軍選擇勇力者次補上軍，亦可鎮厭浮言，使衆不惑也。其老疾者，俟秋冬遴簡將臣令悉蒐去之。」

秋七月，詔復置賢良方正能直言極諫、博通墳典達於教化、才識兼茂明於體用、武足安邊洞明韜略運籌決勝、軍謀宏遠才任邊寄等科。

大事記曰：漢置賢良科四百年，得一董仲舒而已。唐置賢良科三百年，得一劉蕡而已。我朝此科多得大才，其後也廢賢良而爲宏詞，惜哉。

益州將吏民庶舉留知州張詠，詔褒之。始車駕北征，詠慮遠夷乘隙爲變，欲出奇以勝之。因取盜賊之尤無狀者，磔死於市，衆皆慴服。每訊牒便文久不得判，詠率爾署決，莫不允當。蜀中喜事者論次其詞，總爲誡民集，鏤板傳布。上嘗遣使諭旨曰：「得卿在彼，朕無西顧之憂也。」

冬十月，吏部侍郎平章事畢士安卒，車駕即臨哭，謂寇準等曰：「士安，善人也。」十一月丙辰，享太廟。丁巳，合祭天地於圜丘，大赦。上自散齋即進蔬茹，禮畢，御樓始飲酒焉。以王欽若爲兵部侍郎、資政殿大學士。

丙午景德三年春正月，始置常平倉於京東西、河東、陝西、江淮、兩浙〔三九〕，計户口量留上供錢自千貫至二萬貫，令轉運使每州擇清幹官主之，專委司農寺總領，三司無得輒用。大率萬户歲餘萬石〔四〇〕，止於五萬石，或三年以上不經糶，則回充糧廩，別以新粟補之。

二月，權三司使丁謂等言：「唐諸州長吏職當勸農，乃請少卿監、刺史、閤門使已上知州者，並兼管内勸農使，餘及通判並兼勸農事，諸路轉運使副並兼本路勸農使。」詔可。勸農使入銜自此始。馮亮爲淮南江浙荆湖制置茶鹽兼都大發運使。都大發運使司自至道末省之，及是復置。契丹既和，寇準頗矜其功，上待準極厚，王欽若深害之。一日，會朝，準先退，上目送準，欽若因進曰：「陛下敬畏寇準，爲其有社稷功邪？」上曰：「然。」欽若曰：「城下之盟，雖春秋時小國猶恥之，澶淵之舉，是盟於城下也，其何恥如之。」上愀然不能答，由是上顧準稍衰。準在中書，喜用寒畯，每御史缺，輒取敢言之士，他舉措多自任。嘗除官，同列屢目吏持例簿以進，準曰：「宰相所以器百官，若用例，非所謂進賢退不肖也。」因卻而不視。戊戌，寇準罷爲刑部尚書，以王旦爲工部尚書、平章事。旦入謝，上謂曰：「寇準以國家爵賞過求虚譽，無大臣體，罷其重柄，庶保終吉也。」既而命準出知陝州。己亥，馮拯爲兵部侍郎，王欽若爲尚書左丞，陳堯叟爲兵部侍郎，並知樞密院事。趙安仁爲右諫議大夫、參知政事，韓崇訓、馬知節並簽署樞密院事。

四月，命使六人巡撫益、利、梓、夔、福建等路，所至存問父老，疏決繫囚，按察官吏能否，民間利害以聞。時屯田員外郎謝濤使益、利路，及還，舉所部官三十餘人，宰相以爲多，濤乃歷陳其治狀，且願連坐。奉使舉吏連坐自濤始。

五月朔，司天言日當食，上避正殿。既而陰翳不見。上語宰相曰：「此非朕德所致，但喜分野之民不被其災耳。」司天奏周伯星見，群臣上表稱賀。知雜御史王濟曰：「瑞星實符聖德。然唐太宗以家給人足、豐年爲上瑞。臣願陛下日謹一日，居安慮危，則天下幸甚。」上嘉納之。趙德明遣其兵馬使賀永珍來貢馬。

六月，知制誥朱巽上言：「朝廷命令不可屢改，自今更張法制者，請先付有司議其可否。苟罔辨是非，一切頒布，恐失謹重之道。」上謂宰臣曰：「此甚識治體，卿等志之。」

秋七月，知益州張詠歲滿，以任中正代之。在郡凡五歲，遵詠條教，人用便之。宰相王旦初擬中正代詠，議者多云不可，上亦詰旦。旦曰：「非中正不能守詠規矩，他人往則妄有變更矣。」

八月，上謂王旦等曰：「凡裁處機務，要當知其本末。朕每與群臣議事，但務從長，雖言不盡理，亦優容之，所冀盡其情也。」

九月，御崇政殿親試賢良方正直言極諫錢易、石待問，並入第四等。丁卯，趙德明遣劉仁勗來進誓表，請藏盟府。且言所乞回圖及放青鹽之禁。雖宣命未許，然誓立功效，冀爲異日賞典也。

冬十月朔，以趙德明爲定難節度使，封西平王。

丁未景德四年春二月，上謂輔臣曰：「前代内臣恃恩恣横，蠹政害物。朕常深以爲戒。至於班秩賜與，不使過分，有罪未嘗矜貸。」王旦等曰：「陛下言及此，社稷之福也。」内侍史崇貴嘗使嘉州，還言有知縣王姓者貪濁，有佐官名昭度者廉幹，乞擢爲知縣。上曰：「内臣將命，能探善惡，固亦可獎。然以其密侍扃禁，便爾賞罰，外人未爲厭伏。當須轉運使審察之。」

富弼等釋曰：人主聽納不可不謹，若容片言之欺，小則係一人之榮辱，大則係天下之利害安危，可不謹哉。謹之之術，惟在防微，防微之術，莫若左右之言不及也。真宗不以一內侍臣言進退官吏，聽納之道謹之至矣。

癸酉，詔就西京建太祖神御殿。又置國子監武成王廟。

三月，以曹瑋爲西上閤門使，賞其扞邊之功也。瑋在鎮戎〔四一〕，嘗出戰小捷，乃驅所掠牛羊輜重緩還，虜兵去數十里〔四二〕，聞瑋利牛羊而師不整，遽還襲之。瑋行愈緩，得地利處乃止，使人謂之曰：「蕃軍遠來，必甚疲，我不欲乘人之怠，請休憩士馬，少選決戰。」良久，瑋又使人諭之曰：「歇定，可相馳矣。」一戰大破虜師。徐謂其下曰：「吾知虜已疲，故爲貪利以誘之。比其復來，幾行百里矣。若乘鋭便戰，猶有勝負。遠行之人若少憩，則足痺不能立，人氣亦闌，吾以此取之。」

四月，宰相王旦因對，言：「淮南榷酤，競以增益課利，爲政煩擾特甚。」上曰：「此特官吏務貪勞績，不恤民困。朕甚閔之。乃詔三司取一年中等之數立爲定額。自今中外勿得更議增課，以圖恩奬。」

五月，上與輔臣言及朝士有交相奏薦者。王旦曰：「人之情僞，固亦難知。或言其短而意在薦揚，或稱其能而情實排抑。唐劉仁軌嘗忿李敬玄異己，乃稱其有將帥才。而敬玄卒敗軍事。」上曰：「若然，則險僞之輩世所不能絶也。」戊申，詔以鼓司爲登聞鼓院，登聞院爲登聞檢院。諸人訴事，先詣鼓院，如不受，詣檢院，又不受，即判狀付之，許邀車駕。上謂王旦曰：「車駕每出，詞狀紛紜，洎至披詳，無可行者。」故有此更置焉。乙丑，詔曰：「有上封而論事，輒乞留中而無名，多涉巧誣，頗彰欺詆。自今文武群臣表疏不得更乞留中，事涉機要許上殿自陳。如或舉奏官吏能否，亦須明上封章，當行覆驗。」先是，上謂王旦曰：「臣僚升殿奏事劄子，有不列己名請留中者，皆言人之短，發人之私。苟偏聽之，即不可信。若顯行之，又重違其意。比令杜鎬、陳彭年檢上封密諫故事，可著條約，並警有位，令各舉其職。」乃降是詔。是月，初置雜賣場。

閏五月，御崇政殿試賢良方正陳絳、史良、夏竦。先是，上謂宰臣曰：「六經之旨，聖人用心。今策問宜用經義，參之時務。」因命兩制各上策問，擇而用之。絳、竦所對入第四次等。

六月，司天言：「五星當聚鶉火。既而近太陽，同時皆伏。按占云，五星不敢與日争光者，猶臣避君之明也，望付史官以彰殊事。」從之。庚申，王欽若以五星聚東井、慶雲見，奉表稱賀。詔付史館。是月，徙敏中知河南府兼西京留守司事。嘗有僧暮過村民家求寄止，主人不許，僧求寢於門外車箱中。夜有盜入其家，自墻上扶一婦人并一囊衣而去。僧見之，遂亡去，走荒草間，忽墜眢井，則婦人已爲人殺，先在其中矣。明日，主人執以詣縣，掠治僧自誣云與子婦姦，誘與俱亡，因殺之投井中，暮夜失足，亦墜井。獄成，獨敏中以贓不獲疑之，引僧詰問數四，僧乃以實對。敏中因密使吏訪其賊。吏食於村店，店嫗問之曰：「僧某者其獄如何？」吏紿之曰：「昨日已笞死於市矣。」嫗歎之曰：「彼婦人者，乃此村少年某甲所殺也。」吏曰：「其人安在？」嫗指示其舍，吏掩捕獲之。案問具服，並得其贓。一府咸以爲神。

初，知宜州劉永規御下嚴酷〔四三〕。六月乙卯，軍校陳進因衆怨，鼓譟殺永規，乃推判官盧成均僭號南平王。〔秋七月〕甲戌，詔曹利用、張煦、張從古、張繼能、薛顏等合勢攻討。賊中能束身自歸者，並放罪。黎龍廷自稱權安南靜海軍留後，遣其弟明昶來貢〔四四〕。辛巳，授龍廷靜海節度使交趾郡王，賜名至忠，又追封黎桓爲南越王。復置諸路提點刑獄官，仍以使臣副之。

八月，置群牧制置使，命堯叟兼之。賜孔子四十六世孫聖佑同學究出身。聖佑，延世子，宜孫也。置龍圖閣學士，以杜鎬充職。

九月，諸路皆言大稔。淮蔡間皆言麥斗十錢，粳米斛錢二百。賊圍象州久不克，曹利用等以大軍趨救之。陳進獨率衆來拒，直犯前軍。前軍持掉刀巨斧破其標牌。内侍史崇貴登山大呼曰：「賊走矣，急殺之。」賊心動，衆遂潰。盧成均始挈其族來降，遂斬進並其黨。

十一月，殿中侍御史趙湘請封禪，上拱揖不答。王旦等曰：「封禪之禮，曠廢已久，若非聖朝承平，豈能振舉。」初，王欽若既以城下之盟毀寇準，上自是常怏怏。他日問欽若曰：「今將奈何？」欽若度上厭兵，即繆曰：「陛下以兵取幽薊，乃可刷此恥也。」上曰：「盍思其次。」欽若曰：「當爲大功業鎮服四海，誇示戎狄也。」上曰：「何謂大功業？」欽若曰：「封禪是矣。然封禪當得天瑞，天瑞安可必得。前代蓋有以人力爲之。陛下言河圖、洛書果有此乎？聖人以神道設教耳。」上曰：「王旦得無不可乎？」欽若曰：「臣請以聖意諭旦。」旦僶俛而從。上他日晚幸秘閣，惟杜鎬方直宿，上問曰：「所謂河圖、洛書果何事耶？」鎬不測上旨，漫應曰：「此聖人以神道設教耳。」上由此意決，遂召王旦飲於内殿，歡甚，賜以尊酒，既歸發視，乃珠子也。旦自是不復持異，天書、封禪等事始作。

龜鑑曰：謬哉，神道設教之言，何其敢於自欺如是耶。若呼萬歲者三，若有景光者十二，武帝之惑於文成、五利，青史載之，至今爲天下笑。且天無言，安得有書。今之詐又甚於文成、五利矣。「吾誰欺，欺天乎」。自是丁謂則以大計有餘而投之，惟演則以獻祥符頌而順之，朋邪翼設，相率爲欺。聖明天子鮮有不爲之惑。然而天瑞安可必得之言〔四五〕，王旦得無不可之論，聖心明知其非。雙鶴飛舞之奏，帝曰：「文則文矣，恐不爲實。」遽令易奏。是帝之心蓋已燭破其奸，而不可以惑之也。卒至姦人得以售欺，而王旦諸賢亦且俛首順從而無異議者，或者以邊事方定，人心未寧，將假是以鎮撫之耳。而況岱山之封出於兖州父老之請，天子嘗止之曰：大事不可輕議。汾陰之祠，迫於河中父老之進説，天子亦以地遠人勞爲戒。則是行也，亦非天子之本心。當是時，周起有諫，知節有諫，孫奭又數數有諫，下至草澤之士，亦以持盈守成其道尤難爲戒，莫不優容而嘉納之。奉天有述矣，以庇民而並名，祥瑞有論矣，與勤政而偕作。真誠感格，瑞以類至，圖復包羲，策授黄帝，自昔亦皆有之，恐亦不得盡以爲僞也。

辛巳，雨雪。上謂王旦等曰：「今瑞雪盈尺，來歲禾苗應有望也。」賜近臣宴，上作瑞雪詩，令三館即席和進。

十二月，上初嗣位，即詔諸路勿以祥瑞來貢。禮部言：「福應之至，以顯盛猷。雖睿德謙沖，務於自損，若史臣不記，來世何觀。請止報省關史館。」奏可。先是，上問輔臣以天下貢舉人數。王旦曰：「萬三千有餘，約常例奏名十一而已。」上曰：「若此，則當黜者不啻萬人矣。典領之臣必須審擇。」晁迥兢畏，當以委之。」旦曰：「滕玄晏於士大夫間少交遊。」上曰：「今當以朱巽代周起知舉，令起與玄晏同掌封印事。」於是命晁迥、朱巽、王曾、陳彭年同知貢舉，命周起、滕玄晏封印舉人卷首。凡禮部封印卷首及點檢程試別命官，皆始此。

## 校證

〔一〕劉可名　原作「丁可名」。李校：長編卷四三作「劉可名」。汪按：再造本、文海本均作「丁可名」，宋史卷四三一儒林傳、曹彦約經幄管見卷一、王應麟玉海卷四三「端拱校五經正義」、景德群書漆版」均作「劉可名」。今據長編及後三書校改。

〔二〕處官　再造本、文海本同，吕中類編皇朝大事記講義卷七、徐乾學資治通鑑後編卷一九引吕中曰作「處事」。

〔三〕鞠傳　「傳」，再造本、文海本同，點校本長編卷四作「傳」。

〔四〕林特　原作「林時」，文海本同。再造本作「林特」。又宋大事記講義卷六：「林特上祥符會計録而天書成。」又長編卷八六、宋史卷一七九食貨志會計、卷二〇四藝文志、玉海卷五八宋朝會計録都載林特撰祥符會計録事，據校改。

〔五〕虜　此處及下文五月之「虜」原作「敵」，據再造本、文海本回改。

〔六〕虜　此「虜」及下文「戎虜」之「虜」原分別作「敵」、「寇」，據再造本、文海本回改。

〔七〕爲蜀擇抃非爲抃擇蜀　再造本、文海本作「此抃擇蜀非蜀擇抃」，宋大事記講義卷七作「此爲抃擇蜀非爲蜀擇抃」，資治通鑑後編卷二一引「呂中曰」同。

〔八〕虜　此「虜」及下文「虜騎」、「虜遂自……」之虜，原均作「敵」，據再造本、文海本回改。

〔九〕三稅　原作「二稅」，再造本、文海本同。按前文述地稅、屋稅、枯骨稅共爲三稅，又長編卷四七、宋史卷三二四李允則傳均作「三稅」，據校改。

〔一〇〕十三斤半　原作「三十斤半」，再造本、文海本同，據長編卷四七、九朝編年備要卷六、宋史卷三二四李允則傳、宋張鎡仕學規範卷一四校改。

〔一一〕十一月　李校：原作十二月，誤，據長編卷四七、宋史真宗紀一改。汪按：再造本作「十一月」，文海本作「十二月」，再造本應作校改依據。

〔一二〕一相獨任　「任」原誤「仕」，據再造本、文海本、宋大事記講義卷六校改。

〔一三〕三月庚寅　「三月」重出。據長編卷四八，呂蒙正等三相之命在本月「庚寅」，應補繫日。

〔一四〕比　原作「此」，據再造本、文海本、長編卷四九、陳均皇朝編年綱目備要卷七校改。

〔一五〕秦涇儀渭　再造本、文海本均同，宋大事記講義卷七作「秦涇蘭渭」。

〔一六〕貨産　再造本作「貲産」，文海本此字模糊，似「貲」，長編卷五三作「資産」。

〔一七〕虜　原作「敵」，據再造本、文海本回改。

〔一八〕挑戰　原作「排戰」，據再造本、文海本、長編卷五四、皇朝編年綱目備要卷六校改。

〔一九〕邢州　原作「忻州」，再造本、文海本作「沂州」，長編卷五四作「邢州」。按此所涉及都是河北地名，而忻州是河東地名，故作「邢州」是。「汧」當是「邢」之形近誤。據校改。

〔二〇〕善熟　再造本、文海本、彭百川太平治迹統類卷四真宗聖政、宋大事記講義卷七同，長編卷五四作「和易」，皇朝編年綱目備要卷六作「善忍」。

〔二一〕李校：「先是」以下，長編卷五五在本年六月。汪按：李校失當，諸本原已繫本年六月，無須出校。

〔二二〕徙　原作「從」，再造本作「徙」，文海本字模糊，據再造本、長編卷五四、太平治迹統類卷二八用度損益校改。

〔二三〕李校：「光禄寺丞」以下，長編卷五五在本年十一月。汪按：李校有誤，實上文「監司之職」以下，長編已繫十一月，故今依長編在「詔監司之職」前加「十一月庚寅」繫時。

〔二四〕將午　李校：原作「加午」，據長編卷五五改。汪按：再造本、文海本亦作「加午」。

〔二五〕凡二十四人　李校：此處自「邊肅」至「陳越」僅二十三人。長編卷五六「朱協」、「郝太沖」之間尚有「比部員外郎陳英」，合之恰爲二十四人。汪按：李校似是。

〔二六〕群后　宋大事記講義卷七作「群吏」。資治通鑑後編卷二三引「吕中曰」亦同，似誤，尚書商書：「群后咸在」。作「群后」是。

〔二七〕勉强　原作「免强」，再造本、文海本同，據長編卷五六、皇朝編年備要卷七校改。

〔二八〕統軍撻覽引兵掠威虜　「撻覽」，按：本書「撻覽」屢次出現，但分別作「撻覽」、「韃覽」、「達蘭」等，而四庫本、再造本、文海本不同，同一版本前後亦不一，今統一爲「撻覽」，且以下不再出校。「威虜」，李校：原作「威敵」。宋無威敵軍，蓋四庫館臣以諱改，今據長編卷五七、元豐九域志卷二回改。汪按：再造本、文海本均作「威虜」，應作回改依據。

〔二九〕虜寇　原作「契丹」，據再造本、文海本回改。

〔三〇〕此以下至本年末，凡二十「虜」字，除「虜帥撻覽」原作「金帥撻覽」外，原均作「敵」，據再造本、文海本回改。

〔三一〕則　原作「財」，據再造本、文海本及資治通鑑後編卷二四引「陳瓘曰」校改。

〔三二〕圍岢嵐軍則賈宗走之　「岢嵐軍」，原作「嵐岢軍」，再造本、文海本同，然宋有岢嵐軍，無嵐岢軍，今據長編卷五七、宋大事記講義卷七引「陳瑩中曰」校改。「賈宗」，再造本、文海本、長編卷五七同。太平治迹統類卷四作「賈琮」，宋大事記講義卷七引「陳瑩中曰」及資治通鑑後編卷二四引「陳瓘曰」作「賈定」。

〔三三〕李延渥　原作「李廷渥」，再造本、文海本、資治通鑑後編卷二四引「陳瓘曰」同。然長編卷五八、宋大事記講義卷七引「陳瑩中曰」、宋史卷七真宗紀均作「李延渥」，本書同卷前文亦述及知瀛州李延渥，據校改。

〔三四〕本段内以下三「虜」字，原均作「敵」，據再造本、文海本回改。

〔三五〕虜　本月三「虜」字，原均作「敵」，據再造本、文海本回改。

〔三六〕張昭允　原作「張昭遠」，再造本、文海本、長編卷五九同。據尹洙河南集卷一四陳貫墓誌銘、長編卷四五、卷四六、宋史卷二七九傅濳傳附張昭允、卷三〇三陳貫傳、皇朝編年綱目備要卷七及本書前文校正。

〔三七〕姜益　再造本、文海本、太平治迹統類卷二七祖宗科舉取人同。長編卷六〇、宋史卷一五六選舉志、章如愚群書考索後集卷三二選舉、袁褧楓窗小牘卷上、文獻通考卷三五選舉考均作「姜蓋」。

〔三八〕勞績　原作「分績」，再造本、文海本同，據長編卷六〇、宋會要輯稿刑法四之九三校改。

〔三九〕按宋會要輯稿食貨五三之六、文獻通考卷二一市糴考、宋史卷一七六食貨志「河東」上均有「河北」。

〔四〇〕歲餘萬石　再造本、文海本同，同上引通考、宋史均作「歲糴萬石」。會要則載：「〔天禧〕二年正月，詔諸州常平倉斛斗，其不滿萬人處，許糴萬石……四萬户已上糴五萬石。」

〔四一〕鎮戎　李校：原作「鎮戍」，據長編卷六五、宋史卷二五八曹瑋本傳改。汪按：再造本闕文，文海本作「鎮戎」，文海本應加入校改依據。

〔四二〕虜　此「虜」及本月下文二「虜」字，原均作「敵」，據再造本、文海本回改。

〔四三〕劉永規　「永」，原作「承」，再造本、文海本同，據長編卷六六、宋史卷七真宗紀、曾鞏隆平集卷二〇妖寇、王應麟玉海卷一九三上廣東西安撫使平宜州賊校改。下文「永規」原作「承規」，亦據此校改。

〔四四〕明昶　原作「明相」，文海本字模糊，據再造本、長編卷六六、宋史卷四八八外國傳、元黎崱安南志略卷一一等校改。

〔四五〕天瑞安可必得　「天瑞」原作「天里」，再造本闕頁，據文海本、長編卷六七校改。

# 宋史全文卷六

## 宋真宗二

戊申大中祥符元年春正月乙丑，召王旦、王欽若等，上曰：「去年十一月，見神人曰：當降天書大中祥符三篇。適睹皇城司奏，左承天門屋之南角，有黄絹曳於鴟吻之上，蓋所降之書也。」旦等皆稱賀。戊辰，大赦，改元。趙德明嘗以民飢，上表乞糧數百萬，輔臣乞降詔責之。王旦獨不言。上曰：「卿意如何？」旦曰：「臣欲降詔與德明，言極塞芻粟屯戍者多不可輟易，已敕三司在京積粟百萬，令德明自遣衆來取。」上喜，從之。既而德明受詔，望闕再拜曰：「朝廷有人，臣不合如此。」

三月，上語大臣曰：「京師士庶衣服器玩多鎔金爲飾。」乃詔丁謂申明舊制，募告者賞之。自今乘輿服御，塗金、繡金之類亦不須用。

富弼等釋曰：國之去奢，自上者始，則天下無不從化。況去禁嚴明〔一〕，真宗朝禁銷金服甚謹，然累下制令，而犯者不絕。故内則詔宫中已下，外則自大臣之家，悉不得以金飾衣服。復申嚴憲，布於天下，自此更無犯者，蓋自上者始而法禁明也。

夏四月朔，天書降於大内之功德閣。先是，宰相王旦等率文武百官凡五上表，請封禪。甲午，詔以今年十月有事於泰山。丙午，詔作昭應宫以奉天書。上御崇政殿親試進士，命翰林學士李宗諤等八人爲考官，臨軒賜進士姚曄等一百六人及第，三人同出身，十五人同三禮出身，八十三人學究出身，九經已下及第、出身、試銜助教者六百五十二人。晉城縣令王琰、其章縣主簿苗文思皆坐枉法受賕抵死。癸丑，詔刑部以其事告諭天下。上封者言：「兩漢舉賢良，多因兵荒灾變，所以詢訪闕政。今國家受瑞封，不當復設此科。」於是悉罷吏部科目。江南轉運使闕，上乃自除監察御史張士遜爲之。士遜謁王旦，願聞善教，旦從容曰：「朝廷榷利至矣。」士遜起謝，既去，旦語人曰：「此轉運識大體。」士遜後徙廣西、河北，每思旦言，不敢妄有興建云。

呂中曰：當祥符、天禧之間，宫室之役興，禱祠之事起，則惟患天下之財不足以供國家之用。而王旦且戒發運以東南民力竭，戒轉運以朝廷榷利至矣。其真宰相之體歟。

五月甲申，上曰：「宫禁之内人數非多，然幽閉可念。昨令擇一百二十人厚資遣之。朕方敦尚清静以治天下，符大中之訓焉。」王欽若言：「泰山下醴泉出。」先是，上復夢神人言，來月復當賜天書於泰山，六月甲午，木工董祚於醴泉亭北見黄素曳草上。明日，中使捧詣闕。己酉，王欽若來朝獻芝草八千一百三十九本。

九月，京東西、河北、河東、江淮、兩浙、荆湖、福建、廣南路皆大稔，米斗錢七八。

冬十月，詔以王嗣宗攝御史大夫爲考制度使，周起攝中丞爲副使。所經州縣，採訪民間不便事并市物之價。車服、權衡、度量不如法者，舉儀制禁之。有奇才異行隱淪不仕者，與所屬長吏論薦。鰥寡惸獨不能自存者，常加賑恤。官吏政迹尤異，民受其惠，及不守廉隅、昧諳政理者，孝子順孫、義夫節婦爲鄉里所稱者，並條析以聞。官吏知民間疾苦者，亦爲録奏。司天言五星順行同色。辛卯，上發京師。辛丑，次鄆州。丙午，次翔鑾驛。命張旻、鄭成邑從升山。辛亥，享昊天上帝於圜臺，以太祖、太宗配。命群官享五方帝諸神於封祀壇。儀衛使奉天書於上帝之左。壬子，禪祭皇地祇於社首山，如封祀之儀。甲寅，車駕發奉符縣，次太平驛。是日，始復常膳。上勞王旦等以久食蔬，旦等皆再拜，馬知節獨言：「蔬食惟陛下一人耳。臣等在道未嘗不私食肉。」上顧旦等曰：「知節言是否？」曰：「誠如知節之言。」

十一月朔，旦幸曲阜縣謁文宣王。有司定儀止肅揖，上特再拜。上製贊刻石廟中，詔加謚曰玄聖文宣王，又追謚齊太公曰昭烈武成王，周文公曰文憲王。丁丑，車駕至自泰山。

十二月，詔江淮發運、轉運司部内各留三年之儲，以備水旱。先是，江淮米悉運送京師，至是，司天監言揚楚之分當水旱爲沴，防患故也。命寇準知天雄軍。契丹使嘗過大名，謂準曰：「相公望重，何故不在中書？」準曰：「主上以朝廷無事，北門鎖鑰非準不可耳。」

呂中曰：君子内則小人外，小人内則君子外。當寇準之主親征也，恐欽若有以沮其議〔二〕，則出於天雄軍。及欽若之用國事也，恐寇公有以奪其議，則亦出於天雄軍。然君子在朝廷則朝廷重，在邊郡則邊郡重，此寇公所以起虜使敬畏之心〔三〕。

己酉大中祥符二年春正月，御史中丞王嗣宗言：「翰林學士楊億、知制誥錢惟演、祕閣校理劉筠唱和宣曲詩，述前代掖庭事，詞涉浮靡。」上曰：「詞臣，學者宗師也，安可不戒其流宕。」乃下詔風厲學者：「自今有屬詞浮靡、不遵典式者，當加嚴譴。其雕印文集，令轉運司擇部内官看詳，以可者録奏。」蘇州僧道原纂佛祖訖近世名僧禪語〔四〕，爲傳燈録三十卷以獻，命刻板宣布。以殿中丞孔勗知曲阜縣兼檢校先聖廟。

二月，改入内内侍省内侍供奉官，爲内東西頭供奉官，殿頭高品爲内侍殿頭，高品爲内侍高品，高班内品爲内侍高班，黄門爲内侍黄門，凡六等，並冠本省之號。令陝西發廩賑糶，旱故也。汀州人王捷者，咸平初，賈販至南康軍，遇道人自言姓趙氏，授以小鐶神劍。劉承珪聞其事〔五〕，爲改名中正，得對龍圖閣，常有道人偶語云：「即受中正法者，司命真君也。」承珪遂築新堂，乃以景德四年五月十三日降堂之紗幬中，自是屢降，中正常達其言。既得天書，遂東封加號司命天尊，是爲聖祖。辛卯，授中正左武衛將軍。

呂源曰：王中正者，以刑餘黥卒落籍更名，與劉承珪協濟其奸，恣爲妖妄，假聖祖虛命、天書祥瑞、藥金藥銀營繕宮觀。以至東封西祀，朝謁亳州太清宮，皆由中正以啓之。是時承平稍久，廷多諛臣，獨有孫奭者，累上疏諫。真宗爲著解疑論以示群臣，蓋亦有慊也。王中正之死，尚贈節度使，妻施氏封吳郡夫人，諸子皆任殿直，與太宗誅利用之事異矣。

辛丑，分遣使臣出常平倉粟麥，於京城減價糶之。應天府民曹誠就戚同文所居，造舍聚書，博延生徒。府奏其事，上詔賜額曰「應天府書院」，命奉禮郎戚舜賓主之。舜賓，同文孫，綸子也。知温州李邈言：「兩浙僧求丐金銀珠玉，錯末和泥，以塑塔像。望嚴行禁絶，違者重論其罪。」從之。

夏四月，詔群臣保舉幕職州縣官，不得以初任及無勞績者充數。己亥，丁謂爲修昭應宮使，李宗諤爲同修宮使。謂欲殫國財用，規摹宏大，近臣多言其不可。上召問謂，謂曰：「陛下未有皇嗣，建宮於宮城之乾地，正可以祈福。」既而王旦密疏諫，上諭之如謂所對。旦遂不敢復言。詔：「自今諸路轉運使副、提點刑獄所舉官，如進改後五年無過有勞幹者，並舉主特加酬奬。」先是，上謂宰臣曰：「舉官犯贓則連坐，而舉得其人者賞亦不及，非所以勸也。」故有是詔。

五月朔，詔追封孔子弟子兖公顔回爲國公，費侯閔損等九人爲郡公，成伯曾參等六十二人爲列侯。宰相群官分撰贊。乙亥，林特、劉承珪、李溥上編成茶法條貫二十三册。

六月，知制誥王曾上疏言：「就嚴城之北隅，啓列真之祕宇，式昭丕應，特建嘉名，功極彌年，費將鉅萬。臣以爲今之興作，有不便之事五焉。伏望損彼規模，減其用度，止敦朴素，無取瓌奇。惟將之以誠明，仍重之以嚴潔。名數之際，加等是宜，實費之資，節儉爲要。」上御崇政殿親試，賜進士梁固等二十六人及第，同出身者三人，諸科四十八人，同出身者六人。

秋七月，特置糾察在京刑獄司，命知制誥周起、侍御史趙湘領之。戊寅，詔封玄聖文宣王廟配享先儒魯史左丘明等十九人爵爲伯。

八月，上禁銷金嚴甚，還自東封，杜氏乃服以迎車駕。上見之怒，遂令出家爲道士，由是天下無敢犯禁者。

九月，先是，上謂王旦等曰：「朕在東宮，讀尚書凡七遍，論語、孝經亦皆數四。今宗室諸王所習惟在經籍，昨奏講尚書第五卷，此甚可喜也。」於是召寧王元偓等赴龍圖閣觀書目，上諭之曰：「宮中常聽書習射，最勝他事。」元偓曰：「臣請侍講張穎説尚書，間日不廢弓矢。」因陳典謨之義。上喜甚，乃詔每講日賜食。是秋，京西、河東、陜西、江淮、荆湖路，鎮、定、益、梓、邛、密等州言豐稔，京師粟斗錢三十。

十月甲午，詔諸路州府軍監關縣擇官地建道觀，並以「天慶」爲額。

十一月甲子，詔諸路官吏有蠹政害民，如鞫得實，本路轉運使、提點刑獄官不能舉察者，論其罪。上嘗謂宰相曰：「爲國之要，在乎賞當其功，罰當其罪。不任情於其間，則賞罰必當，懲勸必行，萬方必理，和氣必生。自然天地降祥，四方無事，以此思之，可不戒乎。」

庚戌大中祥符三年春閏二月甲寅，冬官正韓顯符造銅候儀成，並上所著經十卷。其制則本唐李淳風及一行之遺法云（六）。己未，河北轉運使李士衡言：「本路諸軍歲給帛七十萬，當春時民多匱乏，常假貸於豪右，方納税租，又償逋欠，以故工機之利愈薄。請官預給帛錢，俾及期輸送。民既獲利，官亦足用。」詔從之，仍令優與其直，其後遂推其法於天下。

三月[丁酉]，上謂王旦等曰：「自北鄙修好，疆埸不聳〔七〕。朕居安慮危，罔敢暇逸，嘗著文自警，置之座右。」乃出貴廩食吟、軫田園吟、慰農歌、自戒箴以示旦等〔八〕。己亥，上謂宰相曰：「刑獄之官，尤須遴擇。朕常念四方獄訟，若官非其人，寧無枉濫。且單弱之人不能披訴，朝廷無由知之。」上作念邊詩賜近臣和。上謂輔臣曰：「將帥才難。今文武中固亦有人，蓋不經戰陣，無由知之。雖天下無事，然兵不可去，戰不可忘，古之道也。」馬知節曰：「將帥之才，非可坐而知之，顧臨事機變如何耳。」

夏四月，陳彭年上奉詔纂歷代帝王集二十五卷。上作序，名宸章集。時京師竹有華，司天言主歲不登。上曰：「數歲豐稔，物價甚賤，但小民不能愛惜，飲食之餘，多所棄擲。宜令開封府嚴禁之。」詔：「自今每年終，翰林學士已下常參官，並同奏舉外任京朝官、三班使臣、幕職州縣官各一人。如年終無舉官狀，當行責罰。轉運使、提點刑獄官，知州、通判舉部内官屬，不限人數，以次年二月二十五日已前到京。如有違限，當依不申考帳例坐罪。三司使副即舉奏在京掌事官、京朝官、使臣。仍並令中書置籍，常以五月一日進内。」是日，後宮李氏生子。知開封府周起方奏事，上謂起曰：「知朕有喜乎？」起曰：「臣不知也。」上曰：「朕始生子。」即入禁中，懷金錢出，探以賜起。李氏，杭州人，初入宮侍劉修儀，莊重寡言，上命爲司寢。既有娠，從上臨砌臺，玉釵墜，心惡之。

上私卜，釵完當得生男子，左右取釵以進，殊不毁，上喜甚。已而果生子，是爲仁宗。

［五月］甲午，詔奬知益州任中正。轉運使言吏民列狀願借留之也。中正及劉綜等皆以善政聞，上謂輔臣曰：「藩方重地，切在得人。朝行中亦難其選。自今須歷方面始可擢爲大官。卿等志之。」環州高繼忠言：「趙德明雖稱藩，然頗不遵誓約。」上謂宰相曰：「方今四海無虞，而言事者謂和戎之利不若克定之武也。」王旦曰：「『止戈爲武』，『佳兵不祥之器』。祖宗平一宇内，每謂興師動衆，皆非獲已。今柔服異域，守在四夷，帝王之盛德也。」

六月，翰林學士邢昺被病，上親臨問。故事，非宗戚、宰相無省疾臨喪之行。惟昺與郭贄以恩舊特用此禮，儒者榮之。

秋七月，置龍圖閣學士，以直學士杜鎬爲之。待制陳彭年爲直學士。賜大理評事蘇耆進士及第。耆，易簡子，宰相王旦女壻也。耆先舉進士，及唱第，格在諸科。陳堯叟爲上具言之。上顧問旦，旦卻立不對。耆曰：「願且修學。」既出，堯叟謂旦曰：「公一言則耆及第矣。」旦笑曰：「旦爲宰相，自薦親屬，士子盈庭，得無失體。」堯叟愧謝曰：「乃知宰相真自有體。」於是，耆獻所爲文，召試學士院，故有是命。

九月，杖殺入内高品江守恩。守恩違制市青苗，私役軍士六百人，取民田麥穗及擅董丁夫，非理笞捶，令役夫蔡文義市驢，不獲，杖之致死。上不貸以法，中外莫不悚慶。

十二月丙午，寶鼎縣黄河再清。經度制置副使李宗諤以聞，上作詩，近臣畢和。龍圖閣待制孫奭由經術進，守道自處，即有所言，未嘗阿附取悦。上嘗問以天書，奭對曰：「臣愚所聞，天何言哉，豈有書也。」上知奭樸忠，每優容之。及將有汾陰之役，會歲旱，遂奏疏陳不可者十。「陛下才畢東封，更議西幸，非先王卜征五年重謹之意。今國家土木之功累年未息，水旱作沴，飢饉居多，乃欲勞民事神，神其享之乎？」又上疏言：「今之姦臣，以先帝寅畏天灾，詔停封禪，故贊陛下力行東封以爲繼成先志也。先帝欲北平幽朔，西取繼遷，則未嘗獻一謀、畫一策，而乃卑辭重幣求和於契丹，蹙國縻爵，姑息於保吉，謂主辱臣死爲空言，以誣下罔上爲己任。是陛下以祖宗艱難之業，爲佞邪僥倖之資，臣所以長嘆痛哭也。今乃野雕山鹿並形奏簡，秋旱冬雷，率皆稱賀，將以欺上天則上天不可欺，將以愚下民則下民不可愚，將以惑後世則後世必不信。上玷皇明，不爲細也。」疏入，不報。

吕中曰：至是，李文靖之言驗矣。封禪之議，決於丁謂「會計有餘」之一言〔九〕，天書之降，成於欽若神道設教之一語。雖以王文正之碩德重望，不敢有異議。其後寇準之入居相府，亦以朱能天書而入。當時極言其非者，惟孫奭一人而已。「天何言哉」，此足以破人主之惑。

辛亥大中祥符四年春正月，代州言粟斗十餘錢。丁酉，車駕奉天書發京師。

二月，次河中府。辛酉，祀后土祇，備三獻，奉天書於神坐之左，以太祖、太宗並配。上作汾陰二聖配享銘、河瀆四海等贊，召草澤李瀆、劉巽，瀆以疾辭。

三月朔，召草澤魏野，辭疾不至。甲申，幸呂蒙正第，問蒙正諸子孰可用，對曰：「臣之子豚犬爾，猶子夷簡宰相才也。」

夏四月甲辰朔，車駕至自汾陰。上謂宰相曰：「唐起居郎、舍人、司諫、正言凡十二員，近者此官多缺，可選有才望爲中外所知者補之。」於是直史館陳堯佐、樂黄目、盛玄、王隨、路振、崔遵度、陳知微、李諮、陳越等九人悉授兩省官。

六月〔一○〕，兩浙、福建、荆南、廣南諸州，循僞制輸丁身錢，歲凡四十五萬四百貫。民有子者或棄不養，或賣爲僮僕，或度爲釋老。

秋七月朔，詔悉除之。

八月，上謂宰相曰：「朝廷宜守經制，儻務更張，則攀援者衆。乃知命令之出，不可不謹。又莅官之人，不可過爲寬恕，以致弛慢。或探求罪惡，不顧煩擾，抑又甚矣。」王旦曰：「古人有言：『法出而弊作，令下而姦生。』寬則民慢，陷法者多；猛則民殘，無所措手足。正爲此也。」祖宗以來，兩省、御史臺官須文學優長、政治尤異者乃特除拜。汾陰肆赦，始以叙遷。上恐循習非便，乃詔自今遵守舊制，不得以他官轉入。丁巳，詔文武官有言刑政得失、邊防機事者，並賜對。其餘細務，令條列以聞。

冬十月，上以江南、淮南接壤，而鹽酒之價不等，令三司與江淮制置發運使李溥規定以聞。有司執言慮失歲課。上曰：「苟便於民，何顧歲入也。」

十一月，上親試賜進士張師德等二十一人及第，十人同出身，諸科及第者四十二人，同出身者八人。工部侍郎种放屢至闕下，俄復還山人。有貽書嘲其出處之迹。放晚節頗飾輿服，廣置良田。王嗣宗之出守長安，始甚敬放，被酒稍倨，嗣宗怒，放曰：「不猶愈於角力而中第乎！」初，嗣宗就試講武殿，嘗因戲弄擢首科〔二〕，故放及之。嗣宗因上疏言：「放弟姪無賴，據林麓樵採周回二百餘里，奪編氓厚利。」疏辭極其醜詆，目放爲魑魅。上方待放厚，會恩赦而止。於是，放自乞退居嵩山。然猶往來終南，按視田畝，時議寖薄焉。

十二月，太常博士江嗣宗言：「陛下躬臨庶政十有五年，殿廷問事〔三〕，一取聖斷，有勞宸慮。今請禮樂征伐大事出於一人，自餘細務委任大臣、百司。」上曰：「此頗識大體。」乃詔從其所請。

壬子大中祥符五年春正月，命晁迥、劉綜、李維、孫奭同知貢舉。上作詩勗以掄材之意。并州上芻粟之數，可給四五年。上曰：「河東仍歲豐穰，儲峙尤廣。自今諸路稔歲宜以時積穀，爲凶年之備。」著作佐郎李垂上導河形勢書三篇並圖。詔任中止、陳彭年、王曾詳定。中正等上言：「其書并圖雖興行匪易，而博洽可獎，望送史館。」從之。

二月，上謂宰臣曰：「聞貢院試諸科舉人，皆解衣閲視，慮其挾藏書册，頗失取士之體。宜令止之。」

三月，上親試禮部合格貢舉人。始摹印詩賦論題以賜，官給紙起草。得進士徐奭以下及第者百人，同出身者二十六人，諸科及第者三百二十四人，同出身者五十二人。丁酉，上封者言：「進士蕭立之，本名琉，嘗因賭博抵杖刑。」詔有司詰問，引伏，命奪其敕，贖銅四十斤。

夏四月，令禮部貢院取前後詔敕經久可行者，編爲條例。戊申，命刑部尚書向敏中守本官平章事。敏中再掌留任，以厚重鎮静人情帖然。上愈嘉之，故復使相。三司請民有販茶違法者，許家人告論。上曰：「此犯教義，非朝廷所當言也。」不許。

五月，上以淮南、兩浙路稍旱即水田不登，乃遣使就福建取占城稻三萬斛，分給三路，令擇民田之高仰者蒔之，蓋旱稻也。又取種於玉宸殿。知袁州何蒙上言：「本州二税，請以金折納。」上曰：「若是則盡廢耕農矣。」不許。

六月，諸州言歲豐穀賤，咸請博糴。上即詔三司使丁謂規畫以聞。謂言：「莫若和市，而諸州積鏹數少。」癸丑，出内藏庫錢百萬貫，付三司以佐用度。錢塘人林逋，性恬淡好古，不趨榮利，家貧衣食不足，晏如也。歸杭州，結廬西湖之孤山，二十年足不及城市。轉運使陳堯叟以其名聞。庚申，詔賜粟帛，長吏歲時勞問。

大事記曰：當天下無道之時而隱者，此當隱而隱者也。當天下有道之時而隱者，此不當隱而隱者也。若种放、林逋諸公，其不當隱而隱者，豈生於野者，不願爲公侯。國初，風俗淳厚若此乎。然當人主求賢下士之時，而卓然有高士清風峻概〔一三〕，豈不動人主歆慕之心。一四皓不仕，可以植西京節義之風。一嚴光不出，可以植東都節義之風。孰謂隱士無益於世哉。

壬戌，令樞密院修時政記，月送史館。

秋七月，龍圖閣待制張知白上言：「昔唐李嶠嘗云：『安人之方，須擇郡守。』切見朝廷重内官，輕外任。望於臺閣妙選賢良分典大州，共康庶績。」上曰：「知白援引故事，請重親民之官，良可嘉也。」命知白同糾察在京刑獄。

八月，知制誥王曾判大理寺。判寺舊用郎官，上欲重其任，故特命。曾對便殿，諭之曰：「天下之命係於獄，今以屈卿。」曾頓首謝，仍賜錢三十萬，因請辟奏寮屬，遂著爲令。上作對照詩示輔臣，有「孜孜綏萬國，不愧鬢邊絲」之句。王旦曰：「陛下憂勤萬方，勵精庶務，發揮聖道，形於天章，臣等固當夙夜盡心，上副求治之意。」

九月，以知樞密院事王欽若、陳堯叟並同平章事，充樞密院使。簽署樞密院事馬知節爲副使。儒臣領樞密兼使相自欽若、堯叟始。參知政事、刑部侍郎趙安仁罷爲兵部尚書。先是，上議立皇后，安仁謂劉德妃家世寒微，不如沈才人出於相門。他日，與王欽若論方今大臣誰最爲長者，欽若欲排安仁，乃譽之曰：「無若趙安仁。安仁昔爲故相沈義倫所知，常欲報之。」上始有意斥安仁矣。嘗諭王旦曰：「聞趙安仁在中書，絶不親事。」旦對曰：「安仁頗知大體，居常進擬，皆同列擬定，方敢取旨。臣每見臨時變易於上前者，皆迎合陛下意，安仁無異議，是有執守。」上曰：「能如此耶，朕不知也。」及罷政事，仍命同修史。安仁雖在貴顯，簡儉若平素，喜誨誘後進，成其名聲，當世以重德推焉。三司使丁謂參知政事。初，王旦欲引李宗諤參知政事。宗諤家貧，旦前後資借之甚多，王欽若知之。故事，參知政事謝日所賜幾三千緡，欽若因密奏王旦欲引宗諤參知政事，得賜物以償己債，非爲國擇賢也。明日，旦果以宗諤名聞，上變色不許。欽若與劉承珪、陳彭年、林特及謂等交通，蹤迹詭異，時論謂之「五鬼」。

冬十月，以知制誥陳堯咨權同判吏部流内銓。舊制，選人皆用奏舉乃得京官，而士有孤寒不爲人知者，堯咨特爲陳其功狀而升擢之。戊午，九天司命上卿保生天尊降於延恩殿。先是，上夢景德中所睹神人，傳玉皇之命云：「先令汝祖趙某授汝天書。」翌日夜，復夢神人傳天尊言：「吾坐西，當斜設六位。」即於延恩殿設道場。是日五鼓，天尊降，曰：「吾人皇中九人一人也。是趙之始祖。再降乃軒轅黄帝。後唐時七月一日降下，主趙氏之族。皇帝善爲撫育蒼生，無怠前志。」即乘雲而去。辛酉，上以崇儒術論、爲君難爲臣不易論示王旦等。先是，陳彭年因奏對，上謂之曰：「儒術汚隆，其應實大。國家崇替，何莫由斯。爲君之難，由乎聽受。臣之不易，在乎忠直。其或君以寬大接下，臣以誠明奉上，君臣之心，皆歸於正，直道而行，至公相遇，此天下之達理、先王之成憲，猶指其掌，孰謂難哉。」

閏十月己巳，上天尊號曰「聖祖上靈高道九天司命保生天尊大帝」。詔聖祖名上曰「玄」，下曰「朗」，不得斥犯。以七月一日爲先天節，十月二十四日爲降聖節。癸酉，詔天下州府軍監天慶觀並增置聖祖殿。乙亥，詔上聖祖母懿號「元天大聖后」。丙子，出玉宸殿新稻賜輔臣。上曰：「禁中植稻，暇日臨觀刈穫，見其勞力，愈知耕農之可念也。」戊寅，改兗州曲阜縣爲仙源縣，建景靈宫太極觀於壽丘，以奉聖祖及聖祖母。戊子，内出樂章十六曲以示輔臣，文舞曰發祥流慶，武舞曰降真觀德。

十二月，令三司出炭四十萬，減市直之半以濟貧民。時連日大雪苦寒，故有是命。

壬申，改謚「玄聖文宣王」爲「至聖文宣王」。

癸丑大中祥符六年春正月。

吕源曰：正月對輔臣於崇政殿之西序，曰：「朕寢殿中帟幕皆用青法絁，非張燭莫能辨色。四年祀汾陰，還塗御烏頭藤帽，或乘馬，以時暄涉遠，憫衛士肩輿執蓋之勞。至於巡幸州縣府，御製詩什，皆書粉牌揭於屋棟。三朝簡儉如此，故累聖不替舊風。自蔡京用事，倡「豐亨豫大」之説，開天下侈靡之心，輔相皆寒儒，而所處無異皇居，所享争僭玉食，外之監司、郡守，亦以真紫爲帟幕，綵繒緣簾帷，所至留題則立石刻，而覆碧紗。下至簿尉之微，道路之間，肩輿張蓋，益恣其驕，與天子青布葦簾、粉牌題詩、烏頭藤帽、青絁帟幕固有間矣。

辛酉，詔宗正寺以皇屬籍爲皇宋玉牒。

三月，上作内侍箴賜閻承翰等。

夏六月，監察御史張廓上言：「天下曠土甚多，請依唐宇文融所奏，遣官檢括土田。」上曰：「此事未可遽行。然今天下税賦不均，富者田廣租輕，貧者地蹙租重，由是富者益富，貧者益貧，兹大弊也。」王旦等曰：「田賦不均，誠如聖旨。但改定之法，亦須馴致。」翰林學士、知制誥楊億草契丹答書云：「鄰壤交歡。」上自注其側作「朽壤」、「鼠壤」、「糞壤」等字，億遽改爲「鄰境」。明日，引唐故事，學士草制有所改爲不稱職，亟求罷。上慰諭之。他日謂輔臣曰：「楊億真有氣性，不通商量。」及議册皇后，上欲得億草制，使丁謂諭旨，億難之，因請三代。謂曰：「大年勉爲此，不憂不富貴。」億曰：「如此富貴，亦非所願也。」乃命他學士草制。億雖頻忤旨，恩禮猶不衰。王欽若、陳彭年等深害之，益加譖毁。上意稍怠。億嘗入直，忽被召至禁中，既見賜坐，徐出文稿數篋以示億曰：「卿識朕書迹乎，此皆朕自起草，未嘗命臣下代作也。」億皇恐不知所對，趨出即謀退遁。億有别墅在陽翟，億母往視之，會得疾，億遂留謁告榜子與孔目吏，億狂奔去。朝論讙然，以爲不可。上亦謂輔臣王旦等曰：「億侍從官，安得如此自便。」旦曰：「願陛下矜容，不然顛躓久矣。然近職不可居外地，今當罷之。」上終愛其才，踰月命弗下，億稱疾請解官。辛未，以億爲太常少卿，分司西京。

大事記曰：國家創造之初，則其大體必本於厚風俗〔一四〕。涵養之久，則其大勢必趨於文。故吕文穆、王文正以誠實厚樸之風鎮宇内，而楊大年、王元之之輩〔一五〕，其文章格力皆足以潤色皇猷、黼黻雲漢矣。然西崑之體未變也，必至孫泰山、石徂徠而後經學盛，必至歐陽公、尹師魯而後古文興，必至伊洛關湖而後道學明〔一六〕，是豈一日之積哉。而王、楊雖文士，觀其性質剛介，臧否人物，册后之舉，富貴可立俟也，而不草劉后之制；拜相之麻，權要可趨媚也，而不草相謂之制，又豈可以文章之士待之哉？

秋七月，初，劉承規私請於上，欲求節度使。上諭王旦，旦曰：「陛下所守者，祖宗典故，典故所無，不可聽也。」上又曰：「承規言死在旦夕。」旦曰：「陛下若聽承規所請，後必有邀朝廷求爲樞密使者矣。」上乃止。承規尋卒，乃贈鎮江節度使。初，知濱州呂夷簡上言請免河北農器之税。上曰：「務穡勸耕，古之道也，豈獨河北哉。」癸卯，詔諸路勿税農器。

富弼等釋曰：關市之賦，所以征商也。税及農器，去古法遠矣。呂夷簡雖上言乞免其等，止言河北，所見未廣。真宗推農務之道，使天下免税稼器，固聖人知博利也。

癸丑，詔置水虎翼軍。

八月，王欽若等上新編修君臣事迹一千卷，賜名册府元龜。

冬十月，龍圖閣待制孫奭上疏言：「陛下封泰山祀汾陰，躬謁陵寢。今又將祠太清宫，外議籍籍，以謂陛下事事慕效唐明皇，豈以明皇爲令德之主邪？臣願陛下抑損虚華，斥遠邪佞，罷興土木，無爲明皇不及之悔。」帝以爲封泰山、祠汾陰、上陵、祀老子，非始於明皇，開元禮今世所循用，不可以天寶之亂舉謂爲非也，作解疑論以示群臣。然知奭樸忠，雖其言切直，容之弗斥也。

甲寅大中祥符七年春正月壬寅，車駕奉天書發京師。丙午，至奉元宫。又詣先天觀、洞霄廣靈宫行香，復至太清宫真元觀周覽，還奉元宫。丙辰，升應天府爲南京。

二月，雍丘邢惇以學術稱，嘗舉進士不第，遂隱居不出。王曾薦之，及還自亳，召對，問治道。惇曰：「陛下東封西祀皆已畢矣，臣復何言。」上悦，除許州助教，遣歸。既卒，乃見其敕與廢紙同束置屋梁間。辛酉，車駕至自亳州。

三月，皇子受益封慶國公。初，宰相屢言皇子未議封建，今朝修禮成，願特降制命。舊制，國公食邑三千户，今止千户，有司之過也。皇子即後宫李氏所生，於是五年矣。劉皇后以爲己子，使楊婉儀保視之。故仁宗常呼后爲大孃孃，婉儀爲小孃孃。

五月，詔摹刻天書奉安於玉清昭應宫，命王旦爲天書刻玉使，王欽若爲同刻玉使，丁謂爲副使，趙安仁、陳彭年爲同刻玉副使。丙午，府州言知州興州刺史折惟昌卒。先是，河東民運糧赴麟州，當出兵爲援，惟昌時已屬疾，曰：「古人受命忘家，死於官事，吾無憾也。」即引步騎屯寧遠寨〔一七〕，冒風沙而行，疾遂亟，上聞之，遣使挾醫診視，弗及。以其弟惟忠爲知州事。

六月，樞密使王欽若罷爲吏部尚書，陳堯叟爲户部尚書，副使馬知節爲潁州防禦使。欽若性傾巧，敢爲矯誕，知節薄其爲人，未嘗詭隨。上嘗以喜雪詩賜近臣，而誤用旁韻。王旦欲白上，欽若曰：「天子詩豈當以禮部格校之。」旦遂止。欽若退遽密以聞。

已而上諭二府曰：「前所賜詩微欽若言，幾爲衆笑。」旦唯唯，知節具斥其姦狀，上亦不罪也。欽若每奏事，或懷數奏，但出其一二，其餘皆匿之。既退，則以己意稱上旨行之。知節嘗於上前顧欽若曰：「懷中奏何不盡出？」及王懷信等上平蠻功，樞密院議行賞，久不決。上曰：「欽若等異常不和，事無大小，動輒争競。」於是三人者俱罷。兵部尚書寇準爲樞密使、同平章事。王旦薦之也。

講義曰：使丁謂止於轉運，王欽若、夏竦止於判官，則未必不以君子目之。不幸官至政府，德薄而位尊，反使小人之名遺臭於萬世，惜哉。

秋七月，以王嗣宗、曹利用並爲檢校太保，充樞密副使。戊申，王旦至自兗州，言：「李士衡、張士遜等莅事幹集，望賜詔褒諭。徐懷式等無治聲，望令轉運、提點刑獄司察之。」詔可。或謂旦曰：「公爲元宰，將命出使，而所舉官吏僅得褒詔，無乃太輕乎？」旦曰：「既稱薦之，又請亟用，則上恩皆出於己矣，此人臣之大嫌也。」大內押班周懷政實與旦同行，或請見，必俟從者畢集，整衣冠見之，未嘗私焉。議者以爲得體。

八月，祕書監分司西京楊億以疾愈求入朝。上謂王旦曰：「億性峭直，無所附會。文學固無及者，然或言其好竊議朝政，何也？」旦曰：「此蓋與億不足詆謗之耳。億諧謔過當則恐有之，訕讟之事保其必無也。」戊辰，命億知汝州。既而監察御史姜遵奏請罷之。上曰：「億前告歸，本無終焉侍養之請。今以疾愈求入朝，故特與郡。」乃詔中書召遵諭之。

九月，上御景福殿，試亳州、南京路服勤辭學經明行修舉人，得進士張觀等二十一人，諸科一十一人，賜及第。

冬十月，先是，登州言高麗遣使入貢。上謂宰相曰：「此事如何？」王旦曰：「高麗久來進奉，因契丹阻絶。今須許其赴闕，契丹必不敢言。四夷入貢以尊中國，蓋常事爾。彼自有隙，朝廷奚所愛憎。」上曰：「卿言深得大體。」即遣使館接焉。甲子，玉清昭應宮成，宮宇總二千六百一十區。七年宮成。

十一月，知秦州張佶言〔一六〕：「蕃部俶擾，已出兵格鬭，望量益士卒。」王旦曰：「今四方寧謐，契丹守盟甚堅，西戎入貢不絶，藩翰之臣，宜務鎮静。」上曰：「邊臣利於用兵，殊不知無戰爲上。」因言：「昔嘗謂邢昺云，朕中夕静思，四方至大，張官置吏，委之千萬里外，豈能盡知善惡，有敗事則爲患非小，自古帝王宵衣旰食正在此爾。萬務幾微，更賴卿等盡心也。」

十二月己未，作元符觀。

乙卯大中祥符八年春正月壬午朔，備鑾駕詣玉清昭應宮，奏告尊上玉皇大天帝聖號。還御崇德殿受賀，大赦天下。己丑，樞密院言準詔定承天節南郊奏蔭子弟恩例。命兵部侍郎、修國史趙安仁知禮部貢舉，翰林學士李維、知制誥盛度、劉筠同知。是歲，始置謄録院，令封彌印官封所試卷付之，命京官校對，用兩京奉使印訖復送封印院，始送知舉官考校。以楚王元佐爲天策上將軍興元牧。府牧自此始。丙子，詔禮部貢院：「進士六舉、諸科九舉，雖不合格，並許奏名。」

三月癸卯，上御崇政殿覆試，得進士蔡齊以下百九十七人，特奏名進士七十八人，諸科三百六十三人。故事，當賜第必召其高第數人並見，又參擇其材質可者，然後賜第一。時新喻人蕭貫與齊並見，齊儀狀秀偉，舉止端重，上意已屬之。寇準又言：「南方下國人，不宜冠多士。」齊遂居第一。上喜，特詔金吾給七騶出兩節傳呼，因以爲例。準性自矜，尤惡南人輕巧，既出，謂同列曰：「又與中原奪得一狀元。」齊，膠水人也。上之親試進士也，召崇文院檢討馮元講周易泰卦，元因推言君道至尊，臣道至卑，必以誠相感，乃能輔相財成。上説，特賜五品服。

夏四月，召宰相觀書玉宸殿，閱御製皇王、帝霸、五臣等論。辛酉，賜宰相御製良臣正臣忠臣姦臣權臣論。以樞密使同平章事寇準爲武勝軍節度、同平章事。先是，準惡三司使林特之姦邪，數與忿争，特方有寵，上不悦，謂王旦等曰：「準年高屢更事，朕意其必能改前非。今觀所爲，似更甚於疇昔。」旦等曰：「準好人懷惠，又欲人畏威，皆大臣所當避，而準乃以爲己任，此其所短也。非至仁之主，孰能全容之。」準之未爲樞密使也，旦嘗得疾，上命肩輿入禁中，因曰：「卿今疾亟，萬一有不諱，使朕以天下事付之誰乎？」再三問，不對。上曰：「張詠何如？」不對。又問：「馬亮何如？」不對。上曰：「試以意言之。」旦强起曰：「以臣之愚，莫若寇準。」上憮然，有間曰：「準性剛褊，更思其次。」旦曰：「他人臣所不知也。」及準爲樞密使，中書有事關送樞密院礙詔格，準即以聞。旦拜謝曰：「此實臣等過也。」既而樞密院有事送中書亦礙詔格，旦令卻送與樞密院。準大慚。旦每見上，必稱準之才，而準數短之。上謂旦曰：「卿雖談其美，彼專道卿惡。」旦謝曰：「理固當然。臣在相位久，政事缺失必多，準對陛下無所隱，此臣所以重準也。」及準自知當罷，使人私於旦求爲使相。旦大驚曰：「使相豈可求邪？且吾不受私請。」準深恨之。及制出，準入見泣涕曰：「非陛下知臣，何以至是。」上具道旦所以薦準者，準始愧歎，出語人曰：「王同年器識非準所能測也。」以吏部尚書王欽若、户部尚書陳堯叟並爲樞密使、同平章事。榮王元儼宫火，延燒内藏左藏庫、乾元門、崇文院、祕閣。下詔罪己，令文武百官上封論事無或隱蔽。

五月朔，王隨言：「準詔劾榮王元儼宫遺火事，當死者甚衆。」王旦獨請對，言曰：

「始失火時，陛下以罪己詔天下，而臣等皆上章待罪。今乃過爲殺戮，恐失前詔意也。且火雖有迹，寧知非天譴耶？」上欣然納之，由是減死者幾百輩。甲申，命寇準知河南府兼西京留守司事。詔自宫禁洎臣庶之家，一切服玩皆不得以金爲飾，嚴其例禁，自是遂絶。庚子，放宫人一百八十四人。

閏六月，王欽若上準詔編修后妃事迹七十卷，賜名彤管懿範。

秋七月，徙知并州薛映知揚州，馬亮知昇州，李迪知永興軍。上謂輔臣曰：「大藩長吏尤難其人，要在洞達物情，遵守條詔，愛民抑暴而已。吏或廉而肆虐，或察而滋章，或急掊斂以爲公，或曠職務以爲恕，如此則何由致治耶？」上作讀十九代史詩賜近臣和。宫苑使、昭州團練使郭崇仁爲解州團練使。崇仁，守文子，章穆皇后弟也。時崇仁母梁氏亡，詔起復，乃有是命。崇仁雖外戚，朝廷未嘗過推恩澤，自是凡十年不遷。

八月，陳州言知州張詠卒。詠臨終奏疏言：「不當造宫觀，竭天下之財，傷生民之命，此皆賊臣丁謂誑惑陛下，乞斬謂頭置國門以謝天下，然後斬詠頭置丁氏之門以謝謂。」上亦不爲忤云。

吕夷簡釋曰：天子有争臣七人，雖無道，不失其天下。故古之人雖有雷霆之威，萬鈞之勢，及聞直言切諫，則假顔色以接之，厚金帛以酬之，加爵賞以貴之。面折其短，廷指其過，加誠愈納，不敢輒怒，蓋將以開言路而來諫臣也。我太祖、太宗、真宗皆有堯、舜之資，禹、湯之智，文、武之德，而自建隆以來，未嘗怒一諫官，逐一御史。故直言聚於朝，忠言屬於耳，宗社有萬世之安，無一日之危，由此道也。

庚寅，知汝州祕書監楊億言：「部内秋稼甚盛，粟一本至四十穗，麻一本至九百角。」上覽其章，謂輔臣曰：「億之詞筆冠映當世，後學皆慕之。」王旦曰：「如劉筠、宋綬、晏殊輩相繼屬文，有貞元、元和風格者，自億始也。」

九月，注輦國王遣使來貢。先是，有舶商抵其國，告以天子東封西祀，其王曰：「十年來海無風濤，古老傳云，如此則中國有聖人。」故遣使入朝。

冬十月，以慎從吉爲給事中、權知開封府〔一九〕。上召戒從吉曰：「京府浩攘，凡事大速則誤，緩則滯，惟須酌中耳。有請屬一切拒之。」

十一月，河南府言工部侍郎种放卒。上甚嗟悼。先是，有譏放循默者，上聞之，謂輔臣曰：「放爲朕言事甚衆，但外廷不知耳。」因出所上時議十三篇，其目曰議道、議德、議用、議器、議文武、議制度、議教化、議賞罰、議官司、議軍國、議獄訟、議征賦、議邪正。

十二月戊寅，皇子加冠禮。辛卯，以皇子慶國公受益爲壽春郡王。己亥，以御製陳書詩並注賜輔臣，因曰：「隋煬帝初平陳，斬五佞人以謝三吳，當時天下稱賢。及其無道，乃過後主，深可嘆也。」王旦等曰：「陛下博觀載籍，非惟多聞廣記，皆取其規鑒。談經典必稽其道，語史籍必究其事，論爲君必究其治亂，言爲民必志其邪正。加以秉筆立言，皆化人垂世之作。今之文章典雅，搢紳稽古，皆聖訓所及也。」

丙辰大中祥符九年正月，以馬軍副都指揮使張旻兼樞密副使。先是，旻被旨選兵，下令太峻，兵懼，謀欲爲變。上召二府議之。王旦曰：「若罪旻，則自今帥臣何以御衆。急捕謀者，則震驚都邑。陛下數欲任旻以樞密，臣未敢奉詔，今若擢用，使解兵柄，反側者當自安矣。」上謂左右曰：「王旦善處大事，真宰相也。」以張士遜、崔遵度並充壽春郡王友。士遜平雅和謹，澹於榮利。遵度同修起居注踰十年，立殿墀下，常退匿楹間，慮上見之。搢紳推其長者。初，宰相將用士遜等翊善記室。上曰：「翊善記室，府屬也，王皆受拜。」故以王友命之，令王每見答拜，示賓禮之意。士遜嘗謁王旦，稱王學書有法。旦曰：「公爲王友，職止於是邪？」士遜愧謝。

講義曰：文王世子一篇，所以教爲世子之道也。其言曰：凡學，世子及學士必時。即世子與學士同其學，讀詩讀禮同其書〔二〇〕，樂正、司成同其師。齒於學則又所以同其禮。夫爲君之子，而下與士齒，無非所以養成德性，陶育氣質，以爲異日天下國家之宗主。是故學問聚辨之功，非驕逸易縱者所能爲，而富貴崇高之地，非學問已成者未易居。此古先帝王皆講學成德於未爲君之日也。後世徒知國本之當尊，而不知儲德之當養〔二〕。世子得以臣其宮之僚屬，而輔翼東宮之官，始與僚屬無異。此真宗不置翊善記室，而以二人爲王友。蓋官屬則有君臣之義，王友則有師友之義。君臣之分既立，則學問之功難施。師友之義既明，則驕貴之習自革，此作聖工夫，必以誠敬爲入門也。

二月，王旦上兩朝國史一百二十卷。甲午，詔築堂於元符觀南，爲皇子就學之所，賜名曰「資善」，上作記刻石於堂中。癸卯，召近臣宴翔鸞閣，觀太宗御書及御製聖文神筆頌、玉宸殿記等。癸丑，詔：「官吏犯贓被劾，有故延歲月以俟赦宥者。自今法寺勿以赦原。」宗正卿趙安仁請以知制誥劉筠、夏竦並爲宗正寺修玉牒官。從之。名新譜曰仙源積慶圖。

夏四月，司天監言周伯星再見。

〔五月〕建皇親禮會院於新昌坊〔三〕，賜名「嘉慶」。殿中侍御史張廓言：「群官有丁父母憂者，多免持服，非古道也。伏望自今並依禮令解官行服。」詔從之。詔奬壽春郡王友張士遜等，以王讀孝經徹章故也。王初爲詩，即自成章，有「人心懷禮義」之句。上喜，以語輔臣。

秋七月，飛蝗過京城。先是，上出死蝗以示大臣。翌日，執政有袖死蝗以進者，請示於朝，率百官賀。王旦曰：「蝗出爲灾，灾弭幸也，又何賀焉。」固稱弗可。於是二府方奏事，飛蝗蔽天，上顧謂旦曰：「使百官方賀而蝗若此，豈不爲天下笑耶？」

吕中曰：災異非所以愛君也，而董仲舒以爲天心之仁愛。蓋君之所以自愛，實災異警之之力也〔三三〕。當群臣爭獻符瑞之時，而徐兗之水、江淮之旱、内城之火、京師之蝗，間見層出〔三四〕，非人臣不知愛君而天愛君乎？

乙卯，分命内臣與轉運使、諸州通判、職官按視蝗傷苗稼以聞，仍悉除其租。

八月，令江淮發運司歲留上供米五十萬，以備飢年賑濟。樞密使、同平章事陳堯叟罷爲右僕射。堯叟强力明辯，多任智數，久典機密，軍馬之籍悉能周記云。癸未，以京師愆雨，遣使分禱宫觀、寺院。

九月，兵部尚書、參知政事丁謂罷爲平江節度使。丙午，以陳彭年、王曾、張知白並參知政事，任中正爲樞密副使。曾、知白、彭年與王旦同在中書，嘗乘間謂旦曰：「曾等被擢至此，公力也，願有所裨補。」旦曰：「願聞之。」曾曰：「每見奏事其間亦有不經上覽，公但批旨行下，恐人言之，以爲不可。」旦遜謝而已。一日，奏對，旦退，曾等俱留，上愕曰：「何事不與王旦同白？」曾等乃以前説聞於上。上曰：「王旦事朕多歷年所，朕察之無毫髮私。自東封後，朕諭小事一面專行。卿等當謹奉之。」退而謝於旦曰：「上之委遇，非曾等所知也。」旦曰：「向蒙諭及，不可自言。先得上旨，今後更賴諸公相益。」

丁未，曹瑋言：「宗哥唃厮囉蕃部等率三萬餘入寇，至伏羌寨三都谷，即領兵擊敗之。」先是，翰林學士李迪召對龍圖閣，命草詔書，徐謂迪曰：「曹瑋在秦州，屢請益兵，未及遣，遽辭州事，邊將誰可代瑋者？」對曰：「瑋知唃厮囉欲入寇，頗窺關中，故請益兵爲備，非怯也。且瑋有謀，諸將皆非其比。陛下重發兵，豈非將上玉皇聖號，惡兵出宜秋門邪？今關右兵多，可會其羨，益發赴瑋。」因問關右幾何，對曰：「臣向在陝西，以方寸小册書兵糧數備調發，今猶置佩囊中。」上令自探取，目内侍取紙筆，具疏某處當留兵若干，餘悉赴寨下〔二五〕。上顧曰：「真所謂頗、牧在禁中。」未幾，唃厮囉果犯邊，秦州方出兵，復召問曰：「瑋戰克乎？」對曰：「必克。」及瑋捷書至，上謂迪曰：「卿何料之審也？」迪曰：「唃厮囉大舉入寇，使諜者聲言以某日下秦州會食，以激怒瑋，瑋勒兵不動，坐待其至，是則以逸待勞，臣用此知其決勝也。」

大事記曰：唃厮囉、李繼遷均之爲西蕃首領也。惟朝廷與繼遷以國姓則繼遷驕，與厮囉以官則厮囉叛，蓋無駕馭之道，而徒施羈縻之術，所以長其驕而速其叛也。若曹瑋者，可謂良將矣，能知厮囉之必叛，策德明之可圖，料元昊之必反，此其智豈徒決兵家之勝負而已哉。

庚戌，以不雨，罷重陽宴，令諸路轉運使督民焚捕蝗蝻，無使滋育。是歲六月，京畿、京東西、河北路蝗蝻繼生，食民田殆盡，延至江淮南〔二六〕，趨河東，及霜寒始盡。飛蝗之過京城也，上方御膳，左右以告，上起臨軒仰視，則蝗勢連雲障日，乃命撤膳。自是聖體遂不康。

冬十月，上謂王旦等曰：「茶鹽之利，要使國用贍足，民心和悅，卿等宜熟思之。」詔差翰林學士李迪、權御史中丞淩策、知雜御史呂夷簡與三司同共定奪，務要茶園、鹽亭户不至辛苦，客旅便於興販。

十二月，河西節度使、知許州石普上言九月下旬日食。又言：「唃厮囉欲陰報曹瑋，請以臣嘗所獻陣圖付瑋，可使瑋必勝。」先是，上方崇符瑞，而普請罷天下醮設，歲可省緡錢七十餘萬以贍國用，遂忤上意。於是，上益怪普言踰分。王欽若因言普欲以邊事動朝廷，上怒，命呂夷簡置院推鞫。獄具，集官參驗。九月下旬，日不食。詔除名配賀州。普倜儻有膽略，兩平蜀盜，大小數十百戰，衆伏其勇也。以知秦州曹瑋爲秦州都部署，以李及知秦州。時瑋數上章求解州事，問王旦誰當代瑋者，旦薦及可任，衆議皆謂及非守邊才。及至秦州，州之將吏心亦輕之，會有屯駐禁軍白晝掣婦人銀釵於市中，及方坐觀書，亟命斬之，復觀書如故。不日聲譽達京師。億聞之，復見旦，具道其事。旦笑曰：「禁軍戍邊，白晝爲盜，固當斬也，烏足爲異政乎。」旦之用及者，但以及重厚，必能謹守瑋之規模而已。

丁巳天禧元年春正月辛亥，奉天書合祭天地，以太祖、太宗並配。群臣上尊號册寶於大安殿。知建昌軍王耿上書言時政要務凡七事：一曰省灾異，二曰廣言路，三曰明享祀，四曰正服用，五曰察黨與，六曰謹修養，七曰嚴邊備。上覽而嘉之。

二月，詔别置諫官御史各六員，增其月俸，不兼他職，每月須一員奏事，或有急務，聽非時入對。辛巳，發常平倉粟，置場十四出糶，以濟貧民。京市物貴故也。召直龍圖閣馮元講易於宣和門之北閣，待制查道、李虚己、李行簡預焉。自是聽政之暇，率以爲常。因數訪大臣能否，而行簡無所怨昵，必盡稱道其長，人推其長者。上謂宰臣曰：「朕以去歲蝗旱，秋稼不稔，夙夜驚懼，未嘗暫忘。今已中春，時雨未降，齋心請禱，誠感莫達，實慮政令有爽天意，因思茶鹽條禁傷於峻刻，宜有以革之。茶法行之已久，儻或難於遽改，但削其尤不便民而傷於厚斂者可也。」嘗有日者上書言宫禁事，坐誅，籍其家，得朝士所與往還占問吉凶簡尺，上怒，欲盡付御史按罪。王旦具請以歸。翌日，白上，此人之常情，且語不及朝廷，不足究治，因自取舊所占問者進曰：「臣幼賤時不免爲此，必以爲罪，願並臣下獄。」上曰：「此事已發，何可免？」旦曰：「臣爲宰相，執國法，豈可自爲之，幸於不發，而以罪他人。」上意解。旦至中書，悉焚所得書。既而大臣有欲因是以擠己所不快者，力請究治。上令就旦取書。旦曰：「臣已焚之矣。」由是獲免者衆。參知政事陳彭年卒。上聞之，即幸其第，涕泗良久。彭年性敏給强記，尤好儀制沿革、刑名之學，素奸諂，時號九尾野狐。始仕未達，求爲大理寺詳斷官，張齊賢時實當國，一見輒不可曰：「此人在朝，必亂國政。」或疑齊賢過甚，後乃服其知人。

三月，江南提點刑獄范應辰上言：「伏睹辛亥制書常赦不原者咸除之，姦凶之輩密料赦期，發其夙憾，恣彼忿心，或舉家而隕命，或罄室而虜財，或持刃殺人，或縱火焚舍，逢此霈恩，亦除其罪，悉又配爲卒伍，皆給衣糧，又何異賞人爲盜者耶？」

夏四月，出聖祖神化金寶牌分給京城寺觀及天下名山。查道表求外任。甲申，命知虢州。時虢州蝗災，道不候報，出官廩粟設糜粥振救飢者，發州麥四千斛給種，民賴以濟，所全活萬餘人。乙酉，著作郎劉燁爲右正言〔二七〕。上曰：「諫官、御史之任，實難其人，當須識朝廷大體、達政刑要道，言必詣理，乃爲稱職耳。」

呂源增釋曰：天禧之前，群官百執事皆得言事，不專主於臺諫之臣也。真宗既因浮議創建言官，於是首擢劉燁，次用魯宗道，奏疏並令親書，許通進司進入。時燁與宗道多以瑣細之事塞責，真皇嘗有不悅之辭，自是而後，朋黨興矣。

五月，以殿中丞劉平爲監察御史，用新詔也。太保、平章事王旦素羸多疾，連拜章求解。戊申，制爲太傅兼侍中。

六月，右正言魯宗道言：「今舉天下親民之官，爲陛下孜孜於民政者十不一二焉。欲民之安，其可得乎。宜妙選英哲以委之，庶激濁揚清，漸得良牧賢宰，則斯民之大幸。」上曰：「謹擇牧宰，朝政之急務也。」甲申，以武昌節度副使邊肅知光州。用辛亥赦書也。向敏中嘗謂王旦曰：「邊同年責已久，牽復可乎？」旦曰：「爲近臣坐贓，豈得更陞進耶？」敏中語數及之，旦曰：「若欲用之，須旦死可也。」

秋七月，王旦以病堅求罷相，上憫然曰：「朕覺體中不佳，方欲以大事託卿，而卿疾如此，奈何？」因命皇子出拜，旦言：「皇子盛德，必任陛下事。」遂薦可爲大臣者十餘人，其後不踐兩府者，獨淩策、李及。丁巳，以旦爲太尉，仍領玉清昭應宮使。

八月，以樞密使、同平章事王欽若爲左僕射、平章事。先是，上欲相欽若，王旦曰：「祖宗朝未嘗使南方人當國，雖古稱立賢無方，然必賢士乃可。」上遂止。欽若嘗語人曰：「爲王子明故，使我作相晚卻十年。」

講義曰：康節在天津橋上聞杜鵑聲，曰：「朝廷將用南人爲相，天下自此多事矣。」南人當國，自欽若始，不待王荊公而後見也。然國初三陽方長，則南不足以勝北。熙寧一陰潛萌，則北不足以勝南。此風氣推移〔二八〕，人才消長之候也。

壬申，中書侍郎兼吏部尚書平章事向敏中加右僕射、門下侍郎。

九月，給事中、參知政事王曾罷爲禮部侍郎。初，曾以會靈觀使讓欽若，上意不懌。及欽若爲相，因欲排異己者，數譖之，遂罷曾政事。王旦語其家人曰：「王君介然，他日德望勳業甚大。昨讓會靈觀使，頗拂上旨，而進對詳雅，詞直氣和，了無所懾。且王君始被進用已能若是，我自循任政事幾二十年，每進對，上意稍忤，即蹴踖不能自容，以是知其偉度矣。」李迪爲給事中、參知政事。迪嘗獨對内東門，時仍歲旱蝗，上憂不給，迪曰：「祖宗初置内藏庫，欲辦兵復西北故土及以支凶荒。」上曰：「當出金帛數百萬借三司。」迪曰：「天子於財無内外，何必曰借。」上悦。迪又言：「陛下東封時，敕所過無伐木除道，即驛舍或州治爲行宫，才令加塗塈而已。及幸汾、亳，土木之役過往時百倍。今旱蝗之灾，殆天意所以儆陛下也。」上曰：「卿之言然，一二臣誤朕爲此。」己酉，王旦卒，遺表言：「忝爲宰相，據上公之列，不可以將盡之言爲宗親求官。」旦性沖澹寡欲，奉身至薄，所居甚陋，上欲爲治之，旦以先人舊廬懇辭而止，中外莫不欽其德風，爲國宗臣。咸平初，旦聞李沆之言固未深信，及親見王欽若、丁謂等所爲，欲諫則業已同之，欲去則上遇之厚，乃歎曰：「李文靖，真聖人。」祥符以來，每有大禮，輒奉天書以行，常悒悒不樂。既寢疾，遺令削髮披緇以斂，蓋悔其前之爲也。議者謂旦逢時得君，言聽諫從，安於勢位而不能以正自終，或比之馮道云。

呂中曰：嘗究觀國朝自天禧以前，一夔一契之謡未興也，大范、小范之名未出也，四賢一不肖之詩未作也，君子小人之黨未分也。而張詠、孔道輔、馬知節之徒〔二九〕，自足以養成天下之氣節。胡海陵之學未興也，穆、尹之古文未出也，三蘇父子之文章未盛也，二程兄弟之學業未著也，而楊億〔三〇〕、王元之之文自足以潤色國家之制度。蓋自李文靖、王文正當國，抑浮華而尚質實，獎恬退而黜奔競，是以同列有向敏中之清謹，政府有王曾之重厚，臺諫有魯宗道之質直，相與養成渾厚樸實之風，以爲天聖、景祐不盡之用，雖搢紳之議論、臺諫之風采、道學之術〔三一〕、科舉之文非若慶曆以來炳炳可觀，而紀綱法度皆整然不紊，兵不驕，財不匱，官不冗，士不浮，雖慶曆之盛，亦有所不及也。

以聖製思政論、正説賜近臣。

十二月丙子，以寒甚放朝。知制誥盛度等言：「奉詔蠲放逋欠，凡九百四十三萬，所釋萬五千五百人。」庚辰，遣使減價鬻炭十萬秤。

戊午天禧二年春正月庚子，芝草生真遊殿及皇后所居崇徽殿。詔諸路災傷州軍並設粥，賤糶官粟，以惠貧民。

二月，以昇州爲江寧府，置軍曰建康，命壽春郡王爲節度使，加太保，封昇王。右正言劉燁請自今言事許升殿面對。從之。壬午，對右正言劉燁、魯宗道於承明殿，凡八刻。

三月甲寅，右正言魯宗道言：「大辟罪如婺州訛言者，望自今精加按覆。」內出其狀示輔臣，向敏中等曰：「向來四方大辟奏牘，陛下未嘗不召臣等審議，然後寬貸決罰，好生之德蓋超越於前古矣。」上曰：「自今當詳議者更加審細，貴無濫也。」宗道風聞，多所論列，上意頗厭其數。宗道因對，自訟：「陛下所以任臣者，豈欲徒事納諫之虛名邪？臣切愧尸禄，請得罷斥。」上慰諭良久，他日念之，因題殿壁曰「魯直」。

夏閏四月，知并州薛映言：「民飢設糜粥濟之，計三十餘萬人。」皇城司言：「保聖營之西南，營卒有見龜蛇者，因就建真武祠。今泉涌祠側，疫癘者飲之多愈。」甲寅，詔即其地建道觀，以「祥源」爲名。任布言：「明朝不宜以神怪衒愚俗。」不報。

六月辛亥，有彗出北斗魁第二星東北。

秋七月壬申，以星文示變，赦天下。甲戌，以李士衡爲三司使。上作寬財利論賜士衡，士衡因請刻聖製於本廳。從之。士衡方進用，王欽若害之，會上論時文之弊，欽若因言：「路振文人也，然不識體，士衡父誅死，而振爲贈告乃曰『世有顯人』」。士衡以故不大用。

八月甲辰，立昇王受益爲皇太子，改名禎，大赦天下。癸丑，上作元良箴賜皇太子。九月，御正陽門觀酺，上作稼穡倍登詩、欹器、戒酒二論示輔臣。

冬十月乙未，雪，上作瑞雪詩賜輔臣。李垂請令江浙放行茶貨，左諫議大夫孫奭言：「茶法屢改，非示信之道。」即詔奭與三司詳定，務從寬簡。未幾，奭出知河陽，事遂止。初，自密州還，時方置天慶等節，天下設齋醮，張燕費廣，奭又請裁省浮用。不報。奭復出，其居朝廷蓋不周歲云。

十一月，上作冬至宴親賢詩示宰相。癸未，上作後苑宴宗親詩賜皇太子、通王。

十二月，參知政事張知白與宰相王欽若議論多相失，因稱疾辭位。丙午，罷爲刑部侍郎、知天雄軍。

己未天禧三年春正月丁卯，翰林學士錢惟演等四人權同知貢舉。乙亥，舉人郭稹冒緦喪赴舉，爲同輩所訟，付御史臺劾問，殿三舉，同保人並殿一舉。

二月，上作學書歌賜皇太子。丙辰，又作勸學吟賜之。

三月，上親試禮部奏名貢舉人，得進士王整以下六十三人賜及第，八十六人同出身。又賜學究出身者一十三人，諸科及第者百二人，同出身者四十七人，試將作監主簿者五人。寇準鎮永興軍，朱能爲巡檢。是月，準奏天書降乾祐山中，蓋能所爲也，中外咸識其詐，上獨不疑。

夏四月辛卯，迎導天書入內。魯宗道上疏曰：「天道福善禍淫不言示化，又何有書哉。臣恐姦臣肆其誕妄以惑聖聽也。」知河陽孫奭上疏：「天且無言，安得有書，天下皆知朱能所爲，獨陛下一人不知爾。乞斬朱能以謝天下。」上雖不聽，然亦不罪奭也。己亥，召判永興軍府寇準赴闕。

講義曰：寇忠愍之入相凡三，忘身徇國，守道嫉邪，見於同列之稱薦者，然也。官居鼎鼐，宅無樓臺，播於處士之歌詠者，然也。堂吏之進例簿則叱之，門生之獻三策則謝之，甚至澶淵之役，不沮不屈，親扶日轂，屹然如山。百萬貔貅，折箠笞之，使三十餘年邊無牧馬，公之勳烈何如哉。

五月，寇準自永興來朝，將發，其門生有勸準者曰：「公若至河陽稱疾堅求外補，此爲上策。儻入見，即發乾祐天書詐妄之事，斯爲次也。最下則再入中書爲宰相爾。」準不懌，揖而起。君子謂準之卒及於禍，蓋自取之也。

六月甲午，王欽若罷。時欽若恩遇寖衰，人有言其受金者，會商州捕得道士譙文易，蓄禁書，自言嘗出入欽若家，遂罷相。尋命判杭州。丁酉，以李允則知鎮州。允則在雄州十四年，治城壘不輟。詔詰之。允則奏曰：「初通好，不即修治，它日頹圮復安敢動。因此廢守備，臣恐虜性不可測也。」〔三〕帝以爲然。嘗燕軍中，而甲仗庫火，允則作樂行酒不輟。副使請救，不答，少頃火息，命悉瘞所焚物，密遣使持檄瀛州，以茗籠運器甲，不浹旬兵數已完，人無知者。樞密院請劾不救火，上曰：「允則必有謂，姑詰之。」對曰：「兵械所藏，儆火甚嚴，方燕而燔，必姦人所爲。舍燕救燔，事或不測。」一日，民有訴爲虜人毆傷而遁者〔三三〕，允則不治，與傷者錢二千，衆以爲怯。逾月，幽州以其事來詰，答以無有，蓋他諜欲以毆人爲質驗，比得報，以爲妄，乃殺諜。戊戌，以寇準爲中書侍郎兼吏部尚書、平章事，保信軍節度使丁謂爲吏部尚書、參知政事。謂在中書，事準謹甚。嘗會食，羹污準鬚，謂起徐拂之，準笑曰：「參政，國之大臣，乃爲官長拂鬚邪？」謂甚愧之，由是傾誣始萌矣。

大事記曰：王欽若罷則寇準用，此君子小人不可兩立也。以寇準爲相而丁謂參政，此又君子小人不可共政也。然準當是時不可出矣。方其始召也，門生有勸準者曰：若至河陽堅求補外，此爲上策。儻入見即發乾祐天書之詐，次也。最下則再入中書。其爲準謀則善，而準不悟，何邪？

龜鑑曰：且朋黨之禍，其萌於丁、寇並命之時乎？薰蕕不可同器，鸞隼不可並棲，從古然也，何當時之不察。及此會食都堂〔三四〕，拂鬚有責，初無他意，丁謂不堪而銜之，結釁其兆於此矣。澶淵之還，大勳未報，欽若念釁鼓之隙，而忍肆投瓊之譖。利用懷議事之憤，而公爲下石之謀。錢惟演、馮拯之徒翕於前，劉承珪、陳彭年之流推於後〔三五〕。彼譖人者，投畀豺虎可也。營營青蠅止於樊，豈弟君子，何爲一信讒言哉？　一出而守北門之鑰，再出而陟雷陽之坡〔三六〕，公之迹危矣。　能噫，公之忠節義概，能折百萬之兵，而不能折衆口之讒。　能起虜人之問，而不能起邪人之敬。　能感公安之竹〔三七〕，而不能感當時流俗之心。　然於真宗則何憾焉。　嘗因是而窺帝之本心，史述澶淵歸，上所待準者甚厚。　曰甚厚云者，蓋未嘗以薄待準也。　史謂上既從惟演言擢丁謂、利用平章事，而所以待準者如故。　曰如故者，是待準之心無以異於前日也。　有以深責寇準爲言者，上則曰：「自太傅以上更加優禮。」有以且令準出外爲請者，上則曰：「有何名目？」至於末年，國史直筆以書之曰：寇準罷相，繼以三絀，皆非上本意。　歲餘，上忽問之曰：「吾目中久不見寇準，何也？」吁，真宗之心於是乎白矣。　巧言如簧，熒惑聖聽，謂之罪，其可勝誅。　壯哉，李迪奮身而憤曰：「迪起布衣而位宰相〔三八〕，有以報國，死且不恨，安能附權臣爲自安計。」直對上前，歷數謂姦，謂於是罷知河南矣。　有言自裹，厥應如響，不踰月而復相焉。　他時流落至死，王曾聞之曰：「此人智數不可測，若不死，未必不復用，天下之不幸可勝道哉？」死一謂則爲天下福，生一謂則爲天下禍，姦人可畏如是，可不謹哉。

秋七月，群臣表上尊號曰「體元御極感天尊道應真寶運文德武功上聖欽明仁孝」。　不允。　凡五上，從之。

八月丁亥，以天書再降於乾祐縣，大赦天下。　彰德軍留後馬知節卒。　知節習兵事，以方略自任，頗涉文藝，所與遊接，必一時名士。　性剛直，敢言無避，未嘗少自卑屈，求之武人，蓋鮮儷云。己亥，大會道釋於天安殿，凡萬三千八十六人。先是，建道場，是日，上親臨視，以藥銀鑄大錢面賜之。

九月，賜皇太子元良述、六藝箴、承華要略十卷、授時要略十二卷，又以國史兩朝實録、太宗文集並御集、御覽群書賜皇太子，遂宴從官。

冬十月，知審刑院盛度言：「在京及諸路止有斷案三道，值降聖節不奏，自餘絶無刑牘，請宣付史館。」寇準曰：「聖朝刑訟清静過古昔，此陛下以德化民，精意欽恤所致。」

十一月，享太廟。辛未，合祭天地於南郊。

十二月，知樞密院事曹利用、參知政事丁謂並爲樞密使。

庚申天禧四年春正月，以華州觀察使曹瑋爲宣徽北院使、鎮國軍留後、簽署樞密院事。簽署兼領藩鎮，自瑋始也。

二月，滑州言河塞，詔獎之。是役用兵夫九萬人，上親製文刻碑以紀其成功。

三月，左僕射兼中書侍郎、平章事向敏中卒。敏中端厚愷悌，多智善處煩劇，識大體，密静遠權門無私謁。諸子不令釐務，雖當大事，若己不預焉。謹於采拔，不妄推薦。時以重德目之。

夏四月，命工部侍郎楊億爲翰林學士。億自汝州代還，久之不遷。或問王旦曰：「楊大年何不且與舊職？」旦曰：「大年頃以輕去上左右，人言可畏，賴上終始保全之。今此職欲出自清衷，以全君臣之契也。」踰六年乃復入禁署。

六月，以右僕射兼中書侍郎、平章事寇準爲太子太傅、萊國公。先是，準爲樞密使，曹利用副之。準素輕利用，議事有不合者，準輒曰：「君武夫耳，豈解此國家大體邪？」利用、丁謂遂合謀，欲排準。翰林學士錢惟演見謂權盛，附離之。時上不豫，政事多中宮所決，謂等交通詭秘，其黨日固，劉氏宗人横於蜀，上以皇后故，欲舍其罪，準必請行法，重失皇后意。謂等因媒孽之。準嘗獨請間曰：「皇太子人望所屬，願陛下傳以神器。丁謂，佞人也，不可以輔少主。」上然之。準乃屬楊億草表，請太子監國。億夜屏左右爲之辭，至自起剪燭跋，中外無知者。既而準被酒，漏所謀，謂等益懼，力譖準，請罷政事。上不記與準初有成言，諾其請。

秋七月丁巳，太白晝見。甲子，大雨流潦，泛溢公私廬舍大半，有壓死者。丙寅，以李迪爲吏部侍郎，馮拯爲樞密使、吏部尚書，同平章事。上欲加拯吏部尚書、參知政事，召學士楊億使草制。億曰：「此舍人職也。若除樞密使同平章事，則制書乃學士所當草也。」上曰：「即以此命拯。」拯既受命，樞密領使者凡三人，前此未有。上徐覺其誤，遂召錢惟演。惟演入對，曰：「馮拯故參知政事，今拜樞密使當矣。但中書不應止用李迪一人，盍遷曹利用或丁謂過中書。」庚午，以丁謂平章事，曹利用加同平章事。上既從惟演之言，擢丁謂首相，曹利用同平章事，然所以待寇準者猶如故。謂等懼，謀益深。楊崇勳等遂告變，周懷政伏誅，準乃遠貶。上始得疾，寖劇，嘗卧枕懷政股，與謀欲命太子監國。懷政出告寇準，準遂請間建議。已而事泄，準罷相。丁謂等因疏斥懷政。懷政謀殺謂等復相準，奉帝爲太上皇，傳位太子，而廢皇后。召楊崇勳等議其事。崇勳詣謂第告變，謂過曹利用計之，及明，利用入奏。詔曹瑋與崇勳鞫訊，具引伏斬之。謂等並發朱能所獻天書妖妄事，亟遣盧守明、鄧文慶馳驛詣永興軍捕能。懷政既誅，有欲並責太子者，上意惑之。李迪從容奏曰：「陛下有幾子，乃爲此計。」上大寤，由是東宮得不動摇。丁丑，寇準降授太常卿、知相州。朝士與準親厚者丁謂必斥之。楊億尤善準，而請太子監國奏又億所草也。及準敗，丁謂召億至中書，億懼，面無人色，謂素重億，徐曰：「謂當改官，煩公爲一好詞耳。」億乃稍安。

八月，徙知相州、太常卿寇準知安州。於是謂等不欲準居内郡，白上欲遠徙之。上命與小州，謂退而署紙尾曰：「奉聖旨，除遠小處知州。」迪曰：「向者聖旨無遠字。」二人忿争蓋自此始。朱能自度不免，殺盧守明，挈家叛逸。既而衆潰，勢窮蹙，入桑林自縊死。乙酉，以樞密副使任中正、禮部侍郎王曾並參知政事，翰林學士錢惟演爲樞密副使。壬寅，知安州寇準坐朱能再貶道州司馬。準過零陵，溪洞蠻夷乘間抄掠，其酋長聞而責之曰：「奈何奪賢宰相行李邪？」趣遣人還所掠。其在道州，晨具朝服如常時，起樓置經史道釋書，暇則誦讀，賓至笑語若初無廊廟之貴者。自準罷相，繼以三絀，皆非上本意。歲餘，上忽問左右曰：「吾目中久不見寇準，何也？」左右亦莫敢對。上崩，乃貶雷州。

呂中曰：至是，李文靖之言驗矣。當君子用事之時，則常有不盡絶小人之心。至小人得志之時，則其去君子必盡其力而後止，此準之所以重得貶也。然準雖可貶，而準之心則不爲之少貶。

劉燁爲工部員外郎兼侍御史知雜事。初，河決滑州，大興力役，道殍相望，燁請策免宰相以答天變。時寇準、丁謂實在中書，及王曙坐準貶官，在朝無敢往見者，燁歎曰〔三九〕：「友朋之義獨不行於今日歟？」往餞之，經夕而還，謂亦不罪也。

九月，以知制誥呂夷簡爲龍圖閣直學士、權知開封府。夷簡治開封嚴辦有聲，上識其姓名於屏風，意將大用之也。

冬十月，以太子太保王欽若爲資政殿大學士，仍令日赴資善堂侍皇太子講讀。

十一月，自寇準貶斥，丁謂寖擅權，至除吏不以聞。李迪語同列曰：「迪起布衣，十餘年位宰相，有以報國，死且不恨，安能附權臣爲自安計乎！」丙寅，晨朝待漏，謂又欲以林特爲樞密副使，迪因詬謂，引手板欲擊謂，謂走得免，遂入對於長春殿。迪因斥「謂奸邪弄權，臣願與同下」。憲司置對，又曰：「寇準無罪罷斥，朱能不當顯戮。又錢惟演亦謂之姻家，臣願與謂、惟演俱罷政柄。」又曰：「曹利用、馮拯亦相朋黨。」上怒甚，初欲付御史臺。利用、拯曰：「大臣下獄，不惟深駭物聽，況丁謂本無紛競之意，而與李迪置對，亦未合事宜。」乃命各降秩罷相，謂知河南府，迪知鄆州。制書猶未出。己巳，謂入對，願復留，遂賜坐，左右欲設墩，謂顧曰：「有旨復平章事。」乃更以机進。詔送謂中書，令依舊視事。仍詔迪出知鄆州，即時赴任。時謂始傳詔召劉筠草復相制，筠不奉詔，乃更召晏殊，筠既自院出，遇殊，殊側面而過，不敢揖，蓋内有所愧也。先是，上久不豫，語言或錯亂，嘗甚怒，語輔臣曰：「昨夜皇后以下皆去，劉氏獨留朕於宫中。」迪進曰：「果如是，何不以法治之。」良久，上寤曰：「無是事也。」后適在屏間聞之，由是惡迪。迪所以不得留，非但謂等媒孽，亦中宫意爾。庚午，詔自今該取旨公事仍舊進呈外，其常程事務委皇太子與宰臣、樞密使已下就資善堂會議施行訖奏。初議欲令太子總軍國事，丁謂以爲不可，曰：「即日上體平，朝廷何以處此？」李迪曰：「太子監國非古制耶？」力爭不已。迪既罷出，故有是詔。

十二月丁丑朔，起復翰林學士楊億卒。億重交遊，耿介坦懷，敦尚名節，然評品人物善惡太明，留心釋氏禪觀之學。自屬疾，即屏葷茹，臨終日，爲空門偈頌，識者稱其達觀云。丁酉，以王欽若爲山南東道節度使、同平章事、判河南府。上久不豫，乙亥，力疾御承明殿，召輔臣諭以盡心輔導儲貳之意，出手書一幅付之。丁謂等進曰：「元儲已親庶政，克固海内之心，宫闈内助，事皆平允，特寬聖慮，以寧祉福。」自是聖體漸平，凡浹旬，乃復常焉。時太子雖聽事資善堂，然事皆決於后。錢惟演，后戚也，王曾説惟演曰：「太子幼，非中宫不能立，中宫非倚皇儲之重，則人心亦不附，后厚於太子則太子安，太子安乃所以安劉氏也。」惟演因以白后，兩宫由是益親，人遂無間。

講義曰：當時亦危疑之衝，錢惟演用事於中，丁謂擅權於外，而馮拯、曹利用亦相與爲黨，所幸君子之朋黨植猶多也。寇準、李迪之徒雖争之不勝，而所恃以砥柱其中者猶有人焉。卒之竄丁謂而相仁祖太平之治者，王曾也。

辛酉天禧五年春正月，翰林學士劉筠見上久疾，丁謂寖擅權，歎曰：「姦人用事，安可一日居此。」表求外任，乃授右諫議大夫、知廬州。

二月庚午，以孔聖佑襲封文宣公，知仙源縣事。

三月戊戌，天章閣成，群臣稱賀。庚子，奉安御集、御書於天章閣。

秋七月甲戌朔，日有食之。先是，司天測儀天曆當食之，既前九日，上避正殿，分命中使詣宮觀寺院祈禱。是日食四分而止。

冬十一月丁丑，以謂爲譯經使兼潤文。甲申，判河南府王欽若有疾，累表請就醫京師。丁謂使人紿欽若曰：「上甚思一見君。」欽若信之，即輿疾而歸。謂因言：「欽若擅去官守，無人臣禮。」戊子，責授司農卿分司南京。

十二月乙巳，以內殿崇班皇甫繼明同勾管三館祕閣公事〔四〇〕。咸平中，初命劉崇超監三館祕閣圖籍，丁謂更號曰勾當公事，自是內臣遂與大學士同職，時論愈非之。

壬戌乾興元年春二月戊午，上崩於延慶殿。仁宗即皇帝位。遺詔尊皇后爲皇太后，淑妃楊氏爲皇太妃，軍國事兼權取皇太后處分。丁謂欲去「權」字，王曾曰：「政出房闥，斯已國家否運，稱權尚足示後。且言猶在耳，何可改也。」謂乃止。曾又言：「尊禮淑妃太遽，須他日議之，不必載遺制中。」謂怫然曰：「參政欲擅改制書耶？」曾復與辯，而同列無助曾者，曾亦止。時中外洶洶，曾正色獨立，朝廷賴以爲重。己未，大赦，除常赦所不原者。庚申，命丁謂爲山陵使。先是，輔臣請皇太后所御殿，王曾援東漢故事，請五日一御承明殿，太后坐左，皇帝坐右，垂簾聽政。既得旨，而丁謂獨欲皇帝朔望見群臣，大事則太后與帝召對輔臣決之，非大事悉令雷允恭傳奏畫可。曾曰：「兩宮異處而柄歸宦者，禍端兆矣。」謂不聽，蓋謂不欲令同列預聞機密，故潛結允恭，使白太后，卒行其意。丙寅，丁謂加司徒，馮拯加司空，曹利用加左僕射，並兼侍中。任中正加兵部尚書，王曾加禮部尚書，錢惟演加兵部尚書，張士遜加户部侍郎。王曾謂丁謂曰：「自中書令至諫大夫平章事，其任一也。樞密珥貂可耳。今以數十年曠位之官，一旦除授，得無違公議乎？」謂不聽。戊辰，貶寇準爲雷州司户，李迪爲衛州團練。始議竄逐，王曾疑責太重，丁謂熟視曾曰：「居停主人恐亦未免爾。」蓋指曾嘗以第舍假準，曾蹶然懼，遂不復争。謂惡準、迪，必欲致之死地，遣中使齎敕就賜，以錦囊貯劍揭於馬前，至道州，準方與客宴，起逆中使，中使避不見，問其所以來之故，不答，衆惶恐不知所爲，準神色自若，使人謂之曰：「朝廷若賜準死，願見敕書。」中使不得已，乃授以敕。準即從録事參軍借緑衫着之，拜敕於庭，升階復宴，至暮乃罷。及赴貶所，吏獻以圖經，首載州東南門至海岸十里。準怳然曰：「吾少時嘗爲詩曰：『到海只十里，過山應萬重』，人生得喪，豈偶然耶？」中使至鄆州，迪聞其異於他日，即自裁不殊。其子東之救之乃免〔四二〕。或饋之食，棄而不與。迪客鄧餘怒曰：「汝殺我公，我必殺汝。」從迪至衛州，不離左右，迪由是得全。或語謂曰：「迪若貶死，公如士論何？」謂曰：「異日好事書生弄筆墨，不過曰天下惜之而已。」曹瑋責知萊州。瑋得詔即日上道，弱卒十人，不以弓韔矢箙自隨，謂卒不能加害。

三月壬申，以給事中李及知杭州。及性清介，所治簡嚴。一日冒雪出郊，衆謂當置酒召客，乃獨造林逋清談，至暮而歸。居官數年，未嘗市吴物，比去，惟市白樂天集。龍圖閣直學士魯宗道權判流内銓。宗道在選調，久患銓格煩密，及知吏所以爲姦狀，於是多釐改之。又悉書條科，揭於廡下，以便選人。戊寅，中書請自禫祭後，隻日於崇政殿或承明殿視事，雙日如先帝故事，前後殿皆不坐。詔雙日雖不視事，亦當宣召近臣入侍講讀。乙酉，作受命寶，其文曰「恭膺天命之寶」，命王曾書之。

夏四月，真宗時，選人試身言書判者第推恩〔四二〕。上即位，亦用前法，於是前懷安軍判官宋若谷等六十五人，咸遷官改京秩者，六人最下者猶注近地成資闕，後率以爲常。

六月己亥朔，翰林學士承旨李維上大行皇帝謚曰文明章聖元孝，廟號真宗。入内押班雷允恭與張景宗同管勾山陵一行事。判司天監邢中和謂允恭言：「今山陵上百步，法宜子孫，恐下有石若水耳。」允恭曰：「第移就上穴，我入見太后言之。」允恭方貴横，衆莫敢違，即改穿上穴。既而上穴果有石，石盡水出。允恭坐擅移皇堂並盜庫金銀錦帛珠玉，杖死於鞏縣。初，丁謂與雷允恭協比專恣，内挾太后，同列無如之何。允恭既下獄，王曾欲因山陵事並去謂。一日，語同列曰：「曾無子，將以弟之子爲後，明日朝退，當留白此。」謂不疑曾有異志也。曾獨對，具言謂包藏禍心，故令允恭擅移皇堂於絶地。太后始大驚，謂徐聞之，力自辯於簾前。未退，内侍忽捲簾曰：「相公誰與語，駕起久矣。」謂皇恐以笏叩頭而出。太后怒甚，欲誅謂，馮拯進曰：「謂固有罪，然帝新即位，亟誅大臣，駭天下耳目。」太后少解，乃責謂爲太子少保分司西京。故事，宰相罷免皆降制，時亟欲行，止召當直舍人草詞，仍榜朝堂。謂所坐但私庇允恭，不忍破其妄作，未必真有禍心也。然天資險狡多陰謀，得專政久〔四三〕，要不可測。雖曾以計傾之，而公論不以爲過也。

吕中曰：遠小人之法，不可以不嚴。而去小人之幾，不可以不密。故來鄭朋、楊興之奸者，陳蕃失於不密，遂激爲朋黨之變。唐甘露、白馬之禍，李訓、鄭注皆蹈幾事不密之戒也。丁謂之奸，真宗晚年欲去之矣。寇準被酒漏言，失於不密，反有崖州之行。坐是謂之烽焰愈熾，内倚宦者雷允恭、貴戚錢惟演爲奸，外與曹利用、林特等爲黨，若拔山矣，而曾一旦去之，易其幾密也。故雖以計傾之，而當時公論亦不以爲過焉。

秋七月辛未，王曾加中書侍郎平章事，吕夷簡爲給事中，魯宗道爲右諫議大夫，並參知政事。宗道爲人剛正，嫉惡少容，遇事敢言，不爲小謹。嘗微行就飲肆中，偶真宗亟召，使者及門，宗道自酒肆來，使者曰：「即上怪公來遲，何以爲對？」宗道曰：「第以實對。」使者曰：「然則公當得罪。」曰：「飲酒，人之常情，欺君，臣子之大罪也。」真宗果問，使者具以宗道所言對。帝詰之，宗道謝曰：「有故人自鄉里來，臣家貧無杯酌，故就酒家飲。」帝以爲忠實可大用。嘗以語太后。太后識之，於是並夷簡皆首蒙擢任。丙子，錢惟演爲樞密使。惟演舊佐王曾，王曾既入相，亦正惟演使名。故事，樞密使必加檢校官，惟演但以兵部尚書充使，有司失之也。戊寅，詔真宗陵名曰「永定」。始丁謂請名陵曰鎮，及謂貶，馮拯謂三陵皆有永字〔四四〕，故易曰永定。然「永定」乃縣名也，宣祖陵止名安陵，又不知翼祖已名定陵，於是復追改翼祖陵爲靖陵。議者譏拯不學，當時無正之者。先是，女道士劉德妙常以巫師出入丁謂家，謂嘗教言：「乃所爲不過巫事，不若託老君言禍福，足以動人。」辛卯，再貶謂崖州司户參軍，諸子並勒停，又坐與劉德妙奸，除名配隸復州，仍以謂罪狀布告中外。始謂命宋綬草寇準責詞，綬請其故，謂曰：春秋無將，漢法不道，皆證事也。綬雖從謂指，然卒改易謂本語不純用。及謂貶，綬猶當制，即草詞曰：「無將之戒，舊典甚明。不道之辜，常刑罔赦。」朝論快焉。謂初逐準，京師爲之語曰：「欲得天下寧，當拔眼中釘。欲得天下好，莫如召寇老。」不半歲，謂亦貶，人皆謂報復之速，天道安可誣也。謂竄崖州，道出雷州，準遣人以一蒸羊逆之境上，謂欲見準，準拒絕之，聞家僮謀欲報仇，亟杜門使縱博，俟謂行遠乃罷。壬辰，詔中外臣寮，有曾與丁謂往來者一切不問。

八月乙巳，上與皇太后御承明殿，垂簾決事。始用王曾議也。宰相率百官稱賀。太后哀慟久之，令内侍宣諭曰：「候上春秋長，即當還政。」馮拯繼丁謂爲首相，頗欲躡謂故迹。王曾獨曉以禍福，且逆折之，拯不敢肆。自是事一決於兩宫。初，謂定太后稱「予」，謂敗，中書與禮儀院參議，每下制令稱「予」，而便殿處分事稱「吾太后」，詔旨稱「吾」。

九月，詔伎術官自今不得如京朝官用考課遷陟。

冬十一月朔，樞密使錢惟演罷爲保大節度使、知河陽。以李沆、王旦、李繼隆配享真宗廟庭。翰林學士劉筠爲御史中丞。先是，三院御史言事皆先白中丞，筠舉舊儀，令臺屬各舉糾彈之職。癸酉，命李維、晏殊修真宗實録，尋復命孫奭、宋綬、陳堯佐同修，仍令内侍諭以「一朝大典，當謹筆削」之意。庚辰，判國子監孫奭言：「知兖州日，於文宣王廟建立學舍以延生徒，自後養學者不減數百人。臣雖以俸錢贍之，然常不給。自臣去郡，恐漸廢散。伏見楊光輔素有經行，望特遷一官，令於兖州講書，仍給田十頃以爲學糧。」從之。諸州給學田蓋始此。辛巳，始御崇政殿西閣，召侍講孫奭、馮元講論語，侍讀李維、晏殊與焉。初詔雙日御經筵，自是雖隻日亦召侍臣講讀。王曾以上新即位，宜近師儒，故令奭等入侍。上在經筵，或左右瞻矚，或足敲踏床，則奭拱立不講，每講，體貌必莊，上亦爲竦然改聽。壬午，以翰林侍讀學士、尚書右丞張知白爲樞密副使。國子監舊制，皆用近臣及宿儒典領。近歲頗任貴遊子弟之初仕者，與管庫資任略均。壬辰，始命馮元同判國子監，仍詔自今毋得差補蔭京朝官。

十二月甲辰，詔輔臣崇政殿西廡觀孫奭講論語。既而上親書唐賢詩以分賜焉。京城穀價翔貴，戊申，出常平倉米，分十四場賤糶，以濟貧民。

## 校證

〔一〕去禁　文海本同，再造本缺頁，丘濬大學衍義補卷二九治國平天下之要引「富弼曰」作「法禁」，且下文有「蓋自上始而法禁明也」一句似是。

〔二〕其議　再造本、文海本均同，吕中宋大事記講義卷六作「其計」。

〔三〕虜使　原作「北使」，據再造本、文海本、宋大事記講義卷六回改。

〔四〕僧道原　原作「僧道元」，再造本、文海本同，據宋史卷二〇五藝文志、通志卷六七藝文略、晁公武郡齋讀書志下卷釋書類校改。

〔五〕劉承珪　此人名本書卷五、卷六、卷七多次出現，均作「劉承珪」，惟本卷下文大中祥符六年七月條作「劉承規」，同人異名。據長編卷八一大中祥符六年，「劉承珪久病羸瘵，上爲取道家易名度厄之義，改珪爲規」。宋史卷四六六宦者傳、王稱東都事略卷一二〇宦者傳略同。

〔六〕本唐　李校：原作「大唐」，據長編卷七三改。汪按：再造本作「大唐」。另陳均皇朝編年綱目備要卷七可爲佐證。

〔七〕場　原作「塲」，據文義及長編卷七三校改。

〔八〕輤田園吟慰農歌自戒箴　李校：輤田園，長編卷七三作「珍田夫」。又慰農，長編作「念農」。汪按：今點校本長編已將「珍」校改爲「輤」。另皇朝編年綱目備要卷七、宋大事記講義卷六均作「輤田夫吟、念農歌、自戒箴」，章如愚群書考索卷一七正史門作「輤田夫二吟、念農歌、自戒守官箴」。王應麟玉海卷三〇聖文祥符貴廩食吟輤田夫吟念農歌作「輤田夫吟念農歌自戒箴守官箴」。可證「珍」字誤，另「慰」或應作「念」。

〔九〕會計有餘　文海本字模糊難辨，再造本、宋大事記講義卷六均作「大計有餘」。

〔一〇〕六月　據文意及本書體例，「六月」二字當删。

〔一一〕因戲弄擢首科　「弄」，再造本、文海本作「弁」。長編卷七六同。宋史卷二八七王嗣宗傳：「［种］放曰：『君以手搏得狀元耳，何足道也。』初，嗣宗就試講武殿，搏趙昌言帽，擢首科，故放及之。」據此，或「弄」爲「弁」之訛。

〔一二〕殿廷問事 「問」原作「悶」，文海本此字模糊，據再造本、長編卷七六校改。

〔一三〕峻概 再造本、文海本均同，宋大事記講義卷七作「義概」。

〔一四〕必本於厚風俗 再造本、文海本同，類編皇朝大事記講義卷七「厚」作「忠」，則「風俗」從下讀。

〔一五〕王元之 再造本、文海本均同，宋大事記講義卷七作「劉子儀」。似作「劉子儀」是，因劉子儀即劉筠，與楊大年即楊億大抵同時，而王元之即王禹偁比楊億年長，應列在楊億之前。且下文言「不草劉后之制」者實爲楊億，「不草相謂之制」者實爲劉筠，與此呼應。又與此關聯，下文「王、楊雖文士」，宋大事記講義卷七作「劉、楊皆文士」。

〔一六〕道學 原作「學道」，文海本同，據再造本、宋大事記講義卷七校改。

〔一七〕寧遠寨 「寨」原作「寒」，再造本、文海本同，據長編卷八二、宋史卷二五三折惟昌傳校改。

〔一八〕張佶 李校：原作「張告」，據長編卷八三、宋史卷三〇八本傳、宋會要方域一之九一改。汪按：再造本、文海本亦作「張告」，李校是。

〔一九〕慎從吉 原作「填從吉」，再造本、文海本、四庫本長編卷八五同。據前後文及點校本長編、宋史卷二七七本傳校改。

〔二〇〕讀詩 再造本、文海本均同，宋大事記講義卷七作「讀書」。

〔二一〕儲德 再造本、文海本、類編皇朝大事記講義卷七均同，四庫本宋大事記講義卷七作「德性」。

〔二二〕李校：「建皇親禮會院」以下，長編卷八七在本年五月。汪按：李校是，今從之。

〔二三〕災異警之力　原作「災異警之力」，即脱一「之」字，再造本、文海本均同，據宋大事記講義卷六、明夏良勝中庸衍義卷四引「吕中曰」補。

〔二四〕間見層出　再造本、文海本、類編皇朝大事記卷六均同，四庫本宋大事記講義作「疊見層出」。

〔二五〕寨下　再造本、文海本、長編卷八八均同，然宋史卷三一〇李迪傳、皇朝編年綱目備要卷八、宋大事記講義卷七作「塞下」，義差强。

〔二六〕長編卷八八此句前有「七月過京師……」或撰者節取失當。

〔二七〕劉燁　本卷内「劉燁」之「燁」凡八見，原均作「煜」，當係館臣因避諱而改，今據再造本、文海本、長編卷八九等統一回改。下不復出校。

〔二八〕此風氣　再造本、文海本均同，宋大事記講義卷六作「南北風氣」。

〔二九〕馬知節　原作「馮知節」，再造本、文海本「馮」字模糊，據宋大事記講義卷六、清徐乾學資治通鑑後編卷三二引「吕中曰」及本書前後文校改。

〔三〇〕楊億　再造本、文海本均同，宋大事記講義卷六作「楊大年」。作「楊大年」與「王几之」較匹配。

〔三一〕道學之術　再造本、文海本均同，宋大事記講義卷六作「義理之學」。

〔三二〕虜　原作「敵」，據再造本、文海本回改。

〔三三〕虜　原作「被」，據再造本、文海本回改。

〔三四〕都堂　原作「卻堂」，不文，再造本、文海本均同，據潘自牧記纂淵海卷四七性行、資治通鑑後編卷三三引龜鑑校改。

〔三五〕劉承珪　原作「劉承珏」，文海本「珏」字模糊，據前後文、再造本及有關史籍，「劉承珏」當爲「劉承珪」之形近訛。

〔三六〕陟雷陽之坡　再造本作「涉雷陽之波」。

〔三七〕公安之竹　再造本作「雷陽之竹」，似誤。

〔三八〕位宰相　「位」原作「立」，據再造本、文海本、資治通鑑後編卷三三引龜鑑校改。

〔三九〕歎　原作「敬」，據再造本、文海本、長編卷九六、尹洙河南集卷一三劉燁墓表、宋史卷二六二劉燁傳校改。

〔四〇〕勾管　再造本、文海本、彭百川太平治迹統類卷二九官制沿革同，長編卷九七、孫逢吉職官分紀卷一五翰林學士院、皇朝編年綱目備要卷八作「勾當」。

〔四一〕東之　再造本、文海本「東」字模糊。文獻中代指同一人的「李東之」、「李柬之」互出，難定孰是，但今點校本宋史卷三一〇李迪傳附子柬之作「李柬之」，待詳考。

〔四二〕試身言書判　「試」原作「充」，文海本作「誠」，據再造本、長編卷九八、太平治迹統類卷二九官制沿革、宋史卷一五八選舉志校改。

〔四三〕得專政久　文海本作「得以政久」，再造本、長編卷九八、皇朝編年綱目備要卷八、徐自明宋宰輔編年録卷四均作「得政歲久」。

〔四四〕馮拯　李校：原作「馬拯」，據長編卷九七改。汪按：再造本作「馮拯」，又皇朝編年綱目備要卷八、岳珂愧郯録卷一追改陵名可爲佐證。